2022年度国家社会科学基金教育学课题青年项目"'一国两制'下横琴粤澳深度合作区教育协调机制建设研究"（CDA220272）成果之一

系统论下美国社区学院内部治理体系研究

 著

·广州·

版权所有　翻印必究

图书在版编目（CIP）数据

系统论下美国社区学院内部治理体系研究/陈晓菲著 . —广州：中山大学出版社，2023.4

ISBN 978 - 7 - 306 - 07709 - 7

Ⅰ. ①系… Ⅱ. ①陈… Ⅲ. ①社区学院—学校管理—研究—美国　Ⅳ. ①G649.712

中国国家版本馆 CIP 数据核字（2023）第 026168 号

XITONGLUN XIA MEIGUO SHEQU XUEYUAN NEIBU ZHILI TIXI YANJIU

出 版 人：	王天琪
策划编辑：	金继伟
责任编辑：	周　玢
封面设计：	曾　斌
责任校对：	王　璞
责任技编：	靳晓虹
出版发行：	中山大学出版社
电　　话：	编辑部 020 - 84110283，84113349，84111997，84110779，84110776
	发行部 020 - 84111998，84111981，84111160
地　　址：	广州市新港西路 135 号
邮　　编：	510275　　传　真：020 - 84036565
网　　址：	http://www.zsup.com.cn　E-mail: zdcbs@mail.sysu.edu.cn
印 刷 者：	广东虎彩云印刷有限公司
规　　格：	787mm×1092mm　1/16　20 印张　297 千字
版次印次：	2023 年 4 月第 1 版　2023 年 4 月第 1 次印刷
定　　价：	68.00 元

如发现本书因印装质量影响阅读，请与出版社发行部联系调换

前　言

在美国，每年进入高等教育阶段的学生约 39% 就读于两年制的社区学院，而且社区学院的数量超过了能够颁发学士学位、硕士学位和博士学位的大学的总和。短短 100 余年的时间里，美国社区学院之所以能够如此迅速发展并受到社会的肯定，其内部治理的经验值得探究。[①] 治理是高等教育的运行核心，包括大学内部事务的治理以及大学与外部事务关系的协调治理。其中，西方的大学治理侧重于围绕大学内部事务，在整个外部环境的背景下分析各利益主体对决策权力的配置与行使问题，社区学院也不例外。国内外已有文献中关于社区学院的研究已产生了数量可观的成果，然而从系统论的视角探究美国社区学院内部治理体系的文献并不多见。所谓"系统"，意味着一系列相互关联、相互依存的部分所组成的整体。对于社区学院组织而言，这是由各个单位部门、不同院系学科所组成的整体，故可以被概念化为"系统"。基于系统论的视角去审视社区学院的内部治理，要求遵循整体性原则、相互联系性原则、有序性原则、环境适应性原则以及动态性原则，从功能、环境、要素、结构、运行五个方面加以理解。综上，结合对国内外相关文献的梳理，本书主要考察的问题包括：其一，美国社区学院内部治理体系所要实现的最终职能目标是什么？表现了什么样的历史进程？在不同时期具有什么样的特征？其二，社区学院作为开放性的系统，其内部治理机制受到哪些外部力量的影响？它们为何能够干预社区学院以及分别发挥了何种作用？其三，在社区学院内部治理的具体过程中，不同治理主体如何参与其中？其分别参与了哪些具体

---

① L. Phipps, A. Shedd, T. Merisotia, et al. *The Revolution of the Community College*. Los Angeles: The Scarecrow Press, 2011: 17–23.

的治理领域？其四，受学校职能定位的影响，不同治理主体之间具有何种权责关系？其相互作用构成了何种具有典型特征的治理结构？其五，职能目标与治理结构多元化的社区学院，如何实现一般意义上的决策运行？不同治理主体的决策权限、沟通渠道与相互关系如何？

针对上述问题，本书基于贝塔朗菲一般系统论所提出的整体性原则、相互联系性原则、有序性原则、环境适应性原则以及动态性原则，建构出美国社区学院内部治理体系的整体研究视角，即功能、环境、要素、结构、运行五个方面，并且最终得出美国社区学院内部治理体系改革从管控到治理的历史演变轨迹。具体包括以下五个层面的内容：一是美国社区学院内部治理的职能目标，自19世纪末开始经历了渐进式的发展，并且在当前趋于综合，包含转学教育、职业教育、继续教育、补偿教育和社区教育。二是其外部影响因素有三类，包括文化层面的民族精神、教育管理思想和社区服务理念，政府层面的联邦政府、州政府与地方政府，社会层面的发展协会、认证机构与基金会组织。三是其组成元素一般包括校长、行政人员、教师、其他教职员工与学生，而他们共同搭建形成的网络关系，便是商业财务部门等六类职能部门。四是其组织结构分为"简单型组织"的创造模式、"机械型组织"的指导模式、"分部型组织"的委托模式、"灵活型组织"的协调模式以及"使命型组织"的合作模式，并且呈现单向度性、不均衡性与相近性的模式转化现象。五是其体系运行围绕决策过程这一核心，分为计划、制定、实施、回应与交流五个环节，并且表现出特定的交流特征。

辩证地看待美国社区学院内部治理经验，我们可总结出其中的规律：拓展高等职业教育的办学职能，推进其与当地其他类型学校之间的相互交流与合作；加强高等职业教育的外部环境建设，革新管理理念、转变政府职能并发挥社会第三方组织的积极作用；构建高等职业教育的多元主体共治，实现行政职能部门的权责义务对等与相互之间的协调合作；推动高等职业教育内部治理结构的扁平化发展，促成决策的规划者、制定者与实施者之间的交流与共享；促

前言

进高等职业教育内部治理的有效运行，保障信息传递准确与人员交流畅通。随着历史的发展，社区学院决策权力的分配以及各利益相关者所构成的治理结构逐步演变为涵盖权力、利益、责任与民主的复杂体系，成为现代大学治理模式建构的重要环节。本书希望能够在以下两个方面有所突破：一是基于多种案例的分析，使已有研究中对美国社区学院内部治理体系的深入探究更丰富；二是通过对不同内部治理组成元素及其外部影响因素的探讨，以及对内部治理结构关系及其运行机制的探讨，使学界对大学治理体系的进一步理解更为多样化。

目 录

导言 ··· 1
  第一节 美国社区学院内部治理的研究意义 ·············· 1
    一、大学治理是当前高等教育改革的重要议题 ············ 1
    二、完善内部治理模式是加速发展现代职业教育的
        应然之举 ·· 5
    三、美国社区学院内部治理体系具有一定的借鉴价值
        ·· 7
  第二节 美国社区学院内部治理的理论基础 ··············· 10
    一、系统论 ··· 11
    二、利益相关者理论 ·· 16
    三、组织结构理论 ·· 19
  第三节 美国社区学院内部治理的研究设计 ··············· 23

第一章 系统的功能：美国社区学院内部治理的职能变迁 ····· 25
  第一节 基础学院的大学预科教育职能 ······················ 26
    一、内战结束之后美国社会对高等教育改革的诉求 ··· 26
    二、19世纪中期美国高等教育对德国经验的借鉴 ······ 28
    三、19世纪下半叶美国人口及其文化对高等教育
        改革的影响 ·· 30
  第二节 初级学院的转学职能 ······································ 33
    一、"一战"之前初级学院的正式建立与缓慢发展 ··· 33
    二、"二战"之前初级学院的持续扩张与独立发展 ··· 35
  第三节 社区学院的职业教育职能 ····························· 39
    一、"二战"前后初级学院的短期职业培训 ············· 39
    二、20世纪中后期社区学院的职业技术教育 ··········· 41

第四节 "民主学院"的社区教育职能 …………… 44
  一、20世纪70年代至80年代社区学院的继续教育
  …………………………………………………… 44
  二、20世纪80年代至20世纪末社区学院的"建设
  社区" ………………………………………… 47
第五节 "两年制大学"的综合教育职能 …………… 50
小结 ……………………………………………………… 54

第二章 系统的环境：美国社区学院内部治理的外部影响 …… 55
第一节 社区学院内部治理的文化影响因素 ………… 56
  一、美国所追求的民族精神与人生价值 ………… 56
  二、现代教育管理思想 …………………………… 60
  三、社区学院"为社区发展服务"的根本理念 …… 64
第二节 社区学院内部治理的政府影响因素 ………… 66
  一、联邦政府对社区学院内部治理的影响 ……… 67
  二、州政府对社区学院内部治理的影响 ………… 82
  三、地方政府对社区学院内部治理的影响 ……… 92
第三节 社区学院内部治理的社会影响因素 ……… 108
  一、社区学院发展协会对其内部治理的影响 …… 110
  二、社区学院认证机构对其内部治理的影响 …… 116
  三、社区学院基金会对其内部治理的影响 ……… 118
小结 …………………………………………………… 121

第三章 系统的要素：美国社区学院内部治理的主体与部门
………………………………………………………… 123
第一节 社区学院内部治理的多元主体 …………… 123
  一、社区学院的校长 ……………………………… 124
  二、社区学院的教师 ……………………………… 131
  三、社区学院的教职员工 ………………………… 141
  四、社区学院的学生 ……………………………… 145

第二节 社区学院内部治理的职能部门……………… 149
  一、社区学院的商业财务部门………………………… 149
  二、社区学院的人事部门……………………………… 156
  三、社区学院的教学管理部门………………………… 161
  四、社区学院的转学衔接部门………………………… 168
  五、社区学院的学生服务部门………………………… 174
  六、社区学院的院校研究部门………………………… 179
小结…………………………………………………………… 184

第四章 系统的结构：美国社区学院内部治理的组织类型…… 186
第一节 "简单型"社区学院内部治理结构的创造模式
  …………………………………………………………… 190
  一、瓦伦西亚初级学院东校区的治理结构…………… 192
  二、瓦伦西亚初级学院开放校区的治理结构………… 193
  三、圣玛丽初级学院的治理结构（1933年之前）… 195
第二节 "机械型"社区学院内部治理结构的指导模式
  …………………………………………………………… 197
  一、圣玛丽初级学院的治理结构（1933年之后）… 199
  二、门罗社区学院的治理结构（20世纪40年代
    之前）……………………………………………… 201
  三、加维兰学院的治理结构（20世纪中叶之前）… 203
第三节 "分部型"社区学院内部治理结构的委托模式
  …………………………………………………………… 205
  一、加维兰学院的治理结构（20世纪中叶之后）… 207
  二、瓦伦西亚初级学院西校区的治理结构（20世纪
    60年代）…………………………………………… 209
  三、南内华达社区学院的治理结构（20世纪下半叶）
  …………………………………………………………… 212

第四节 "灵活型"社区学院内部治理结构的协调模式
....214
一、南内华达社区学院的治理结构（20世纪末
21世纪初）................................216
二、瓦伦西亚初级学院的治理结构（20世纪下半叶）
....219
三、门罗社区学院的治理结构（20世纪80年代之后）
....221
第五节 "使命型"社区学院内部治理结构的合作模式
....224
小结..229

第五章 系统的运行：美国社区学院内部治理的实施机制……231
第一节 社区学院决策运行的一般环节……………………232
一、决策运行的计划过程………………………232
二、决策运行的制定过程………………………233
三、决策运行的实施过程………………………235
四、决策运行的回应过程………………………237
五、决策运行的交流过程………………………238
第二节 社区学院决策运行的案例分析………………240
一、决策运行的主体与权限……………………242
二、决策运行的媒介与策略……………………248
三、决策运行的沟通与关系……………………252
小结……………………………………………258

第六章 美国社区学院内部治理体系历史变迁的结论与启示
....260
一、美国社区学院内部治理体系历史变迁的结论……260
二、美国社区学院内部治理体系历史变迁的启示……272

参考文献……………………………………………… 279
　一、中文文献……………………………………… 279
　二、外文文献……………………………………… 285

导　　言

　　本书基于系统论的视角，以美国社区学院为切入口，分析其内部治理体系在外部环境的影响下，各方利益相关者之间的相互作用机制及其形成的治理体系。为了探究美国社区学院内部治理体系的发展历程与变迁逻辑，本书全面梳理了与美国社区学院内部治理相关的理论文献，分别以"社区学院（community college）、民主学院（democracy college）、乡村学院（country college）、城市学院（city college）、机会学院（opportunity college）、人民学院（people college）、分支学校（branch campus）"与"治理（governance/management/adminstriation/leadership）"等为主题进行模糊搜索，并且在此基础上建构本书的整体论证框架。

第一节　美国社区学院内部治理的研究意义

一、大学治理是当前高等教育改革的重要议题

　　在词源意义上，governance 源于拉丁语 gubemare，表示"掌舵"的意思，其在《牛津高阶英汉双解词典》中的解释为"支配、管理、统治，统治权，被统治的地位"。这一概念肇始于企业问题的研究，有时，具有经济资本的主体没有意愿或者没有能力管理企业的运行，而具备优秀管理能力的主体却缺乏充足的资金建立企业或维持企业的运行。这两个主体分别扮演委托的角色与代理的角色，相互合作形成共同治理的企业模式，表现出所有权与经营权分

离的状态。美国学者詹姆斯·N.罗西瑙（James N. Rosenau）将这个微观经济现象进行迁移，进一步提出"治理是活动过程中的一系列规划与调控，广泛地存在于人们周围的各种组织之中，不仅是政府部门的统治、企业部门的管理，更指向于非正式、非政府、非营利的机制"①。因此，这一概念进入了宏观的公共领域之中，作为"政府失灵"与"市场失灵"之外的第三条路径。1989 年，世界银行将"治理"这一概念延伸至教育领域的学校组织。根据卡耐基高等教育委员会的定义，对于教育而言，治理区别于行政与管理的显著特征在于"做出决策的结构与过程"，②即不同利益的多方主体基于学校共同的发展目标，在静态层次上所做出的制度结构安排，以及在动态层次上具体事务的决策过程。基于此，西方国家将"治理"引入大学，通过建立政府、社会、大学以及大学内部各个主体之间的多方合作关系，保证大学的人才培养、科研探索与社会服务三个基本职能的实现。

全球教育治理委员会认为，大学治理不是一种正式制度，也并非一整套规则，而是不同的主体管理学校共同事务的总和。③ 在此过程中，其表现出了不同的甚至冲突的利益之间的相互协商，最终形成了促进大学发展的联合力量。美国学者约翰·D.沙托克（John D. Shattock）将大学与传统公司和非营利组织加以比较，从内部治理的范畴出发，认为大学治理是从大学评议会和学术委员会的治理机构延伸到教师委员会和院系会议的治理机构。④ 另外，美国学者卡尔·马金森（Karl Marginson）和约什·康斯汀（Josh Constine）则将大学与政府、商业以及更广泛的社区联系起来，并

---

① [美]詹姆斯·N.罗西瑙：《没有政府的治理》，张胜军、刘小林等译，江西人民出版社 2001 年版，第 5 页。

② Carnegie Foundation for the Advancement of Teaching. *Government of Higher Education: Six Priority Problem*. New York: Mcgraw-Hill, 1973: 31-35.

③ 参见俞可平《治理与善治》，社会科学文献出版社 2000 年版，第 32~34 页。

④ J. D. Shattock. *Democracy and Governance in Higher Education*. Boston: Kluwer Law International, 1998: 75-77.

导言

侧重于那些合法代表外部利益的个体、国家、非政府组织及其他实体等外部利益相关者。①

随着科学技术的迅猛发展，各国普遍加强了对教育事业的重视度，认为高等教育作为知识传播与生产的重要载体，有助于促进社会生产力的发展。而高等教育功能的实现，有赖于创建利于高等教育发展的外部环境，建构合理的内部治理结构及其运行机制，维护高等教育系统的稳定与发展等方面。随着历史的发展，当前世界范围内关于大学治理议题的讨论重心趋向于两个方面：一是不同治理主体之间的权利博弈，二是外部治理环境对内部治理模式的发展诉求。

在不同治理主体之间的权利博弈方面，作为动词的"治理"，最基本的问题莫过于"谁来治理"，即治理过程中的主体由谁来担任。自20世纪以来，世界范围内社会政治管理的重心先由"统治"（administration）转变为"管理"（management），而后过渡到"治理"（governance），同时人们越来越重视管理过程中多元主体的参与。由于权力与利益的直接相关性，对于高等教育组织而言，治理的多元主体正是大学的利益相关者，分为行政管理人员、教师与学生这类相关法规所规定的权力主体，政府、董事、校友与捐赠者这类为学校提供经费的权力主体，向大学及其学生提供贷款的银行、学术活动的评审委员会、社会媒体、社区公民等这类在特定条件下参与治理的权力主体。② 基于此，高等教育领域中兴起了多种内部治理模式，如大学自治、教授治校、校长治校、科学管理等，而学界对大学治理议题的解析逐步从单一模式转变为包含多方利益主体之间权力、责任与利益配置的复杂体系。其中，学术权力与行政权力是高等教育系统内部的核心主体，有助于教育事业的发展与

---

① K. Marginson, J. Constine. *Governance of Colleges and Universities*. New York: McGraw Hill, 1960: 103.
② 参见胡赤弟《教育产权与大学制度建构的相关性研究》（博士学位论文），厦门大学2004年，第186~188页。

组织目标的实现。① 两者之间的依存与制衡，是确保大学葆有学术特性的基础，构成了大学内部治理的主要内容。从权力的溯源而言，学术权力自大学产生之初便天然被赋予教师，而行政权力是随着大学的发展逐渐从学术权力中分化出来的。后者虽源于前者，但在大学治理的运行过程中表现出了较强的合法性与权威性，不利于"学术自由"等教师权利的实现。② 为此，欧美发达国家相继改革了高等教育管理制度，明确了教师等多方利益主体参与内部治理的权利，引发了学界的讨论。

在外部治理环境对内部治理模式发展的诉求方面，高等教育治理议题既需要协商大学内部不同利益主体之间的权利，也需要面对外部环境对内部治理模式的影响，处理大学与政府、市场、社会等外部力量的关系。20世纪80年代以来，强调国家垄断资本与政府干预经济的"凯恩斯主义"（Keynesianism）暴露出了诸多弊端，逐渐在西方国家兴起了"新自由主义"（neo-liberalism）及其相关的"新管理主义"（new managerialism）。在"自由化""私有化"与"市场化"的主张下，"小市场和大国家"的社会状况转变为"大市场和小而能的国家"。一方面，政府不断释放权力并交给市场，使其表现出自由、开放与自治的特征；另一方面，政府由事前直接干预者的角色趋向转变为事后间接监督与评价的角色。这种潜在变化不仅通过政治、经济、文化与技术的变革影响着大学治理的外部环境，而且以意识形态与发展逻辑的形式渗透到大学内部治理过程之中，尤其体现在财政经费方面。随着大众型乃至普及型高等教育的兴起，政府为了减轻财政责任，将高等教育治理权让渡于充满弹性与自主的市场，并且通过建立质量保障机构来间接控制大学。为此，大学内部治理模式难以跨越市场发展的诉求以及外部力

---

① 参见胡赤弟《高等教育的利益相关者分析》，载《教育研究》2005年第3期，第38～46页。
② 参见［加］伊安·奥斯丁、［加］格伦·琼斯《高等教育治理——全球视野、理论与实践》，孟彦、刘益东译，学苑出版社2020年版，第159～161页。

量的干预，表现出"民主""共享"等治理理念的日渐式微，而愈加强调"效率""行政"等私人企业式的经营特征。在这种情况下，大学可能产生诸多问题，如教师与学生的不确定关系、学者与行政管理者的冲突、校长等高级管理者权力的集中、外部治理主体的介入、组织结构的庞大、学校治理的复杂等。外部环境的变化给高等教育带来的挑战，增加了其内部治理模式的复杂性与多样性，故受到学界的关注。

综上，通过协调利于大学发展的外部治理环境，建立合理的内部治理结构以及相应的运行机制，从而解决其发展的体制性障碍，实现现代大学管理制度的变革，成为当下世界范围内关注高等教育议题的人们的共识。

二、完善内部治理模式是加速发展现代职业教育的应然之举

按照治理主体的区别，大学治理分为外部治理与内部治理。所谓的治理主体，即对大学有利益诉求的个体、群体或机构，他们既受到大学组织及其活动的影响，又反过来左右大学目标的实现。因此，从属于大学外部的个体、群体或机构，称为外部主体，如政府部门、赞助投资者、校友、社区居民、与大学相关的社团组织和社会团体等，其对大学组织及运行所施加的影响称为外部治理；相反，从属于大学内部，并且发挥着内部治理影响的则是内部主体，如董事会、评议会、行政人员、大学教师、学生等。两者之中，大学内部治理制度被认为是"现代大学的核心制度"，它赋予了大学内部的利益相关者一定的权利与责任，使其共同参与到大学重要事务的决策过程之中，表现出民主化、多元化、分权化、去中心化以及相互协调互动的管理特征。因此，本书将内部治理定义为，在学校所有权与管理权分离的情况下，隶属于美国社区学院的不同治理主体间进行权力分配，协调管理学校内部事务，从而实现降低办学成本、完成教育目的、提高学校效能的一系列制度目标。

系统论下美国社区学院内部治理体系研究

　　世界改革趋势中，各国的高等教育管理制度都在试图规避"中心化""集权"与"官僚制"的不利影响，以正确协调政府、大学与市场三者之间的平衡关系。在学校内部治理改革中，最为核心的问题便是解除教育不当管制、削弱行政集权力量，从而实现教育系统权力分散、自由发展与灵活多样的目标。长久以来，行政化一直是许多国家高等教育内部治理的显著特征，是阻碍其他主体参与治理的强势力量，也是影响高职改革与发展的根本痼疾。尽管学术界都在呼吁进行大学去行政化改革，要求行政权力服务于真正的教育教学并赋予其他主体一定的合法权利，但是这在具体实践层面却难以落实，其根本原因在于话语权依然被掌握在高级行政力量的手中。因此，去行政化改革不仅需要削弱行政权力的过度干涉现象，而且尤为重要的是要改变其他利益主体自我弱化与边缘化的状况。美国学者罗伯特·达尔（Robert Dahl）指出，只有当人们有能力并且有意愿维护自己的权利时，这些权利才不会被别人忽视。[①] 换言之，参与学校治理的合法权利来源于国家政策的赋予、行政主体的让渡，以及其他内部治理主体自身的主动意识。当下，高校去行政化改革行动已经在政府层面上出台了一系列的文件并且得到了学校层面的执行，最大的难题在于其他内部治理主体本身不知道应该如何参与，即缺乏能够合理平衡大学内部治理多元主体权力的路径与规则。除了高等教育内部治理结构中的去行政化改革趋势，大学外部环境变化所引发的市场化办学体制亦显得尤为严重。大学与政府之间的关系逐渐趋于耦合性存在，而大学与市场的关系却愈加密切地发展，尤其体现在专科层次的教育机构中。

---

① 参见［美］罗伯特·达尔《论民主》，李柏光、林猛译，商务印书馆1999年版，第60~63页。

三、美国社区学院内部治理体系具有一定的借鉴价值

初级学院（junior college）作为社区学院的前身，自19世纪下半叶产生以来多是私立性质的学校，直到19世纪末20世纪初的初级学院运动（Junior College Movement）开始之后才推动了公立两年制初级学院的发展。杜鲁门总统高等教育委员会（President Truman's Commission on Higher Education）依据1944年《退伍军人权利法案》（*Servicemen's Readjustment Act of* 1944，简称 *G. I. Bill of Rights*）中关于公民受教育权的论述，提出由政府资助创办服务当地社区的两年制学院，建立为当地社区经济发展培养所需技术人才的职业教育体系。历经100余年的历史进程，现在的"社区学院"包含转学教育、职业技能教育、一般教育、补偿教育和社区教育的综合体系，是高中后的两年制学院，能为本社区有意愿继续学习的学生提供广泛的培训服务并授予相应的资格证书。其名称亦有：民主学院、乡村学院、城市学院、机会学院、人民学院、分支学校、反大学学院等。

关于社区学院的内涵，美国学者拉马尔·约翰逊（Lamer Johnson）认为，"它欢迎所有有意愿接受高等教育的人，无论他们是贫穷还是富有，无论他们过去的学习经历如何，都予以其丰富多样的高中后课程"[①]。在这个概念之中，我们不难发现社区学院的定位是高等教育，其办学宗旨是开放性、平等性、多样性。美国社区学院协会（American Association of Community College，AACC）2020年的最新数据显示，目前美国拥有社区学院1050所，其中公立社区学院942所，独立学院（independent college）73所，部落学院

---

① L. Johnson. *The Community College in America*: *A Short History*. Washington D. C.: American Association of Community and Junior Colleges, 1982: 7.

(tribal college) 35所。① 由此可见，公立社区学院占比最大，是美国社区学院的主要组成部分。所谓的公立性质，是基于学校办学经费来源而言的，借鉴了以州立大学为主体的"公立大学"概念。这部分学校的特点在于：一方面，受到联邦政府、州政府或当地社区等多元主体的拨款资助；另一方面，不能以营利为办学目的，而是要服务于地区的经济社会发展。相比之下，占比仅为10.2%的独立学院与部落学院，多是私立创办的、具有营利性质的机构。这类学校数量较少、规模较小，但是具有鲜明特色，不易受外部环境的影响。在大多数社区学院随着社会经济发展而不断拓展自身内涵与职能的历史进程之中，它们却始终坚持"初级学院"的转学教育传统。综上所述，本书中的社区学院指向于多数的、公立性质的这类社区高等教育机构，它们具备开放性、平等性与多样性，提供转学教育、职业教育、补偿教育、继续教育和社区教育等多项教育职能。

早在20世纪末，美国当代教育家欧内斯特·L. 博耶尔（Ernest L. Boyer, 1928—1995）就称赞美国高等教育以其多样性、平等性与开放性享誉世界，而共同治理、学术自由与终身制是其制胜的三大法宝。② 据此，关于美国大学治理的探讨成为学界关注的焦点。其中，社区学院是美国高等教育系统的重要组成部分，其基于高等教育大众化趋势与服务社区建设精神，秉持开放与平等的办学理念，为社区居民提供符合个人发展与社区发展需求的课程，被誉为"20世纪美国的最佳特色与美国高等教育的伟大革新"③。社区学院向一切有学习意愿的人敞开大门，无论他们的社会阶级地位、

---

① AACC. "Fast Facts of College in 2020", accessed October 5, 2020, https://www.aacc.nche.edu/AboutCC/Documents/AACCFactsSheetsR2.pdf.

② E. L. Boyer. *College: The Undergraduate Experience in America*. New York: New York University Press, 1987: 16.

③ S. Brint, J. Karabel. *The Diverted Dream: Community Colleges and the Promise of Educational Opportunity in America*, 1900–1985. New York: Oxford University Press, 1989: 5–6.

财富状况以及学力程度。在美国，所有的城市或城郊几乎都建有社区学院，为当地居民提供学习的机会。① 美国国家教育统计中心（National Center for Education Statistics，NCES）2019 年的数据显示，美国共有 1485 所两年制学院，占所有能够授予学位的高等教育机构总数的 34%；2018 年在校学生 602 万余人，占高等教育全部在校学生数的 30% 左右。② 如果说美国高等教育历史始于 1636 年哈佛学院的创立，而美国社区学院始于 1901 年乔利埃特初级学院（Joliet Junior College）的创立，那么可知在美国高等教育近 400 年的发展历程中，社区学院仅有 100 余年的历史。③ 在这短暂的历史进程中，社区学院已从最初的初级学院升级为社区学院，实现了从单一的转学职能向职业教育、成人教育、补习教育、社区教育等多元化职能的转变，成为维护美国社会稳定的社会治理体系的组成部分。

然而，尽管美国社区学院如此重要，却未能像综合型大学一样受到学者的密切关注，已有研究文献中多是将其并入整个美国高等教育体系内加以综合分析，而较少将其作为独立的研究对象进行深入探究。实际上，社区学院内部治理体系具有一定的研究价值，这主要表现在以下三个方面：

第一，社区学院在早期由初级学院升级而来，具有 K-12（基础教育的统称）教育的治理传统，权责分类明晰，表现出一定的科层制管理特征。加之，社区学院多是公立性质，受州政府与地方政府的经费资助，在外部治理方面管控较多，削弱了内部治理的自由度与灵活度。

---

① E. L. Boyer. *College: The Undergradute Experience in America*. New York: New York University Press, 1987: 18 – 20.

② NCES. "Degree-granting Postsecondary Institutions, by Control and Level of Institution: Selected Years, 1949 – 50 through 2017 – 18", accessed October 22, 2020, https://nces.ed.gov/programs/digest/d18/tables/dt18_317.10.asp.

③ Joliet Junior College. History of Joliet Junior College, accessed November 3, 2020, https://www.jjc.edu/about-jjc/history.

第二，1966 年，美国大学教授协会（American Association of University Professors，AAUP）联合美国教育委员会（American Council on Education，ACE）以及大学与学院董事会协会（Association of Governing Boards of Universities and Colleges，AGB）共同发表《大学和学院治理宣言》（*Statement on Government of Colleges and Universities*），强调高等教育的各个主体都应参与到学校的治理之中，并且确定了"共同治理"（shared governance）的模式。然而，在美国高等教育界的大学治理改革进程中，社区学院常常被综合型大学，尤其是研究型大学的势头所掩盖，较少受到学者的关注。一方面，社区学院主要从事转学教育与职业教育，鲜有科学研究的任务；另一方面，教师的学历层次多以本科为主，甚至招聘来自各个企业的技术职员担任兼职教师。因此，社区学院学术力量薄弱，难以践行"共同治理"的理念，与综合型大学相比具有自身的复杂性与独特性。

第三，美国社区学院的使命正是服务社区，需要满足社区居民的不同发展需求、顺应社会发展的多种就业导向。因此，社区学院的课程种类繁多且易变，不仅涉及转学教育的学科课程、一般教育的通识课程、成人教育的就业课程，还要针对市场需求的变化开设门类众多的职业技术课程。正因为如此，其师资队伍流动性较强，以兼职教师为主，专职教师数量尚不足一半。教学的复杂性与教师的流动性无形之中加大了社区学院在教学事务与其他人事事务方面的管理难度，这一方面值得进行深入研究。

第二节　美国社区学院内部治理的理论基础

本书所使用的理论有三个，分别是路德维希·冯·贝塔朗菲（Ludwig von Bertalanffy）的系统论、威廉·米切尔（William Mitchell）的利益相关者理论以及亨利·明茨伯格（Henry Mintzberg）的组织结构理论。其中，贝塔朗菲的系统论是本书的整体分析基础，分别从功能目标、外部环境、组成元素、结构关系以及运行过程五个维度建构社区学院内部治理的分析框架。此外，米切尔的利益相关者理论为本书的第二部分"外部环境"与第三部分"组成元素"提供理论依据，将"确定性利益相关者"的行政人员、教师、教职员工与学生作为分析社区学院内部治理主体的基础，将"预期性利益相关者"与"潜在性利益相关者"作为梳理外部影响因素的基础。明茨伯格的组织结构理论为本书的第四部分"结构关系"提供理论依据，分别将社区学院内部治理发展阶段归纳为"简单型""机械型""分部型""灵活性"以及"使命型"组织。具体分析如下。

一、系统论

1. 系统论的发展与观点

从词源意义上来看，系统（system）源于古希腊文（systεmα），表示处于一定外部环境之中具有相互关系的不同组成要素按照一定的结构所组成的集合，具有整体性与统一性。[①] 朴素的系统思想早在我国古代与古希腊时期便蕴含于人们对自然世界的认识中：我国古代的《齐民要术》指出农作物是自然体系的组成部分，中医以"望闻问切"探索病因，《孙子兵法》将战争置于政治、经济及自然环境中进行宏观考察。古希腊哲学家赫拉克利特（Heraclitus，约前540—约前480与前470之间）的《论自然》提及，世界是包含一切的整体；古希腊哲学家亚里士多德（Aristotle，前384—前322）认为，整体大于其中各个部分的总和；德国哲学家戈特弗里德·威廉·莱布尼茨（Gottfried Wilhelm Leibniz，1646—1716）将世界分为相互作用的单分子，并且在所有单分子的共同作用下实现总体的和谐一致；德国哲学家伊曼努尔·康德（Immanuel Kant，

---

① 参见［奥］路·冯·贝塔朗菲《普通系统论的历史和现状》，王兴成译，载《国外社会科学》1978年第2期，第68～71页。

1724—1804）强调，科学知识（即系统）应追求整体性；德国哲学家格奥尔格·威廉·弗里德里希·黑格尔（Georg Wilhelm Friedrich Hegel，1770—1831）认为，整体不止于由不同部分组成，应借由统一的体系才能看清其中的道理。① 由此可见，"系统"观点具有悠久的历史渊源。然而，其真正演化为成熟的思想理论主要基于20世纪30年代两个方面的契机，分别是生物学领域中对生命机体"有序"变化的研究与计算机领域中对自动控制系统模式的研究。②

    由于自然科学与技术的发展，系统论将古代的哲学观点应用于科学研究领域，侧重于把研究的客体视为复杂的、整体的系统，而不是简单的实体。为了控制这一系统，不仅要明晰其中各个组成部分的运作规律，还需要从整体把握系统的运作规律，强调动态的、立体式思维方式。③ 由此，科学管理的问题便应运而生，如何合理地组织人力与物资，从而最大化地实现组织目标在当下显得尤为重要。系统论正是基于这个需要而逐渐发展的科学方法与理论：英国哲学家阿尔弗雷德·N.怀特海（Alfred N. Whitehead）在《科学与近代世界》中指出，自然现象的根本单位是不断变化的事件系统；奥地利裔美籍生物学家路德维希·冯·贝塔朗菲第一次明确阐述了一般系统论思想，认为科学的本质是发现不同层次的组织原理并将其作为一个整体的系统去研究。④ 基于此，贝塔朗菲倡导在逻辑与数学领域建立"一般系统论"学科，去探索可以适用于任何系统（社会系统、自然界系统、人造系统以及符号系统）的模式、原则和规律。一般系统论的主要观点是：①整体的功能大于各个部分之和，故为了认识组织的完整性，不仅应明确系统内部各个组成部

---

    ① 参见霍绍周《系统论》，科学技术文献出版社1988年版，第7～12页。
    ② 参见［奥］路·冯·贝塔朗菲《普通系统论的历史和现状》，王兴成译，载《国外社会科学》1978年第2期，第66页。
    ③ 参见魏宏森《系统论》，河南美术出版社1991年版，第55页。
    ④ 参见黄欣荣《贝塔朗菲与复杂性范式的兴起》，载《科学技术与辩证法》2004年第4期，第11～14页。

分，而且需要进一步分析各自之间的相互关系；②"系统"即由若干相互联系与相互制约的部分所组成，处于开放的外部环境之中，指向于具体的目标功能，呈现一定特征的结构关系；③将"系统"视为在研究对象的科学探究过程中，应遵循整体性原则、相互联系性原则、有序性原则、环境适应性原则以及动态性原则的事物。

2. 系统论在本书中的运用

系统论在本书中的运用体现在两个方面：一方面，上述内容中贝塔朗菲关于一般系统论的观点从宏观层次确定了本书的分析视角，将美国社区学院内部治理的宏大命题从系统的功能、环境、要素、结构、运行五个方面分别加以梳理。另一方面，随着系统论相关理论内容的不断丰富，出现了四种高等教育组织系统观，为本书提供了从微观层次理解社区学院治理模式的哲学基础。它们按照历史发展的顺序依次可被归纳为理性系统论（Rational System Theory）、社会系统论（Social System Theory）、开放系统论（Open System Theory）以及自生系统论（Autopoiesis System Theory）。[①]

第一，理性系统论集合了20世纪初美国古典管理学家弗雷德里克·温斯洛·泰勒（Frederick Winslow Taylor，1856—1915）的科学管理理论、法国古典管理学家亨利·法约尔（Henri Fayol，1841—1925）的一般管理理论、德国社会学家和哲学家马克斯·韦伯（Max Weber，1864—1920）的科层管理理论，强调借由管理者的理性思维确定组织目标，在正式的权威制度链条内通过合理分工与科学方法，追求组织效率的最大化。[②] 在这种理论的指导下，社区学院的内部治理表现为：一是个别重要管理者的集权与众多其他组织成员的服从命令与照章办事，属于线性的、单向的信息交

[①] D. Alpay, V. Vinnikov. *System Theory, the Schur Algorithm and Multidimensional Analysis*. Boston: Birkhäuser Verlag, 2007: 32–47.

[②] D. V. Kataev. "Max Weber and System-theoretical Approach in Sociology", *Alma Mater*, 2016 (7): 83–86.

流；二是侧重目标的明确、方法的规范与制度的遵循，忽略组织活动的多样性与创新性；三是对于人事管理强调纪律、评估与问责制度，缺少对人的主观能动性、尊严、情感、动机等方面的考虑。

第二，基于理性系统论的不足，社会系统论顺势产生并愈加关注组织中非正式群体、非正式制度与潜在文化对组织效率产生的影响。这一理论最先源于20世纪30年代著名的"霍桑实验"，集合了美国现代管理学家乔治·埃尔顿·梅奥（George Elton Mayo, 1880—1949）的自然系统理论、美国现代管理学家切斯特·I. 巴纳德（Chester I. Barnard, 1886—1961）的协同系统理论以及美国社会学家塔尔科特·帕森斯（Talcott Parsons, 1902—1979）的结构功能理论。[①] 在社会系统论的指导下，社区学院的内部治理趋向于：其一，强调组织内外部环境之间的交流，通过外部环境获取组织内部发展的资源；其二，重视治理过程中的人性因素，管理者应积极地激励成员的情感动机与个人价值，从而实现组织效率的最大化；其三，在目标的指引下，关注组织文化的建设与组织内部不同成员间的合作。

第三，开放系统论不仅延续了社会系统论中关于组织内外部环境交流的观点，而且进一步强调组织需要采取灵活多元的管理策略，不断适应外界环境的变化，建构输入—转换—输出—反馈的动态循环系统。[②] 该理论产生于20世纪50年代，以上文提及的贝塔朗菲的一般系统理论与美国当代心理学家弗雷德·E. 菲德勒（Fred E. Fiedler）的权变领导理论为主要代表。基于开放系统论的主张，社区学院的内部治理体系呈现出：其一，关注外部环境对组织内部的信息输入，既包括经费、物资与人力等支持因素，也包括规则制度、合同协议与成果预期等制约因素；其二，组织内部的转

[①] V. Iodice. "Autopsy Confirmed Multiple System Atrophy Cases: Mayo Experience and Role of Autonomic Function Tests", *Journal of Neurology, Neurosurgery and Psychiatry*, 2012 (4): 453-459.

[②] 参见［奥］路德维希·冯·贝塔兰菲《一般系统论：基础·发展·应用》，秋同、袁嘉新译，社会科学文献出版社1987年版，第78~82页。

换过程允许成员使用不同的策略与方法完成各自的任务，但需要接受最后的考核与评估；其三，社区学院组织的培养结果（即人才）注重外部的评价与反馈，是检验办学绩效的最佳手段，是实现系统循环的基本动力。

第四，自生系统论关注系统的不确定性、边界的自我建构性与内部元素的非线性关系，自20世纪70年代由洪贝尔托·梅图拉纳（Humberto Maturana）与智利生物学家弗朗西斯克·维若拉（Franciso Varela）在《自生系统论——生命的有机构成》一文中首次提及，经德国社会学家尼古拉斯·卢曼（Nicklas Luhmann）等人引入社会学领域，目前仍处于发展之中。在该理论的指导下，社区学院的内部治理表现出：其一，留意系统运行的偶然因素与细小事件，避免蝴蝶效应加大组织管理的复杂性与不确定性；其二，管理过程中改变上下级的简单线性关系，关注不同成员的参与及其相互之间的协调，实现扁平式的架构；其三，强调外部信息的持续反馈，进而不断更新系统的边界，促使内部治理由"管制"走向"调整"与"变革"。①

综上所述，社区学院内部治理的议题较为宏大，上述涉及的理性系统论、社会系统论、开放系统论以及自生系统论的观点为本书提供了一定的理论基础，有助于更加深刻地认识治理情境中的结构与过程。与此同时，贝塔朗菲的一般系统论所提出的整体性原则、相互联系性原则、有序性原则、环境适应性原则以及动态性原则为美国社区学院内部治理的议题提供了研究的整体视角，分别从功能、环境、要素、结构、运行五个方面逐一展开分析。

---

① 参见［日］河本英夫《第三代系统论：自生系统论》，郭连友译，中央编译出版社2016年版，第117～131页。

二、利益相关者理论

1. 利益相关者理论的发展与观点

利益相关者理论源于20世纪80年代，是西方社会对传统的"股东至上"公司治理理论提出质疑的产物，强调组织整体的发展离不开所有利益相关者的投入与参与。而在此之前，传统的委托-代理治理理论则将企业的所有权、控制权、运营的资本、运行的风险皆交由股东承担，而真正的管理者仅负有对股东服务的信托责任。1963年，美国斯坦福的研究团队首次提出"利益相关者"的概念，认为"没有他们的支持，企业便难以生存"，引起了西方学界对利益相关者理论的思考。[①] 该理论提出，除了股东之外，所有受组织影响的利益相关者向企业投入了不同形式的资本并存有不同的利益诉求，都有参加组织决策的权利并应共同承担组织的风险。1990年3月通过的《宾夕法尼亚州1310法案》，明确了企业中对各种利益相关者利益的考量，使得该理论取得了法理上的认可，并且逐渐被美国其他州所效仿。美国经济学家弗里曼·R.爱德华（Freeman R. Edward）在《战略管理：利益相关者的方法》一书中，对"利益相关者"的概念进行了具有辨识度的阐述，即"与组织的行为、活动、决策或目标存在影响或者被影响关系的个人或团体"[②]。在概念边界得以确定的基础上，很多学者进一步对该概念进行了内涵方面的分析，概括而言分为三个层次：①从宽泛意义而言，凡是与企业活动存在影响关系的个人或团体都属于利益相关者范畴，如股东、雇员、政府、债权人、供应商以及相关社会组织；②从普遍意义而言，需与企业有直接相互关系的个人或团体方

[①] 参见卢山冰《21世纪西方利益相关者理论研究》（博士学位论文），厦门大学2007年，第29~36页。

[②] F. R. Edward. *Strategic management: A Stakeholder Approach*. Boston: Pitman Publishing, Inc, 1984: 136–139.

属于利益相关者,故政府以及社会组织等发挥间接作用的主体则被排除在外;③从最狭窄意义上而言,仅有在企业中下"赌注"的个人或团体才是利益相关者,如投入资金的股东、投入人力的雇员。

该理论的基本观点如下:一是企业受到多种因素的影响,存在多种类型资本的投入,理应关注不同利益相关者在企业经济活动中的存在;二是利益相关的程度取决于其与企业的产权关系,但是他们有权利参与企业管理的决策、有义务承担企业发展的责任与风险;三是企业的目的在于创造社会财富的最大化,追求不同利益相关者责、权、利的均等与匹配,不等同于股东的利益最大化;四是企业的管理核心是多元主体参与民主管理的方式,有利于企业运行的公平与效率。该理论在企业治理中得以有效实践,并且不断地向政治与社会组织领域中扩展,甚至被认为是社会科学研究的基本方法之一。①

2. 利益相关者理论在本书中的运用

本书中的社区学院组织隶属于高等教育系统的范畴,不同于一般企业组织,具有自身的独特性质。首先,学校的根本目标是文化的传承、知识的传递与学生的服务等方面,追求的是社会效益而不是物资利润。一方面,这表现出学校与利益相关者理论在理念上的一致;另一方面,这也凸显出学校中的资本投入形式不同于企业,更多地依赖人力资本而非物资资本。其次,学校不是脱离外部环境而独自存在的组织,受外部环境中诸如政府政策、市场行为以及社会力量等多重因素的影响,故在运行的过程中存在一定的不确定性与风险,表现出与企业相似的特征。最后,学校的运营由不同主体参与其中,其未来的发展与面临的风险亦交由所有相关者共同承担,从而表现出合理的权利与义务关系。

美国比较教育学家菲利普·G. 阿特巴赫(Philip G. Altbach)

---

① 参见陈庆云、鄞益奋《论公共管理研究中的利益分析》,载《中国行政管理》2005年第5期,第38页。

提出:"大学并非整齐划一,而是由拥有一定自治权的各个群体组成的社会系统。"① 美国学者亨利·罗索夫斯基(Henry Rosovsky)在《美国校园文化——学生·教授·管理》(*The University: An Owner's Manual*)这本书中采用利益相关者分析框架,指出人们对大学的"拥有"类似于人民对国家的"拥有",是超脱经济范畴的利害关系。高等教育组织的"拥有者"为了追求教育质量与学校使命,不断进行合作治理、民主改进、体制优化等管理方式的转变。② 国内也有学者认为大学组织具有非营利的属性,不存在严格意义上的股东与所谓的剩余利润,故任何人都无法对大学实施具有垄断性、独立性的控制,而是交由利益相关者协商控制。③ 由此可知,利益相关者理论是否适用于高等教育组织已经在前者的研究中形成了一定的讨论,并且达成了一般意义上的共识:与企业相比,高等教育组织在多元性与深刻性方面更加表现出利益相关者的特征。

为了进一步细分高等教育系统中的利益相关者,罗索夫斯基根据重要程度将其依次分为四类群体:其一,最重要群体,直接关系大学运行,如行政主管、教师和学生;其二,重要群体,通过出资的方式影响学校的政策,但是存在于学校之外,如董事、捐赠者和校友;其三,部分拥有者,只有在特定条件下才具有合理性,如政府(提供经费)、银行(提供贷款)、社会社团等;其四,次要群体,最边缘的利益相关者,如市民、媒体等。美国学者米切尔从高等教育的范畴出发,提出区分利益相关者的三个属性:合法性、权力性与紧急性,即是否从法律或道义上具有学校的控制权、是否能够对大学决策施加影响、是否能引起大学管理层对其要求的关注。

---

① [美]菲利普·G. 阿特巴赫:《比较高等教育:知识、大学与发展》,人民教育出版社教育室译,人民教育出版社2001年版,第15页。

② 参见[美]亨利·罗索夫斯基《美国校园文化——学生·教授·管理》,谢宗仙、周灵芝、马宝兰译,山东人民出版社1996年版,第5~6页。

③ 参见李福华《大学治理的理论基础与组织架构》,教育科学出版社2008年版,第85~86页。

三者满足其一者便属于高等教育的利益相关者,而根据不同属性的高、中、低评分,利益相关者又可被进一步细分为三类:①权威利益相关者,如教师、学生、出资人、政府(举办者);②预期利益相关者,如校友、捐赠者、政府(管理者)、立法机构;③潜在利益相关者,如市民、社区、媒体、企业界、银行保险部门、服务商。此外,国内学者胡赤弟、李福华、李超玲、钟洪等也在上述学者的理论的基础上提出了利益相关者的不同分类框架。

国内外学者关于利益相关者理论的论述,为本书分析社区学院治理过程中外部影响因素与内部治理主体,即第三章与第四章的内容提供了一定的理论基础,从而回应了"谁来治理"与"为何由其来治理"的问题。

三、组织结构理论

1. 组织结构理论的发展与观点

在组织研究领域中,长久以来所讨论的一个基本问题是"影响组织行为与组织效率的因素究竟是什么"。学者们基于"环境(战略)-结构(成员与行为)-(绩效)产出"这一研究范式,分别从组织行为理论、人力资本理论、社会网络理论等角度展开讨论。[①] 其中,加拿大学者明茨伯格是新组织结构学派的代表人物之一,其代表作《组织结构的建设》于1979年出版,认为以英国经济学家亚当·斯密(Adam Smith)为代表的传统组织理论忽略了人的能动性与差异性,并且进一步提出组织应是人的心理与社会的交互系统,人的心理反应对组织结构与组织绩效能够产生重要影响。[②] 这一思想在1983年出版的《五重组织》中基于社会发展的

---

① 参见[美]马文·彼得森《大学和学院组织模型:历史演化的视角》,载《北京大学教育评论》2007年第1期,第109～113页。

② 参见杨洪兰、张晓蓉《现代组织学》,复旦大学出版社1997年版,第130～134页。

角度得以再度论证加强。在该书中，明茨伯格通过调研发现，侧重职能分工、界限明确以及具备等级制度的传统组织形式已经不适用于当下的社会，组织事务之中旧的问题刚刚解决，新的问题便随即出现。随着外部环境变得复杂且多变，组织内部的不确定性增加，不同群体之间的竞争加剧，职能定位也在快速变化。为此，非正规的组织团体、不定型的组织结构、流动性的组织人员等特征逐渐在工作环境中愈加凸显，明茨伯格将具备上述特征的组织命名为"临时委员会组织"（organization of provisional committees），以区别于"官僚组织"。他指出，组织设计应考虑五大关键要素，分别是：组织的部门划分、部门的协调机制、组织的设计参数、组织的权变因素以及组织的结构。其中，组织的部门即不同角色身份的群体，通常而言主要包括战略决策层人员、中间管理层人员、操作核心层人员、技术分析层人员与支持层人员，如图0-1所示。[①]

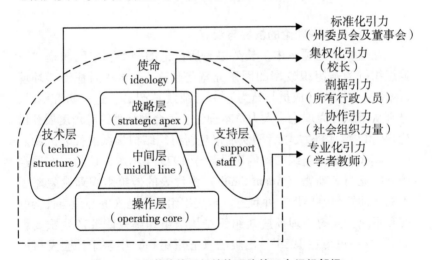

图0-1 明茨伯格组织结构理论的五个组织部门

资料来源：整理自 H. Mintzberg. *Structure in Fives: Designing Effective Organizations*. Upper Saddle Rive: Prentice-Hall, Inc., 1983: 37–45。

---

① H. Minzberg. *Organization and Governance in Higher Education*. Needham Heights: Simon & Schuster, 1991: 53–75.

战略决策层是最高层,为了确保组织使命的高效完成,其一边向控制着组织权力的人提供所需的服务,一边与组织外部利益相关者沟通并制定战略,一边直接负责组织内部的决策制定、指令发布、资源分配与绩效监督等事宜。操作核心层是提供生产和服务的最基层人员,负责输入原料、转化产品与输出产品等基础工作。中间管理层处于战略决策层与操作核心层之间,在上下的管理链条中被授予正式且分散的权力,负责信息传递、绩效反馈与数据统计等管理工作。技术分析层通过影响其他各个层级的工作方式为整个组织的效率服务,负责工作流程的标准化分析、员工技能的标准化分析、产品质量的标准化分析等技术工作。支持层即后勤人员,不在整个工作流程范围内,其根据不同层级人员的需求而专门提供相应的支持。任务的完成需要各个部门资源的协作,而哪个群体占主导地位,那个群体便会对组织的生存发展、组织的结构设计与组织的绩效水平产生最大的影响力。据此,明茨伯格依据主导地位人群的不同将组织结构分为七种类型:以战略决策层为中心的简单型组织（simple structure）、以操作核心层为中心的专业型组织（professional bureaucracy）、以中间管理层为中心的分部型组织（divisionlized form）、以技术分析层为中心的机械型组织（machine bureaucracy）、以支持层为中心的灵活型组织（the adhocracy）、相互之间互为中心的使命型组织（missionary organization）、相互之间缺少协调的政治型组织（political organization）。[1]

2. 组织结构理论在本书中的运用

相对于企业而言,学校组织更加注重人的因素,所谓的原料与产品即人,整个学校的管理活动也都是围绕着人而展开的。为了实现培养人才的任务,政府治理机构、校长、董事会、行政管理人员、教师、学生、专业协会、社会力量等都被卷入学校的组织运行之中。在这种组成结构复杂、人的影响因素较强的组织环境下,如

---

[1] H. Mintzberg. *Power and Organization Life Cycles*. Brookfield: Dartmouth, 1995: 125–142.

系统论下美国社区学院内部治理体系研究

何协调人才质量保障、高效组织运营以及维护不同群体权利这三方面显得愈加重要，学校治理也就成了亟待关注的议题。在社区学院治理情境中，校长及董事会作为学校组织的最高层，既要与学校外部的政府力量进行沟通协商，又要统筹安排学校内部的各项重要工作，是这一组织的战略决策层；教师承担知识创新与人才培养的任务，通过课程教学与科学研究实现组织的教育教学目标，是操作核心层；学校的行政人员所组成的行政系统负责处理各项教学之外的组织管理工作，在校长与教师之间实现指令传达与信息反馈的媒介与转化作用，是中间层；政府（州政府与联邦政府）教育部门的治理机构人员依据其分析并制定的各项标准，对社区学院的教学与管理工作施以规范、评价及问责，是技术分析层；此外，与社区学院相关的专业协会、为学校办学提供物资的赞助企业、共同培养学生的合作单位、为学生及学校提供贷款的银行等社会力量，在上述层级的多个方面提供服务，属于支持层。

综上所述，这五部分群体构成了社区学院治理的参与主体，他们之间的依存与制衡影响了学校的运行，并且表现出鲜明的治理模式。根据明茨伯格的观点，五种主体之中占据主导地位的一方，对组织运行产生的影响力最大。据此，当以校长为主体的战略决策层占学校组织中的主导地位时，该组织便表现为上文提及的"简单型组织"；当以学者、教师为主体的操作核心层占据主导地位时，便表现为"专业型组织"；当由各个部门行政人员所组成的中间管理层占据主导地位时，便表现为"分部型组织"；当以州委员会及董事会为主的政府治理机构作为技术分析层占据主导地位时，便是"机械型组织"；当以社区学院协会为核心的社会力量作为支持层占据主导地位时，便是"灵活型组织"；当上述五个部分的所有相关群体共同参与治理，不存在由其中一方占据主导地位时，便是"使命型组织"；当主导地位处于冲突之中，缺少不同部分之间相应的协调机制时，则是"政治型组织"。该理论对于理解在社区学院职能发展的历史进程中，其内部治理结构在不同阶段的特征均具有一定的意义，详见本书第五章论述的内容。

导言

第三节 美国社区学院内部治理的研究设计

贝塔朗菲指出，一般系统论的五项基本原则分别是整体性原则、相互联系性原则、有序性原则、环境适应原则以及动态性原则。① 整体性原则表明任何系统都是有结构的，其整体功能大于各个孤立部分的功能之和，只有借助于整体才能表现出系统的性质与功能。相互联系性原则认为组成结构的各个要素，自行趋向于平衡的相互关系之中，表现出稳定的方式、顺序与强弱，即系统的自组织理论。有序性原则认为系统内部处于一定的稳定运行状态，在其输入与输出之间的转换过程中存在不同组成要素的相互促进与相互制约。环境适应原则强调系统逐渐地耗散系统内部已有的内容、不断地适应外部环境，从而获取新的内容并表现出自身独特的功能。动态性原则要求以开放式、发展式的视角看待上述系统中结构、元素与环境之间的互动，注重以反馈的方式实现有效控制。②

从系统理论的视角下看待学校内部治理，应遵循上述五项基本原则，将美国社区学院看作蕴含着五个方面的整体系统：其一，指向于一定的功能即教育职能；其二，处于一定的外部社会环境之中，受到外部力量的影响；其三，由若干相互作用要素即不同的内部治理主体及其职能部门所组成；其四，形成了稳定的治理结构；其五，表现出一定的运行秩序。由此，系统论视角下美国社区学院内部治理议题，需要以下从功能、环境、要素、结构、运行五个部分展开分析。据此，本书主要有七部分内容，第一部分为导言，介绍研究的理论基础；第二部分为第一章，以"功能"为关键词，回溯美国社区学院内部治理体系所指向的职能及其变迁轨迹；第三部分为第

---

① 参见霍绍周《系统论》，科学技术文献出版社1988年版，第37~46页。

② 参见［奥］路德维希·冯·贝塔兰菲《一般系统论：基础·发展·应用》，秋同、袁嘉新译，社会科学文献出版社1987年版，第78~82页。

系统论下美国社区学院内部治理体系研究

二章,以"环境"为关键词,梳理社区学院外部环境中影响其内部治理的相关因素;第四部分为第三章,以"要素"为关键词,分析其内部治理体系中的参与主体,以及他们所呈现的职能部门;第五部分为第四章,以"结构"为关键词,以五所社区学院为案例探究其治理过程中不同的制度安排;第六部分为第五章,以"运行"为关键词,从决策与交流两个维度对其内部治理的运行机制加以探析;第七部分为第六章,梳理了社区学院内部治理运行的历史变迁特征。基于此,本书拟设定的具体思路如图 0-2 所示。

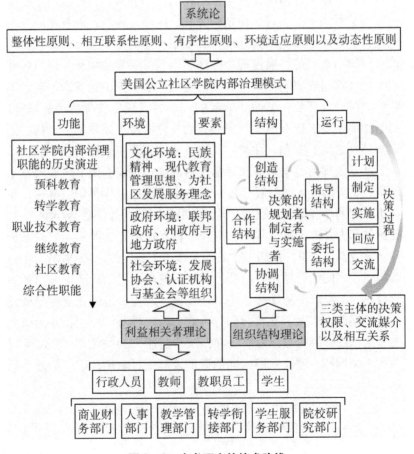

图 0-2 本书研究的技术路线

第一章　系统的功能：美国社区学院内部治理的职能变迁

根据马克思主义哲学的辩证唯物主义与历史唯物主义观点，每种事物都不是独立存在的，更不可能凭空出现，而是处于特定的社会历史环境之中，在多种条件、特定因素的作用下表现出相对稳定的状态。社区学院在美国的产生与发展也遵循上述科学的世界观与方法论，是研究其内部治理模式难以逾越的知识背景。从系统论的"功能"元素而言，美国社区学院具有一定的使命和职能，在不同历史发展阶段表现出相应的特征，是其内部治理系统得以确定的基础。因此，基于动态性的原则，本章着重梳理美国社区学院发展历史进程中，受所处时代背景中政治、经济、社会等方面因素的影响而形成的特定职能目标。不仅如此，在各个阶段职能目标的导向下，美国社区学院的内部治理状态也经历了相应变化，呈现出鲜明的治理理念。对这两个方面内容的历史考察，有助于把握内部治理模式中的实践导向与现实功用，从而回应系统"为什么"（for what）的问题。

美国社区学院的职能变迁经历了五个阶段：①19世纪末20世纪初，芝加哥大学校长威廉·林恩·哈珀（William Lynn Harper）最早提出"基础学院"的概念，认为其发挥着分担高等教育压力、致力于大学前两年教学的职能；②20世纪上半叶，以乔利埃特初级学院为标志，社区学院承担着中等教育与高等教育之间的转学职能；③第二次世界大战（以下简称"二战"）至20世纪70年代，《退伍军人权利法案》提出由政府资助创办"二年制学院"，以培养经济发展所需的职业技术人才，从而使社区学院表现出职业教育职能；④20世纪末，在《高等教育法》（High Education Act，1968）所蕴含的民主、平等理念的影响下，社区学院招收凡是达到"年满 18 周岁以上、有意愿继续接受教育"的条件的公民,随着"生计教育"运动开展继续教育、成人教育与补偿教育,其突出了服务社区的职能;⑤20 世纪初的社区学院,积极开展校企合作,注重提升教育质量,趋向于普通教育与职业教育相融合,并且贯穿人一生的发展,具有一般教育与终身教育的意义,是包含转学教育、职业教育、补偿教育、继续教育和社区教育的综合体系。①

第一节　基础学院的大学预科教育职能

一、内战结束之后美国社会对高等教育改革的诉求

由于唯物主义强调物质水平的提高推进了人类社会的发展,因此,从经济因素考量教育的状况具有一定的意义。美国内战结束之后,其迎来了机器化大工业生产时代,大工业生产促进了产业结构的转变、社会生产力的提高以及经济发展。为此,彼时的社会状况对教育提出了新要求:为各行各业培养能够胜任工业化生产方式,具有专业知识与操作技能的新型人才。《莫雷尔法案》(Morril Act, 1862)所掀起的赠地运动正是这个时期的产物,当时,由联邦政府资助各州创建的致力于农业机械生产技艺的农工学院有 69 所,极大地促进了当时经济的发展。然而,这些学校指向于高级技能人才的培养,定位较高、收费昂贵、学习时间较长,难以满足快速增长的市场需求以及普通民众的求学愿望。从 1860 年到 1900 年,美国耕地面积增加了 2 倍、工业总值跃居世界首位,不仅需要工程师、律师、医生等高级人才,而且迫切需要大量具有机器操作能力

---

① B. A. Jones. Educational Leadership: Policy Dimensions in the 21st Century. London: Ablex Publishing, 2001: 3-22.

第一章 系统的功能：美国社区学院内部治理的职能变迁

的中等技术人才。这种社会状况催生了其高等教育体制的全新改革思路：广泛建立入学门槛较低、费用较少、学时较短、训练实用技术人员的高等教育机构。

在高等教育的建设与改革方面，美国自建国以来就一直比较重视。相比于欧洲教育自下而上地发展的传统，美国却是不断地回应社会期望，优先于基础教育发展高等教育，形成"倒金字塔"的发展模式。18世纪上半叶，欧洲移民者为了培养高级宗教人员而创办了美国3所最早的高等教育机构——哈佛学院、威廉玛丽学院与耶鲁学院；[1] 之后，宗教改革运动促使各个教派兴办高等学校，至1860年陆续建成了116所（彼时美国高等学校总数为182所）；赠地运动极大地促进了各州高等教育机构的大规模建设，至1910年已多达1000所。[2] 然而，钻研高深学问的高等教育先行的背后，却是广泛、坚实与稳定的高等教育预备机构的缺乏。彼时的美国，私立中学的高额收费将大量学生拒之门外，而公立中学发展滞后且尚未完全普及。很多进入高校求学的学生并没有接受过系统的中等教育，在基础学科知识方面较为匮乏，难以适应高等教育。为此，很多高校教师为低年级的学生讲授英文、拉丁文、数学、地理等一般课程知识，因而耗费了大量的时间精力以致无暇进行科研探索。这种普遍现象降低了美国高等教育的质量，拉大了与欧洲大学教育水平的距离，也引起了人们的思考：一方面，应如何满足社会对中等技术人才的大量需求；另一方面，应如何突破彼时大学知识传播的单向功能，而回归到知识创新与真理探索的使命上。

---

[1] 参见［美］丹尼尔·布尔斯廷《美国人：开拓历程》，中国对外翻译出版公司译，生活·读书·新知三联书店1993年版，第204页。
[2] 参见［美］丹尼尔·布尔斯廷《美国人：开拓历程》，中国对外翻译出版公司译，生活·读书·新知三联书店1993年版，第541页。

二、19世纪中期美国高等教育对德国经验的借鉴

为了解决上述困惑，善于效仿他国成功经验、接受创新事物的美国，将目光停留在了高等教育水平位于世界前列的德国身上，于19世纪共选派了10000余名学者赴德留学、进修、访学与考察。①这些学者研修所在的学校有柏林大学、海德堡大学、波恩大学、莱比锡大学以及哈勒大学等，他们归国后大部分就职于高校，不仅带来了领先的科学知识，最主要的是引入了德国大学的先进理念，并且促成了19世纪末20世纪初美国高等教育的改革运动。密歇根大学校长亨利·菲利普·塔潘（Henry Philip Tappan）便是这些学者的其中之一。他于1851年在《大学教育》一书中率先指出，德国高等教育位于世界前列的重要原因在于其纯粹性与完整性。其中，纯粹性是指大学的功用应聚焦于对高深知识的科研探究，而不必困扰于关于基础知识的"预科"教育；完整性是指为了更好地完成大学开拓知识的使命，而拥有学科种类丰富的优秀师资与图书馆、科研设备等物资支持。这很大程度归功于德国文科中学要求严格、学识扎实的训练，这些中学筛选出了知识储备与智力水平优异的学生，保证了高等教育生源的质量。在美国中等教育系统还未发展成熟的背景下，塔潘提出将大学前两年的普通知识教学独立放置于大学之外的特定机构内实施，这样一方面能让学生做好升入大学的学识准备，另一方面能减轻大学教师的教学压力。②

无独有偶，佐治亚大学的董事会成员威廉·米切尔于1859年发布了《论大学教育体制改革报告》。其中强调美国低年级大学生

---

① P. Westmeyer. *A History of American Higher Education*. Illinois：Springfiled，1951：87.

② H. P. Tappan. *University Education*. New York：Routledge/Thoemmes Press，1851：43–45.

第一章 系统的功能：美国社区学院内部治理的职能变迁

的年龄大多为 15 岁左右，离开父母远赴他乡，缺乏生活自理能力与独立求学的准备。由此，米切尔建议大学生不要立即进入大学生活，而是就近在附近的新型学校修读普通文化课程，做好大学进行科研所需的知识、能力与生活技能的准备。该报告还指出，这类新型的学校应广泛设置于远离都市、人口密集的城乡地区，并且依附于各地高中以降低成本投入，让更多有志于接受高等教育的平民子弟能够接受严格的基础知识训练，对优秀的学生授予证书而使其获得转入大学继续深造的机会，避免启动再次考试的程序。① 同样从德国留学归来的约翰·威廉·伯吉斯（John William Burgess），在担任哥伦比亚大学院长期间也根据对德美两国教育的比较，提出了改革建议：将各个城镇中学的学年制（原为六年制）延长至八年或九年，用增加的两年或三年时间充分学习高等数学、历史、地理、拉丁语、法语等课程。② 总之，这时期美国许多著名大学的校长都深受德国高等教育的影响，认为彼时美国大学前两年的教育水平仅相当于德国的文科中学，不符合研究型大学的定位，并且呼吁向德国学习，建立类似霍普金斯大学与芝加哥大学等的研究型大学，强调大学的科学研究和研究生教育功能。

为了分摊高等教育的压力，芝加哥大学校长威廉·林恩·哈珀根据上述学者关于高等教育体制改革的观点，进行创建社区学院的设想与实践。1892 年，芝加哥大学的一、二年级与三、四年级分离，分别命名为"基础学院"（academy college）与"大学学院"（university college）；1896 年，这两部分分别更名为"初级学院"与"高级学院"（senior college）。其中，前者属于大学初级阶段，一方面负责筛选优秀的学生输送至后者进行高阶研究，另一方面向不适宜继续学习的学生赋予社会生产技能。③ 于是，在实施高等教

---

① T. Diener. *A Documentary History of the Junior College and Community Movement*. New York: Greenwood Press, 1986: 30.

② J. W. Burgess. *The American University*. Boston: Health & Co, 1884: 4.

③ 参见王英杰《美国发展社区学院的历史经验及发展中国专科教育之我见》，载《外国教育研究》1992 年第 1 期，第 8～9 页。

育的过程中,"学术性"的高层次培养阶段被保留,而"基础性"的低层次培养阶段任务则交由初级学院承担。这些新型的初级学院有三条创办途径:一是将师资力量雄厚、教育质量先进的高中延长两年学制的年限;二是将办学经费紧张、学校规模不足的文理学院进行学制缩减,集中于一、二年级的基础教学;三是在人口密集的乡镇建立两年制的初级学院,为当地高中毕业后有志于去大学进修的青年提供学费低廉、课程丰富的升学准备。为了顺应彼时美国社会建立完善学位层次的诉求,哈珀借鉴了英国达勒姆大学的物理学副学士学位,给完成初级学院阶段学习的学生颁发相应的副学士学位证书,包括文科副学士学位与理科副学士学位。表现优异的学生不必参加考试,而是凭借副学士学位证书申请相应的大学;表现一般的学生也可以"不失体面地离开学校"[1] 并进入社会工作。

三、19世纪下半叶美国人口及其文化对高等教育改革的影响

1850—1910年,以欧洲人为主的外来移民的到来促进了美国人口总数的增加,使其由2326.1万涨至6305.9万。[2] 他们的迁入极大地刺激了美国经济与社会的发展,一方面为西部拓荒与南部发展提供了大量劳动力,另一方面为美国社会带来了丰富的民族文化与生产技艺。随着工业革命的到来,原始的农业、畜牧业以及手工业面临着机器化与大规模化转型,出现了农村劳动力的解放,并且趋于向城市方向迁移。此时的城市发展,随着人口数量的大幅度增加也产生了众多新兴产业,如交通运输、保险服务、机械制造、饮食旅游等,广泛催生了具有一定经济基础的中产阶级。他们意识到了教育对儿童未来的人生发展的重要意义,希望并且有能力让自己

---

[1] T. Diener. *Growth of American Invention*. New York: Greenwood Press, 1986: 50.
[2] 参见乔明顺《世界近现代史教学参考手册》,北京大学出版社1990年版,第154页。

第一章 系统的功能：美国社区学院内部治理的职能变迁

的孩子接受更系统、更优质的正规教育，因而掀起了中等教育与高等教育的教育民主化浪潮。一直以来，"民主"理念属于美国历史与社会的主旋律，而教育机会均等则被视为其中的重要表现。民众迫切希望联邦政府创办公立教育系统，最大限度地实现个人发展，从而使他们有能力在激烈的社会竞争中享有一定的经济收入与社会地位。他们对于教育的渴望，无形之中促进了中等教育的发展；同时，在民主化理念的引导下，挑战了长久以来高等教育的精英培养定位。①

在此之前，美国中等教育多是由私立的文实中学承担；美国内战结束之后，公立中学的数量持续递增，至 1900 年已有 2600 余所，其毕业生约 50 万人（文实中学的不足 10 万人）。② 这虽然为社会新兴产业的发展提供了充足的劳动力，但是也在一定程度上增加了大学的人口压力，尤其体现在诸如哈佛大学、芝加哥大学等享有较高声誉的研究型大学之中。中产阶级的孩子经过中等教育的训练取得优异的成绩后，更希望去上述学术水平较高的高等教育机构深造，很少愿意选择规模较小、质量一般的文理学院学习。然而，哈佛大学、耶鲁大学等名校的师资力量与学校规模难以承担过多学生的教学、科研与住宿压力。为此，美国社会各界大力创办高等教育机构，上文提及的《莫雷尔法案》是这个时期关于创办大学的标志性事物，当时由政府提供土地与大部分办学经费，以低廉的学费吸引普通劳动者子弟，从而传授工农业发展所急需的实用技能。与此同时，受到学生青睐的赠地大学取得了良好的市场反响，从而激发了企业、个人、社会团体筹资创办私立大学的动力。

美国社会文化除了"民主"之外，另一个显著特征便是"实用主义"。他们向往新的美好生活，不远万里迁移至全新环境美洲

---

① Joliet Junior College. "History of Joliet Junior College", accessed November 28, 2020, https://www.jjc.Edu/about-jjc/history.
② 参见杨孔炽、徐宜安《美国公立中学发展研究》，湖北人民出版社 1996 年版，第 16 页。

系统论下美国社区学院内部治理体系研究

大陆，凭借勇敢拼搏、务实勤劳的精神得以立足。因此，这样的历史背景造就了美国人通常更关心现实生活与眼前利益的价值观，折射到教育领域便是削弱文法、修辞、拉丁语、希腊语等古典教育的传统，而重视与生产活动相关的实用技能的教育，正如"与其让我学会如何用不同的语言说'肚子饿了'，不如让我学会怎么制作面包"①。在这种民主传统与实用精神交织的文化背景下，彼时的美国高等教育不仅需要专门钻研高深学问的研究型大学，更需要建立大批促进国家经济发展、服务于各行各业生产需求、满足人们生活质量提高诉求的短期培训学校，进而促使高等教育由精英化向大众化的特征转变。②

上述对社区学院最初产生背景的分析，涉及对美国的经济、社会、人口、文化等多个方面的因素考察。由此可知，社区学院的产生不是偶然的，正是这些因素的相互作用直接促成了初级学院运动，以及促成了1910年美国第一所公立初级学院——乔利埃特初级学院的诞生。

---

① [美] 丹尼尔·布尔斯廷：《美国人：民主历程》，中国对外翻译出版公司译，生活·读书·新知三联书店1993年版，第552页。

② 参见王英杰《美国高等教育的发展与改革》，人民教育出版社1993年版，第126页。

第二节 初级学院的转学职能

一、"一战"[①]之前初级学院的正式建立与缓慢发展

被誉为"美国初级学院之父"的威廉·林恩·哈珀,于1892年提出"初级学院"的设想之后便付诸行动,对芝加哥大学"初级学院"1899年毕业的83位学生授予副学士学位证书,并且向他们及周围学校完成大学前两年学业的学生发出了欢迎进入芝加哥大学继续攻读学士学位的邀请。其间,加利福尼亚州、密歇根州、明尼苏达州先后效仿芝加哥大学的经验在大学创办初级学院,社会私人团体也尝试创办初级学院,到1900年共计有8所初级学院。然而,这些学校招生规模较小且被排除在公立教育系统之外,经费有限,每所学校在校学生平均数仅为12人,总数不足100人。为此,哈珀前往芝加哥大学附近的州立中学,希望说服其延长中等教育年限,在公立中学系统内建设初级学院,从而改变初级学院的私立性质并保障其有充足的生源,并且承诺初级学院的毕业生有机会升入芝加哥大学。然而,这些学校并没有采纳哈珀的建议,只有其好友斯坦利·J. 布朗(Stanley J. Brown)在其就职的乔利埃特中学添设了第13、14年级,实现了初级学院在中学系统的进一步发展。乔利埃特初级学院的生源来自乔利埃特中学,毕业之后可以入学芝加哥大学,这种模式在当时被很多学校借鉴,促进了大学与当地公立中学的合作。

截至1918年,美国共诞生了74所社区学院:有的附设于大

[①] 第一次世界大战,以下简称"一战"。

系统论下美国社区学院内部治理体系研究

学,如加利福尼亚大学于 1892 年创办的加利福尼亚大学初级学院,将学制年数的前两年设为承担转学职能的初级学院;有的由私人投资创办,如 1896 年由商人艾伦·C. 路易斯(Allen C. Lewis)在芝加哥创办的路易斯学院,一边为转学教育提供普通课程教学,一边为学生就业提供职业实用课程;有的由文理学院转化,如麦斯葛姆学院(哈珀母校)取消了学制的后两年学业而专为大学输送生源;有的附设于高中,如伊利诺伊州的乔利埃特初级学院,承担中等教育与高等教育之间的转学职能。[①] 在《莫雷尔法案》颁布之后的 1917 年,美国国会发布了《史密斯-休斯法案》(*Smith-Hughes Act*,SHA),该法案规定,政府应每年资助不低于 700 万美元的经费用以协助各州创办以农业、工业、商业为主的中等职业教育。然而,彼时的初级学院被看作"高等教育的延续",大多专注于转学课程的教学,很少关注职业技术课程的教学,无法适应当时已跃居为经济强国的美国的工业化发展进程。

  该时期的初级学院虽然获得了一定程度的发展,但是办学规模较小、教学资源不足、教育质量一般,并没有在社会上形成很高的声誉。首先,在教学内容方面,受传统势力的阻挠,其依然主要开设中等教育范畴内的地理、历史、希腊文、拉丁文等基础课程,没有设置较多的职业教育类实用课程,难以满足市场对技术劳动人才的需求。其次,虽然联邦政府也颁布了相关法令促进社区学院的发展,但是由于没有提供充足的拨款,导致社区学院办学经费紧张。学校大多没有充足的实力聘用专职教师以及增添图书馆、实验室等教学设施,从而使得教育质量并不突出。最后,虽然学校数量不断增加,但是每所学校的招生规模依然偏小。正是因为社区学院办学水平较低,所以无法吸引有志于到大学进修的学生;对于没有升学意愿而更希望就业的学生而言,因其缺少实用技术课程,故也无法吸引更多的生源。此外,该时期的初级学院在学校性质与管理方面较为混乱,没有形成统一的标准。由于大学教师希望摆脱基础知识

---

① E. J. Glenuzer. *American Junior College*. Wisconsta: George Banta Company, 1967: 4.

第一章　系统的功能：美国社区学院内部治理的职能变迁

教学的任务，一般很少担任初级学院的教师，而初级学院的教师多由高中师资队伍中选拔而来，故初级学院的课程内容、教学方式与中学较为相似，被认为属于中等教育。但是，以转学职能为根本目的的初级学院，需要在知识范围与深度方面衔接大学高年级课程的需求，为接下来的科研探索打下基础，故又被认为属于高等教育。在学校管理方面，附设于综合型大学或文理学院的初级学院归大学董事会管理，附属于高中的初级学院归地方的中小学学区教育委员会管理，而私立性质的社区学院则归个人或团体独立管理。

综上，20世纪初的美国初级学院属于起步发展阶段，面临诸多挑战，并没有得到政府的特别支持与民众的关注和青睐。但是，初级学院的缓慢发展与试误过程，对社区学院而言具有里程碑式的意义，尤其是1901年作为美国公立社区学院起点的乔利埃特初级学院的创立，为战后初级学院的快速发展打下了基础。

二、"二战"之前初级学院的持续扩张与独立发展

"一战"削弱了欧洲众多国家的经济实力，却没能阻碍美国国内经济水平与教育水平的持续提高。无论是基础教育与高等教育，还是新型的初级学院，都获得了进一步的发展。原本连接大学与中学的初级学院，受到社会多重因素的共同作用，出现学校数量递增、办学规模扩张、公立性质突出以及职能目标趋于转化等特征。

该时期美国中等教育规模显著扩大，不仅愈加增添了高等教育的负担，而且在一定程度上给初级学院提供了充足的生源与改革的动力。1900年初级学院创立之初，美国中学总数不足0.8万所、在校学生总数仅为63万人左右；"一战"结束之后的1920年，中学数量超过1.6万所，在校学生总数增至238万人有余；"二战"期间的1940年，美国中学数量约2.4万所，在校学生数已达660

万人。① 40 年的时间，美国中等教育的学校数量扩增到 3 倍，在校学生数目增加到 10 倍之多。之所以会如此，一方面由于战后美国人口数量激增，另一方面是美国国家经济发展促使教育理念深入人心。尽管 40 年间各州也在大力创办高等教育机构（由 951 所递增至 1780 所），扩大每所学校的招生规模（平均数由 363 人左右递增至 695 人左右），但是中等教育的发展速度已经完全超出高等教育的承受范围，如 1940 年的 660 万名高中毕业生中仅有 124 万名学生有机会进入大学进修。② 为此，联邦政府与各州政府大力扶持初级学院，并且促进其在数量规模与职能目标方面趋向于新的转型。

1917 年，加利福尼亚州颁布相关法令，明确表示州政府资助该州范围内公立初级学院的发展，根据学生的数量拨款 90 美元每人每年。经费问题一直是困扰初级学院发展的根本原因，早在 1907 年，加利福尼亚州也出台了鼓励初级学院发展的相关政策，允许公立中学举办中学后教育，最终却由于缺少有关经费资助的规定而难以落实。得益于 1917 年的法令，加利福尼亚州很多公立中学延长了学制年限，积极创办第 13、14 年级的公立初级学院，并且不断扩大招生规模。此外，加利福尼亚州政府为了改变初级学院单一的转学职能，保证高等教育保持高水平的同时服务于社会经济发展，于 1922 年颁布法令专门资助初级学院开设实用性课程。在上述两个法案的作用下，加利福尼亚州社区学院的数量持续上升，并且凭借转学教育与职业教育兼具的初级学院理念模式成为美国各州借鉴的对象，也促进了全美初级学院的良好发展。至 1945 年，美国共有 648 所初级学院，招收了近 30 万名学生，这些初级学院成了美国短期高等教育的重要机构。③

---

① 参见杨孔炽、徐宜安《美国公立中学发展研究》，湖北人民出版社 1996 年版，第 132～133 页。

② 参见马骥雄《战后美国教育研究》，江西教育出版社 1991 年版，第 151 页。

③ S. Brint. *The Diverted Dream Community College and the Promise of Education Opportunity in American 1900—1985*. Oxford：Oxford University Press，1989：27-28.

第一章 系统的功能：美国社区学院内部治理的职能变迁

"一战"之前初级学院的萌芽与创设，联邦政府并没有过多地干预，而多是由私人团体与地方政府所推动的。直到战后资本主义世界强国的地位得以确立之后，联邦政府出于为各个行业发展供给充足劳动力的目的，开始关注并愈加重视各州已初具规模的初级学院。正如上文所示，早在1917年，美国联邦政府便意识到了初级学院对减轻高等教育压力、贯彻教育民主理念、缓解社会矛盾，尤其是促进社会经济发展的重要作用，并且经过6年的考察发布了《史密斯－休斯法案》，以资助各州发展中等职业教育。遗憾的是该法案在发布之后，并没有像《莫雷尔法案》一样立即引起各州的重视，而是随着战争的结束与经济的发展，在其他政策法规的促进下才得以发挥效用。美国联邦政府教育办公室（United State Office of Education，USOE）于1920年召开第一次初级学院全国会议，详细讨论了初级学院的经费使用、专业设置、教学标准与课程内容等方面的规定，并且形成了《初级学院指南》（*The Guide of Junior College*）一书作为各个初级学院的发展依据。① 与此同时，该会议同意成立美国初级学院协会（American Association of Junior College，AAJC），用以指导全美几乎所有初级学院的专业组织，为初级学院逐步从大学与中学的管辖范围内独立出来奠定了基础。

之后，初级学院在各州的城镇广泛发展，逐渐具备完善的图书馆、实验室、教材、师资等教学设备资源与人才资源，从而满足了人们对高等教育的诉求，促进了美国高校之间的竞争与教育质量的提高，形成了包含副学士、学士、硕士与博士的高等教育学位体制。初级学院的迅速发展引起了一些学者对此的研究。20世纪40年代，美国学者伦纳德·V.库斯（Leonard V. Koos）对所选定的来自12个州的10000余名高中生毕业去向的调查显示，设立了初级学院的地区与没有设立初级学院的地区在高等教育入学人数总数方

---

① 参见杨孔炽、徐宜安《美国公立中学发展研究》，湖北人民出版社1996年版，第135页。

系统论下美国社区学院内部治理体系研究

面的比例是 2.5∶1，在来自低收入家庭的生源方面的比例为 3.5∶1。① 这表明，初级学院的设立在一定程度上提高了大学生源的质量，促进了教育民主化，帮助了更多的高中毕业生进入大学，尤其是贫困家庭的孩子。这一结论也得到了著名高等教育学者伯顿·R.克拉克（Burton R. Clark）、美国联邦教育委员会理事长罗根·威尔逊（Logan Wension）等学者调研数据的证实。

该时期的另外一个显著特征是，公立性质学校的数量逐渐接近私立性质学校的数量，其招生规模方面已经超出私立初级学院。1900 年，最初创建的 8 所社区学院皆是私立性质。1915 年，依然是私立性质的学校居多（55 所），公立性质的学校较少（19 所）。到了 1936 年，公立性质的学校已达 244 所，可招收 9 万余名学生；而私立性质的学校为 309 所，可招收 4 万余名学生，不足公立学校招生人数的一半。这其中的原因，一方面归功于哈珀对公立中学创办初级学院的探索，更主要是由于"一战"前后联邦政府与各个州政府对公立社区学院的拨款资助。公立初级学院可以根据学生总数获得政府的经费支持，而不必向学生收取高额的学费；私立初级学院除了社会捐赠之外，还需要通过收取高额学费来维持学校运作，这无形之中便将普通家庭的学生拒之门外了。

美国初级学院协会在第二届初级学院全国会议上，将初级学院归为中等教育的范畴，其管理仅在转学标准方面有大学介入，其他事宜如经费使用、教师聘任、生源选拔等皆归为中学学区教育委员会负责。然而，"一战"结束之后，附属于中学的初级学院在发展迅速的同时带来了诸多管理问题，主要集中于初级学院与其所附属的中学之间所产生的经费分配、教师分配等方面的利益冲突问题。随着中等教育与初级学院规模的扩张，代表中等教育利益的中学教师与中学学区负责人希望初级学院不再占用其有限的教育资源，而代表初级学院利益的相关负责人也希望摆脱中等教育的范畴以争取

---

① L. V. Koos. *Local Versus Regional Junior College*. New York：Boson Publisher，1944：271 – 284.

更多的社会生源与政府拨款。在这种背景下，1921年加利福尼亚州率先改革设置全新的"独立初级学院学区"（separate junior college district），专门负责本州范围内初级学院的经费拨款、目标规划等方面的宏观管理事宜。① 一直到20世纪40年代中期，各州纷纷效仿加利福尼亚州的做法，设置独立于中学学区的初级学院学区，这标志着初级学院独立于中学之外成为专门的高等教育机构。

第三节 社区学院的职业教育职能

一、"二战"前后初级学院的短期职业培训

早在20世纪20年代末，美国初级学院协会便提出初级学院应适当增加实用类课程，而不能仅仅局限于转学教育的职能。之后，30年代初美国发生的经济大萧条对于初级学院职能的转变亦具有重要意义。虽然这一事件直接导致了政府对其财政拨款的减少，但是众多的失业人口将其借助短期培训实现再就业的希望寄托于门槛较低、费用较低、学时较短的初级学院，催化了初级学院职能的转变。学校根据学生的需求及时调整了课程内容与办学性质，开设了诸如建筑、维修、烹饪等不颁发学位文凭的实用课程。"二战"发生之后，大量青年学生奔赴战场的现象导致包括初级学院在内的高等教育系统生源数量急剧下降。然而，初级学院再一次根据市场需求而灵活调整自身办学模式，在社会变动的外部环境下取得了进一步的发展。一方面，学校在政府的资助下开设了丰富的军事相关课程，如无线电使用、金属焊接、汽车维修、医疗急救、船舶操纵等，为当时美国对外作战提供了充足的中等军事技术人才；另一方面，学校为战时居家的女性提供了形式多样的短期技能提升培训课

---

① G. A. Baker. *A Handbook of the Community College*. Westport: Greenwood Press, 1994: 19.

系统论下美国社区学院内部治理体系研究

程，如财务计算、电器维修、农作物种植、房屋修理等，从而保证她们能够在男性去作战的前提下依然能维持社会与生活的正常运行。①

在"二战"即将结束的1944年，美国政府颁布的《退伍军人权利法案》，规定了退伍军人在战争结束之后所享有的社会生活福利保障，很好地促进了战后社会的稳定与经济的发展。其中，为了确保他们能够在职场中具有一定的胜任能力，联邦政府免费给参与了军事服务满3个月的退伍军人提供累计时间不超过4年的教育机会，以及其就学过程中所产生的书籍文具、医疗服务、实验设备、生活补助等的费用。② 现实状况是当时的退伍军人大多未完成高中学业，并不具备较高的文化层次，难以步入大学进行高深知识的学习，故几乎都就近选择所在地的初级学院就读。在此背景下，初级学院从原有以转学为主的职能目标很快转变为以职业技术教育为主的职能目标，获得了大量的生源与充足的经费。据统计，自1945年之后的10年间，联邦政府共拨款55亿美元、资助800万左右的军人接受了初级学院的职业技术教育。③ 不仅如此，美国政府一改在初级学院创设之初的放任不管的立场，转而期望初级学院承担起那个特殊的历史时期所赋予的教育使命，从政策法令的层次推动并支持初级学院的发展。

1947年，杜鲁门总统高等教育委员会发布《美国民主社会中的高等教育报告》(*Higher Education in the Service of Democracy*)，要求改革当时高等教育的结构与制度，明确初级学院在高等教育领域中的正式身份与管理模式。时任美国教育协会理事长的乔治·F. 祖克（George F. Zook）根据考察发现，在经济大萧条与两次世界大战期间，初级学院在其中发挥了"为社区的经济生产力发展与

---

① G. A. Baker. *A Handbook of the Community College*. Westport：Greenwood Press，1994：20-27.

② 参见王英杰《美国高等教育的发展与改革》，人民教育出版社2002年版，第208～210页。

③ 参见王廷芳《美国高等教育史》，福建教育出版社1995年版，第152～153页。

文化水平提高而培训所需的人才""为纳税人提高生活质量"等作用，故在报告中提出将"初级学院"更改为"社区学院"，在原有转学职能的基础上突出其服务所在地社区的使命。学校开设了丰富多样的、贴合社会发展实际的、教学时间与方式灵活的课程，学校数量与分布范围也有所扩大，确保能够克服地理与经济因素对个人发展所造成的阻碍。在社区学院的管理方面，报告中界定了以公立为主、公立私立相结合的模式，将其纳入州政府的高等教育系统之内，由州政府出资创办、地方政府予以常规性经费支持。① 这一报告对美国高等教育民主化进程起到了强有力的推动作用，尤其是立法与拨款的配套运行充分调动了地方创办社区学院的积极性。

二、20世纪中后期社区学院的职业技术教育

"社区学院"这一名称在上文提及的报告中得以确定，而实际上这个概念最先是由宾夕法尼亚州的 B. S. 霍林斯黑德（B. S. Hollinshead）于 1936 年提出的。他在该州一所初级学院任职期间，强调全新的"社区学院"应摆脱中学后教育的范畴，指向学校之外的周围社区，为当地人提升文化水平而服务，所招收的学生可以是成人（即没有年龄的限制）。这一想法在当时并未引起学界的注意，直到 20 世纪 40 年代美国学者詹姆斯·麦迪逊·伍德（James Madison Wood）在美国初级学院协会的一次会议上，号召扩大初级学院的职能边界，转向于为社区发展提供职业技术教育的"社区学院"。这一主张在 1947 年的《美国民主社会中的高等教育报告》中得以落实，教育领域与社会各界逐渐认可并使用"社区学院"的概念与独特的职能。②

---

① 参见王廷芳《美国高等教育史》，福建教育出版社 1995 年版，第 154 页。
② G. A. Baker. *A Handbook of the Community College.* Westport: Greenwood Press, 1994: 27.

系统论下美国社区学院内部治理体系研究

此后,《国防教育法》(National Defense Education Act, 1958)、《高等教育设施法》(Higher Education Facilities Act, 1963)、《高等教育法》(The Law of Higher Education, 1965) 等法案的相继颁布,为社区学院的发展带来了强有力的政策支持与经费保障,促进其数量迅速增加,招生规模不断扩大。其中,1965 年的《高等教育法》明确提出加大对社区学院的经费投入,将年满 18 岁的,存在经济拮据、学习不足、就业困难等状况的学生就近安排进入社区学院。在这种政策影响下,原本初级学院在招生程序上所要求的高中毕业证书、中学老师的推荐信以及严格的入学测试等全部被取消,几乎成为"零门槛"的教育机构。据统计,《高等教育法》颁布之后的 2 年内,约 98% 的社区学院都践行了上述开放性招生理念。①

因此,在这个阶段,社区学院数量迅速增长,遍及美国各个主要城市,被誉为"人民的学院""开放的大门"。在 20 世纪 70 年代左右,社区学院的总数已高达 1091 所、学生总数超过 247 万人,平均每个州有 20 多所社区学院、平均每所学院有 2267 名学生。② 其中,公立学校发展速度显著超出私立性质的学校,1966 年公立与私立学校学生总数比例约 10∶1,1970 年公立与私立社区学院比例为 5.5∶1。这主要是由于许多社区学院为了满足联邦政府的拨款条件,不断降低学习费用与入学条件、不断改进办学模式从而吸引更多的社区居民。如基于 1966 年的《高等教育设施法》的修正法案拨款的约 5 亿美元,被用来资助符合条件(本地区适龄青年的入学率)的社区学院。因此,这些公立社区学院根据当地居民的人口特征、就业方向等因素,用优质的职业技术课程,甚至以学杂费减免、生活补助、勤工俭学等方式鼓励人们入学。相比之下,私立社区学院依然以转学教育为目的,较少有机会受到政府资助,发

---

① 参见毛澹然《美国社区学院的特点》,载《全球教育展望》1984 年第 2 期,第 55 页。
② A. M. Cohen, F. B. Brawer, C. B. Kisker. *The American Community College*. San Francisco: Jossey-Bass, 1977: 15.

第一章　系统的功能：美国社区学院内部治理的职能变迁

展速度相对缓慢。

在学校职能方面，如果说社区学院的创立之初，是作为中等教育的延续，扮演着向高等教育过渡的角色，那么随着"二战"后美国经济水平的持续增长、科学技术的迅速发展以及社会产业结构的不断调整，社区学院的主要职能从原先的转学教育逐渐变为以培养当地社区经济发展所需的技术人才为中心的职业教育。据美国社区学院协会统计，20世纪70年代期间，入学社区学院的学生中接受转学教育的人数约为43%；1974年，社区学院研究方面的相关学者通过对伊利诺伊州社区学院的调研得出，有意愿转入大学接受高级教育的学生总数仅为37%。[1] 在学生们看来，在社区学院进行了两年的职业技能学习后，很容易在社会中找到薪酬合适的工作，而高等学府的知识探究对于普通人来说则难以企及。这一方面是由于"二战"后经济的持续向好，带来了就业市场对中等技术人才的大量需求；另一方面是由于社区学院录取标准的不断降低与招生人数的不断扩展，使得生源质量较为一般，对高深知识的学习望而却步。尤其是上文提及的《退伍军人权利法案》的颁布，促进了数百万生源选择在社区学院修读职业技术课程，以获得在社会谋生的相关资格证书，从而推进职业技术教育职能在社区学院中的进一步强化。

"二战"后到20世纪70年代的时间段是社区学院发展的黄金时期，除了职业教育这一显著特征之外，社区学院也趋向于继续教育、成人教育以及社区服务的职能内容。根据统计，在70年代初，各校学生的平均年龄皆高于29岁，远远超过了初级学院产生之初的18岁。[2] 这主要由于科学技术发明的创新成果、自动化生产技术的研发应用等因素加速了各行各业职业技术的发展与更替，不少职业技术工作人员因面临知识的更新与补充的需求，而需要返回学

---

[1] 参见王廷芳《美国高等教育史》，福建教育出版社1995年版，第219页。

[2] G. A. Baker. *A Handbook of the Community College*. Westport: Greenwood Press, 1994: 57.

校再度接受职业培训。与此同时，受国家政策关于"社区学院理应成为本地区文化服务的中心"等思想的影响，战后的社区学院趋向于关注社区居民的日常生活需求。如由于自动化技术使人们拥有了更多的闲暇时间，社区学院便为其提供绘画、唱歌、话剧等培训讲座；由于当地受到拉丁美洲旅游人士的喜爱，社区学院为当地服务产业人员提供西班牙语的简单交流培训等。

总之，这个时期的社区学院取得了突破性的发展：一是学校数量与招生规模显著增加、扩大，尤其是公立社区学院；二是学校职能也愈加多元化、综合化，表现出以职业教育为主、转学教育为辅、多种职能萌芽的特征；三是重视学校的开放性招生与服务性目的；四是办学经费充足，学校设施完善。

第四节 "民主学院"的社区教育职能

一、20世纪70年代至80年代社区学院的继续教育

相比于20世纪五六十年代社区学院数量的平均年增长率（为2.57%），七八十年代阶段的社区学院数量增长速度有所减缓。70年代以来，仅为1.13%（1970—1979年共增长143所）；而到了80年代，数量不仅没有增长，反而有减少的趋势（1982—1983年由1231所下降至1219所）。① 之所以会如此，其原因具体如下：①"二战"后社区学院迅速扩张，到了70年代，美国各州已遍布社区学院，每个城镇周围30平方千米内都配有多所社区学院，满足了人们对高等教育配置的基本诉求；②"二战"后"婴儿潮"

---

① A. M. Cohen, F. B. Brawer, C. B. Kisker. *The American Community College*. San Francisco: Jossey-Bass, 1977: 15.

第一章 系统的功能：美国社区学院内部治理的职能变迁

中的儿童在 80 年代前后几乎都已完成了教育阶段而进入社会就业阶段，但五六十年代出生率的下降，导致了七八十年代社区学院的适龄生源显著减少；③受 1973 年中东战争的影响，美国经济持续下滑，失业人口数量大幅增加，通货膨胀问题严重，故政府为此削减了教育支出，当地居民也无力支持学校的扩张。对于社区学院而言，政府给予的拨款金额减少、公民的消费水平下降、社会的市场活力减弱等因素，都为这个时期的发展带来了障碍与挑战。然而，纵观社区学院的发展历程，其总是能够在历史关键时期灵活调整自身办学的职能，将发展障碍转化为改革的垫脚石。

尽管经济形势不乐观，却仍然没能阻碍人们对于社区学院的热情，在校人数占所有高等教育受教育人数的比例一直攀升：1960 年仅为 12.6%，1970 年为 25.9%，1980 年则稳步增至 36.2%。① "文化水平低是贫困的根源" "教育有利于经济收入的增加" "教育有利于社会阶级的提升" 等观念，随着工业革命的发生逐渐深入公民心中。因此，即便是经济萧条的特殊时期，人们却依然重视教育。这尤其体现在社会阶层较低的群体中，他们希望借助对知识技能的学习快速提高收入水平，从而摆脱贫困的局面。与此同时，随着《民权法案》（*Civil Rights Act of* 1964）的颁布，无论何种种族、性别与肤色的美国公民都被赋予了接受高等教育的平等权利，而一直受到社会歧视的女性、黑人以及少数民族为争取"民主"所付出的努力也体现在社区学院的发展状况中。据统计，社区学院的男女生比例在 1976 年为 1.174∶1（男性 195 万多人，女性 166 万多人），而 1980 年女性学生数量则赶超男性（男性 217 万多人，女性 225 万多人）；这 5 年间，黑人学生比例一直保持在全部学生总数的 10.2% 以上；少数民族学生由 1976 年的 7.3% 持续上升至 1986 年的 13.7%。② 这些人群由于经济水平有限、知识程度一般，通常为了尽快就职而选择学费低廉、门槛较低的社区学院。正是在

---

① 参见王廷芳《美国高等教育史》，福建教育出版社 1995 年版，第 42 页。
② 参见王廷芳《美国高等教育史》，福建教育出版社 1995 年版，第 42～49 页。

这种背景下，这个时期的社区学院被称为"人民的学院"（The People's College）、"开放的大门"（The Open Door）、"民主的学院"（Democracy's College）。

20世纪70年代之后，为了满足"教育民主化"诉求、调和社会阶级矛盾，联邦政府一方面承受着经济衰退与通货膨胀的影响，一方面竭尽全力拨款资助社区学院的发展。彼时的社区学院意识到，公民的教育诉求与政府的勉强拨款仅能作为社区学院发展的基本条件，而符合社会发展逻辑才是可持续之道。在这种背景下，美国社会状况面临着经济产业结构的调整，原有的对石油资源依赖型产业逐步转向以电子计算机为主的信息服务产业，但从业人员大多由于不具备相关的技术知识而陷入了失业的境地。另外，由于"二战"之后社区学院对于职业教育的重视以及入学门槛很低，导致这些学生进入社会工作后表现出了普通知识匮乏的状况，而且其知识领域大多局限于特定方向的知识技能，无法应对第三产业对人才的高质量、综合性要求。

为了取得长足的发展，社区学院及时调整了办学模式，面向大量失业人群开展普通知识与新产业知识相结合的继续教育，从而提高了成年人的文化水平、培养了高质量的新型中级技术人才。很多社区学院整合已有资源，既遵循产业结构的调整新增了信息技术相关课程（如网络技术、计算机使用、软件设计、信息传输等），又根据社会需求开设了房地产租赁、新能源服务、社会福利保障、公共管理等课程。不仅如此，受罗杰斯人本主义思想的影响，社区学院开始逐渐重视普通人文知识对于受教育者认知、情感及价值观方面所产生的作用，将有限的资金多用于图书馆资料室的建设、人性化教学设备的丰富、学生潜能的挖掘等方面，而不再主要用于学校规模的扩张。由于这些生源大多是日常时间有限的27岁左右的成年人，因此社区学院调整了全日制模式，利用夜间、双休日及节假日时间开设灵活多变的"部分时间制"模式，为学生们的走读带来了极大的便利。据统计，"部分时间制"学生总数在1976年高达222万多人（全日制学生总数为361万多人），1980年"部分时

第一章　系统的功能：美国社区学院内部治理的职能变迁

间制"学生总数将近300万人（全日制学生总数为443万人）。因此，这个时期社区学院的职能注重调和普通教育与职业教育之间的差距，着力于培养具有一定文化知识基础的第三产业中等技术人才。

二、20世纪80年代至20世纪末社区学院的"建设社区"

无论是上述女性、黑人、少数民族等群体争取"教育民主"的需求，还是普通中产阶级及下层人民对提高生活质量的诉求，社区学院所颁发的副学士学位在20世纪70年代之后形成了促进社会阶级流动的动力作用。根据80年代的统计结果，相比于没有接受过任何高等教育的劳动力与虽然接受过高等教育但没有获得学位的劳动力，具有副学士学位的劳动力在工资收入上分别高出约29%与15%。然而，尽管很多社区学院逐渐具备了完善的学位颁发权力，但大部分学生在完成学业后仅获得了课程结业证书，这部分学生所占比例于1981年高达91.49%，1983年为89.3%。[①] 这一现象反映出当时社区学院普遍办学效率较差、教学质量较低，以及学生素质能力不足的问题，引起了工商界等社会各界的严重不满。这是由于当时美国经济较为低迷，工业产品水平在世界市场上难以企及德国、日本等国而出现外贸赤字现象，因此工商界认为70年代的改革措施仍然未能满足科学技术日新月异的发展对高层次人才的需求。

那时，整个教育界开始反思自己所培养的学生不具备维持生计的基本能力的问题，并且据此开展了"生计教育"运动，要求"将普通教育与职业教育相融合并贯穿于人的一生发展之中"。为此，《国家处于危险之中：教育改革势在必行》（*A Nation at Risk: The Imperative of Educational Reform*，1983）、《改进学习：发挥美国

---

① 参见毛澹然《美国社区学院》，高等教育出版社1989年版，第23页。

系统论下美国社区学院内部治理体系研究

高等教育的潜力》(*Improvement in Learning: Realizing the Potential of American Higher Education*, 1984)、《建设社区：对新世纪的展望》(*Community Building: A Vision for a New Century*, 1988)、《2000年目标——美国教育法》(*Goals 2000—Educate America Act*, 1993)等报告相继发布。这些报告指出了社区学院在新的时代背景下应发挥一直以来的优势，肩负起培养知识与思想方面都得以充分发展的美国公民的重任。作为高等教育的组成部分，社区学院不能一味注重数量与规模，而忽略教学标准与人才质量。尤其是《建设社区：对新世纪的展望》这份报告，详细阐述了社区学院当时面临的问题与对未来发展的建议，明确了社区学院"建设社区"的职能要求，这对之后乃至21世纪社区学院的改革发展产生了一定的影响。

20世纪80年代后，以电子计算机为核心的信息服务产业从原先的第三产业中分离了出来并在一定程度上引发了美国的"经济复兴计划"，确保了新技术革命的成功。为此，美国相继颁发了两部职业教育法案，强调社区学院应积极开展校企合作、推进国家经济发展、降低对公共福利的依赖。因此，社区学院应充分了解当地经济建设与社会发展亟待解决的问题，充分发挥校企合作的优势，有针对性地为当地企业所需的人才开设高质量的教学服务，从而实现建设社区的目的。基于这种背景，社区学院主动开放了校内图书馆、资料室、体育馆等设施，为广大社区居民开展了丰富多彩的文娱活动，成了当地生活的中心。甚至当本地新型企业或者普通公民遇到了发展瓶颈，都可以到社区学院寻求知识方面的帮助。在此过程中，社区学院十分注重师资建设：一是严格教师入职标准，从最低要求为学士上升至硕士、博士，并且具备良好的教学实操技能；二是注重教师在职培训，平衡教学工作与自身发展；三是为教师的教学活动提供完备的硬件、软件设施，提高社区学院教师的社会地位。[①]

在"建设社区"的理念下，社区学院既注重为企业输送技能

[①] 参见毛澹然《美国社区学院》，高等教育出版社1989年版，第23页。

第一章 系统的功能：美国社区学院内部治理的职能变迁

人才而设置的专业教育，也关注为工作后表现较差的成人开设的补偿教育，近95%（20世纪80年代）的社区学院均开设了相关课程内容，帮助学生在多年之后重返校园补足英语、写作、数学、科学、地理、历史等高中阶段的基础知识。[①] 此外，社区学院逐渐被赋予一般教育与终身教育的意义，不仅能为学生就业提供技能训练，而且能为学生的长期发展提供充分的知识和思维训练。有些州甚至将基础知识渗透至所有专业学生的课程中，希望促进各类技术人才的语言表达、阅读理解、逻辑思维、批判性与辨别能力。如加利福尼亚州社区学院协会于1987年发布了"核心课程"的九大目标：语言交流、解决问题、批判性思维、艺术欣赏、伦理道德、非西方知识文化鉴赏能力、科学研究方法、跨学科研究方法及创造性。[②] 佛罗里达州等各州的社区学院也纷纷减少了专业课程的学时量，增加了普通知识的教学。

为了接受联邦及州政府的经费资助，同时践行"建设社区"的职能目标，社区学院在管理上一方面受到来自外部政府力量的干预，另一方面也难以摆脱市场因素的影响。据统计，为了开发社区中潜在的人力资源，联邦政府在经济不景气的1980—1992年期间，每年对社区学院的拨款总额占其办学经费的5%左右；随着社会经济的好转，拨款金额持续增加，1994年为7%、1996年则为10.7%。[③] 州政府更是大力资助社区学院购买教学实验设备、支付教职员工资、减免贫困学生学费等，成了社区学院的主要经费来源。政府在扶持社区学院发展的同时，也加大了干预其内部治理的力度，如参与董事会成员与校长的任命，听取相关专业设置、师资聘任、课程制定等事宜的汇报，组成评估小组考核社区学院的经费

---

① A. M. Cohen, F. B. Brawer, C. B. Kisker. *The American Community College*. San Francisco: Jossey-Bass, 1977: 259 – 260.

② T. O. Banton. *Innovation in the Community College*. New York: Greenwood Publisher, 1989: 29 – 30.

③ A. M. Cohen, F. B. Brawer, C. B. Kisker. *The American Community College*. San Francisco: Jossey-Bass, 1977: 146 – 148.

使用状况，等等。相比之下，市场给予社区学院的经费资助有限，对其内部治理的影响更多是受制于企业的人才需求导向。对于社区学院而言，与企业签订合同不仅能够解决学生就业问题，吸引更多学生求学，获得联邦政府更多的经费，而且能够推进社区经济建设，带来良好的社会效益与居民口碑，同时提升学生的消费能力与学校的知名度。无论如何，上述两种因素对于社区学院管理来说只是外部影响的作用，真正的治理权力依然掌握在社区学院内部主体之中。

第五节 "两年制大学"的综合教育职能

受金融危机的影响，美国社区学院在21世纪初便面临诸多挑战：来自政府的财政拨款的显著减少，失业人口所带来的成人生源较多，对于转学教育的倾向显著。金融危机的第二年（2009年），美国31个州的政府都在不同程度地削减高等教育经费，以缓解财政预算不足的状况。由于来自政府的拨款的减少，很多社区学院便希望招收更多的学生，借助学杂费来维持正常的运营。据统计，2007—2009年在经济不景气的情况下，社区学院的入学率提高了12%；然而在经济缓慢复苏的2011—2014年，入学率却持续下降。① 之所以会出现这种反差，是因为金融危机所导致产生的大量失业人口来到了社区学院，希望通过接受继续教育提升职业技能。这个时候美国社会的产业逐渐细化与复杂，各行各业对从业人员的基本素质要求不断趋于严格。因此，社区学院面临着社会范围内不同行业人群的发展诉求，急需改革已有的专业学科体系，建设丰富多样的课程内容。另外，遭遇失业的人群多表现出学历水平较低的特征，即便是在经济回缓的2010年之后，他们也因难以重新就业

---

① American Association of Community Colleges. "College Fast Facts", accessed December 1, 2020, http://www.aacc.nche.edu/pages/default aspx.

第一章 系统的功能：美国社区学院内部治理的职能变迁

而逐渐被淘汰。据统计，2007—2009年的失业人群中，学士及以上学位的人群的失业率仅增加了1%，而副学士学位的人群的失业率则增加了37%，高中及以下的人群则高达59%；2010—2012年期间，高中及以下的人群的就业率增加不足1%。[1] 学历对于职业的影响不仅体现在就业方面，而且也体现在工资收入方面：2010年的数据显示，学士及以上学位的人群对比于副学士学位以及高中以下的人群的工资比例约为 2.22∶1.44∶1。[2] 这种状况导致很多学生倾向于接受更高层次的教育，从而促使社区学院重视教育水平、学历文凭的提高，从"量"的扩张转化为"质"的提升，逐步将自身定位于高等教育系统中的"两年制大学"范畴。

具体而言，历经100余年的历史进程，21世纪初的社区学院面临着外部环境带来的挑战，形成了"包含转学教育、职业技能教育、一般教育、补偿教育和社区教育的综合体系"[3]。其中，转学教育可以帮助学生在接受了社区教育之后的5年内直接进入大学学习，将学分转至大学，并获得二年制学士学位（文科副学士、理科副学士或应用科副学士）。[4] 尽管社区学院的入学门槛是开放的，但是能够获得四年制大学的转学资格却并非易事。有资料统计，2007年社区学院的在校生有升入四年制大学意愿的近80%，而转学成功的仅占其中的25%，占学生总人数的1/5。[5] 为了应对21世纪以来学生对转学需求的上升，社区学院一边注重提高教育

---

[1] AACC. "The College Advantage: Weathering the Economic Storm", accessed December 7, 2020, http://ccrc.tc.columbia.edu/our-research.html.

[2] AACC. "Community Colleges Contributions", accessed December 7, 2020, http://www.aacc.nche.edu.

[3] B. A. Jones. *Educational Leadership: Policy Dimensions in the 21st Century*. London: Ablex Publishing, 2001: 3–22.

[4] C. L. Outcalt. *Community College Faculty: Characteristics, Practices, and Challenges*. Los Angeles: ERIC Learinghouse for Community Colleges, 2002: 37–41.

[5] S. G. Katsinas. *Issues in U.S. Community College: Findings from a 2007 Survey of the National State Directors of Community Colleges Funding*. Washington D.C.: The Brookings Institution, 2008: 4–5.

教学质量、缩小学生知识水平与转学标准间的差距，一边在原有的"标准化协议"与"课程学分转换制度"的基础上探索多样化、便捷化的新转学模式。

"标准化协议"是自哈珀创办社区学院以来便一直采用的方式，由四年制大学与本地社区学院签订书面的转学协议，再按照合作标准接收学生进行进一步深造。在此基础上，新的转学模式更加强调两者之间的互动式合作，通过数据开放、课程共享、资源交流等方式实现人才培养过程中的合作，超越了由社区学院输出人才、四年制学院输入人才的前后衔接模式，从而合理配置资源、提升转学成功率。"课程学分转换制度"规定了具体课程在社区学院与四年制大学之间的学分互认标准，从而避免学生转学之后重复修读。为了进一步拓展学分互认的学校范围、降低各门课程转换学分的烦琐程序，很多地区实行了本州所有公立大学与社区学院之间的学分统一对等制度，也就是说，在社区学院所修读的一门课程可以转换至本州任意一所四年制大学的相同课程中。这一措施加强了学校之间的联结与互通，通过建立统一的标准，打破了不同学校间的壁垒，有利于社区学院整体层次的优化、课程质量的保证与转学概率的提升。

除了上文所述的转学教育职能，21世纪初的社区学院在职业技能教育职能方面也发生了相应的变化，表现为"职业教育与普通教育的进一步融合，并赋予终身教育与可持续发展的理念"。2006年，《卡尔·D. 帕金斯职业教育法》（*Carl D. Perkins Vocational Education Act*，1984）的第四次修订，将一直使用的"职业教育"（vocational education）一词更换为"生涯与技术教育"（career and technical education），强调以人为本的可持续发展理念；2018年的《加强21世纪生涯与技术教育方案》，强调基础知识训练、提高人才创新力度、完善质量问责机制，重视企业发展需求。为此，很多社区学院开设了职业技术教育的"双学分课程"，即高中与社区学院合作，让学生共同修读课程并取得大学学分。这一方面补充了社区学院学生普通知识的不足，另一方面提升了高中学生对社区学院

第一章 系统的功能：美国社区学院内部治理的职能变迁

学习活动的兴趣，从而保证了学生的毕业水平，并为学生的下一阶段学习做好了入学准备。负责人员依据本地范围的就业市场需求调查，联合多方专业力量讨论人才培养细则、评估专业发展潜力、制定课程内容规划。此外，各州社区学院委员会也积极创建各类项目，将写作、表达、计算、阅读等基础文化知识与学生的行业技能知识相互渗透，如华盛顿州的 140 个基础教育与技能训练整合化项目（Integrated Basic Education and Skills Training，I-BEST），提高了学生就业的自信心与企业雇主的满意度。[①]

在转学教育和职业技能教育两项职能之外，这个时期的社区学院在社区教育、补偿教育等方面同样表现出了鲜明的特征。2008 年，为了解决美国社会老龄化的养老问题与劳动力短缺问题，美国社区学院协会推出了"50＋行动"（The 50 Initiative），免费为有意向继续工作的 50 岁以上退休居民提供再就业培训。在联合国教科文组织所提出的终身教育背景下，该计划受到了这些退休人员的欢迎，并且逐渐在 257 所社区学院得以实行，先后培养了 6 万余名学生。[②] 除此之外，社区学院根据地区经济建设的需求为当地居民实行短期技能培训会，如南内华达社区学院根据内华达州经济产业的调整，帮助了许多企业培训葡萄酒酿造技艺工人，促进了当地经济发展。社区居民还可以自由地使用社区学院的图书馆、报告厅、体育场等资源，以及联合校内外力量举办提高自身生活水平的知识讲座及文娱活动。社区教育指向社区建设，涉及成人教育、继续教育、企业培训等方式，以开放性与服务性的特色深受人们的欢迎。

---

① J. W. Wachen. "How I-BEST Works: Finding from a Field Study of Washington State's Intergrated Basic Education and Skills Training Program", accessed December 8, 2020, http://ccrc.tc.columbia.edu/our research.html.

② American Association of Community Colleges. "Plus 50 Programs in Practice", accessed December 7, 2020, http://plus50.aacc.nche.edu/Pages/Default.aspx.

小　　结

　　本章内容的阐述，回溯了美国社区学院内部治理系统的目标变迁，即牵引这一组织系统得以存在的根本性动力，以及呈现出整体性状态的核心凝聚力。美国社区学院最早可追溯至19世纪中叶的私立初级学院，而本书中所述的公立社区学院自产生以来，在教育职能方面先后经历了五个阶段的重大转变：①19世纪末20世纪初，以大学前两年预科教育为主的时期；②"二战"前，以转学教育职能为主的时期；③"二战"后至20世纪70年代之前，以职业教育为主的时期；④20世纪末，以社区建设所开展的教育为主的时期；⑤21世纪以来，包含转学教育、职业教育、继续教育、补偿教育和社区教育的综合性教育时期。由此可见，每个时期的职能都反映了时代的需求，而其变迁则是时代的缩影，表现出了渐进式发展与多元化拓展的特征。

第二章　系统的环境：美国社区学院内部治理的外部影响

从系统论的"环境"元素而言，社区学院处于外部社会环境之中，其内部治理不可避免地受到外界因素的影响，表现出了系统内外部之间信息与物资的交换并维持动态平衡的状态。因此，基于外部适应性的原则，本章着重考察社区学院的外部环境中影响其内部治理系统的具体因素。根据对已有文献的分析，美国社区学院在历史进程中受到诸多因素的影响，处于文化环境、政府环境与社会环境的共同作用中，从而表现出其内部治理在不同时期的结构模式与运行状态。具体而言，这些影响因素有联邦政府与州政府的立法、经费、司法判决、公众监督、地方学区管理、社区需求、办学成本控制机制、监察授权部门、问责机构、学生就业市场变化趋势、不同学院的竞争、社会主流价值观、制度文化、认证协会、企业合同与授权、社会组织等。[①] 对于社区学院而言，外部环境中错综复杂的因素充当了组织变革的催化剂，并且通过系统内外部的交流与传递对内部治理施加影响，制约着内部治理主体对系统功能的设定，即社区学院的职能变迁。在不同时期以及不同学校中，这些因素的影响效果也不尽相同，故本章基于历史进程中的普遍意义而言，从上述众多因素中选取以下三个维度来梳理社区学院内部治理的外部影响因素。

---

① L. Kabonston. "Community College Governance: What Matters and Why", *New Directions for Community Colleges*, 2008 (1): 6.

第一节　社区学院内部治理的文化影响因素

一、美国所追求的民族精神与人生价值

美国作为一个典型的移民国家，在这片新大陆上将多元文化相互交融，最终形成了独立且丰富的民族精神，如对"民主""平等""自由"人格的向往、注重"实用""经验""行动"的人生信条、勇于"质疑""冒险""创新"地建设新生活以及对"包容""合作""效率"等的倡导。这些文化因素根植于美国人的头脑中，作为无形的外部力量渗透在社区学院内部治理之中。

（一）"民主""平等"理念对社区学院的影响

自1620年第一批清教徒从欧洲来到美洲大陆，关于"自由""民主""平等"的理念便成为其社会发展的核心思想。在他们看来，宗教与教育是美国人无论何时何地都必须坚持的事情，前者给人以心灵归宿、后者给人以文明与教化，从"先有哈佛，再有美国"可以看出美国人对于教育的热爱。[①] 在《独立宣言》中，"人人生而平等"的论述赋予了每位美国公民受教育的权利，促使人民在国家历史发展进程中一直为争取"教育民主""教育平等"而不懈努力。20世纪工业革命所带来的科学技术增长，促使劳动市场对人才质量的要求日益提高，不再满足于中等教育，而迫切需要经过高等教育训练、具备专业素养的工作人员。这一现象所带来的经济效应激发了人们对接受高等教育的热情，并且为此呼吁高等教育的民主化改革。然而，原有的四年制大学无法负荷如此数量众多、水平不一的生源。在这种背景下，为了调和美国社会的阶级矛

---

① 参见李其荣《美国文化解读：美国文化的多样性》，济南出版社2005年版，第7～9页。

第二章　系统的环境：美国社区学院内部治理的外部影响

盾、践行"民主""平等"的民族精神，社区学院应运而生，成了美国高等教育领域中重要的组成部分。

回溯美国社区学院100多年的发展历程，从哈珀在芝加哥大学的试探性的创举，乔利埃特中学对学制的延伸，《退伍军人权利法案》促使社区学院扩张规模，《高等教育法》要求社区学院实行开放性招生理念，《民权法案》推动社区学院中女性、黑人以及少数族裔生源的比例上升，到"人民的学院""开放的大门""民主的学院"的称谓，每个时期职能的变迁都反映出了社区学院在不断追求教育机会平等，以低廉的费用、开放的门槛、灵活的学制、丰富的课程、数量多且遍布美国各州等特征，让更多的美国人克服知识水平、经济能力、种族肤色、性别年龄以及地域等因素而有机会接受促进自身发展的高等教育。2020年的数据显示，社区学院学生的男女比例几乎一致（分别为43%与57%），白人占学生总数的45%、拉美裔占26%、黑人占13%、亚裔占6%、印第安土著占1%，[①] 表现出了不同文化的多样性与包容性。研究型大学因其追求高深学问的目标而将准备不足的青年拒之门外，社区学院则作为有力补充向更广泛的人群敞开了大门。在这种外部文化的影响下，社区学院的内部治理更加注重满足学生的不同需求，注重提升学校决策的灵活性与适用性，鼓励家长与学生提出反馈意见，甚至允许人们以学区委员会成员、董事会成员以及校务委员会成员等正式身份参与到具体治理之中。

（二）"实用""经验"理念对社区学院的影响

"实用"思想最早可以追溯至19世纪70年代哈佛大学创办的"形而上学俱乐部"（Metaphysical Club），之后在查尔斯·桑德斯·皮尔斯（Charles Sanders Peirce）、威廉·詹姆斯（William James）与杜威（Dewey）等人的推动下成为美国的主流哲学，被应用到教

---

① AACC. "Fast Facts of College in 2020". accessed December 7, 2020, https://www.aacc.nche.edu/AboutCC/Documents/AACCFactsSheetsR2.pdf.

系统论下美国社区学院内部治理体系研究

育、政治、社会、文化等不同领域。在认识论上,"实用主义"强调真理即对经验的认识,经验之外的内容难以解释也不必解释(对人类没有用处),而掌握真理便能够给生活带来实际的、直接的效果;在方法论上,人们的生活经验与事物的真实存在很重要,并且以行动所取得的效果与功用作为判断标准,逐渐摆脱僵化的推理与教条化的原则。① 在这些观点的影响下,美国人为了有肉吃而兴起养牛行业、为了消费而创设百货公司、为了吸引顾客而研制升降电梯玻璃橱窗、为了交通便捷而发明有轨电车和小汽车、为了让文字被人普遍使用而发明打印机、为了了解顾客的需求而发明数据统计、为了保障财富而创制保险业、为了方便长途跋涉而发明压缩饼干、为了让城市的婴儿喝到新鲜牛奶而发明真空蒸馏奶粉、为了打破居住空间的限制而发明自来水装置等。② 美国人的实用逻辑体现在其历史发展进程中的各个方面,有利可图成为他们重要的人生信条。教育方面也受到了影响,"对于我饿了这件事,与其教会我如何使用多种语言表达面包,不如让我学会制作面包"③。因此,教育应围绕社会发展与市场需求而展开,更加关注哪些知识有用、适宜采取什么行动、如何在做中学等议题。

初级学院在芝加哥大学的创办正是为了分担高等教育的压力,维护大学的学术核心使命,满足学生对高等教育的诉求,为学生升入研究型大学做准备。之后,随着学校规模的不断扩张与经济产业的发展变化,社区学院逐渐增加了实用技术类课程,强化了职业教育职能,尤其是《史密斯-休斯法案》确定了由国家以立法与拨款相互结合的方式协助社区学院服务社会发展的基本定位。它们根据社会发展状态及时调整人才培养目标,根据就业市场导向增设相

---

① 参见[捷]林哈尔特《美国实用主义》,郑启温、苗力田、汤侠声等译,人民出版社1956年版,第29~37页。
② 参见[美]丹尼尔·布尔斯廷《美国人:民主历程》,中国对外翻译出版公司译,生活·读书·新知三联书店1993年版,第13~197页。
③ [美]丹尼尔·布尔斯廷:《美国人:建国历程》,中国对外翻译出版公司译,生活·读书·新知三联书店1993年版,第65~69页。

第二章　系统的环境：美国社区学院内部治理的外部影响

应课程内容，根据学生的多元性与差异性丰富教学制度：在"二战"期间，为对外作战的青年士兵提供实用的军事课程、为战时居家的女性开展维持社会运行与基本生活的短期技能提升培训；在"二战"之后，为800多万退伍军人提供文化水平与职业技能方面的课程，有力地促进了当时的经济生产力发展与社会和谐稳定；在第三产业革新时期，社区学院面对已有工作的人群的继续教育需求，在全日制模式的基础上，利用夜间、双休日及节假日时间开设了灵活多变的"部分时间制"模式；在大学文凭热出现的21世纪初，社区学院积极在原有的"标准化协议"与"课程学分转换制度"的基础上探索多样化、便捷化的新转学模式；在老龄化社会时期，推出类似"50+行动"的计划进行再就业培训，解决养老问题与劳动力短缺问题等。社区学院在内部治理的过程中坚持"实用"导向，积极主动地探索市场环境发展动向，做出符合外部环境需求的决策，甚至常常将企业领导、社区居民以及家长等群体引入社区学院内部治理的体系之中，以尽可能地促进系统内外部之间的联系。

（三）"质疑""创新"理念对社区学院的影响

美国是典型的移民国家，人们从各自熟悉的家园来到全新的环境需要打破常规、质疑教条、不断试误、勇于创新。为此，他们"在沙漠里生产肉"，将得克萨斯长角牛牛肉搬到了美国人的日常餐桌上，使其不再是欧洲贵族才能享用的食物；"在石头里找出油"，从废弃的盐井里钻出天然石油，希望能够实现"每个房间都有一盏灯"的美国理想；将《马太福音》中对结婚不容分割的神圣观点，解释为"世俗之事交由世俗政府处理"，引起了迁徙离婚现象；他们发明了缝纫机，打破家庭小作坊的局限，按照人体比例进行规范尺码生产并将成品放置于高级商店，引起了"衣着革命"

等。① 他们寻求一些从未想象过的东西，对未来生活充满好奇，表现出很强的发明创新精神与勇敢冒险精神。在教育领域中，这种创新改革精神也渗透其中。社区学院的产生便是美国高等教育改革的创举，将美国自上而下发展的高等教育与自下而上发展的基础教育联系在了一起，解决了中学与大学的衔接问题。面对社会的发展变化，社区学院质疑欧洲大学的特权阶级现象，打破教育进行科研探索的单向功能，创新出适宜经济发展的多种课程内容，甚至聘请企业职员作为兼职教师以及将学生带到厂房车间进行实践训练。在社区学院管理中，其效仿中学学区建立独立的社区学院学区，借鉴研究型大学共同治理的经验逐渐摆脱 K-12 的集权管理方式，根据生源的社会状况不同而制定灵活的修读方式，针对多校区的大规模学校而实行"松散且耦合"管理模式等现象，反映出美国文化的创新与质疑精神。

二、现代教育管理思想

在美国，关于教育管理理论的研究源于基础教育的需求，并且进一步延伸至社区学院及研究型大学。最初的学校管理交给由居民组成的地方委员会负责，而随着学校规模的扩大与管理现象的复杂化，部分教师从教学事务中脱离出来，专门处理学校管理事务。学界的相关研究最早可以溯源至 1875 年威廉·佩恩（William Payne）的《论学校管理》，其从那时开始关注如何解释学校管理行为、如何提高组织效率。② 1905 年，埃尔伍德·P. 库伯利（Elwood P. Cubberly）与乔治·斯特雷耶（George Strayer）合著了《教育管理》（*Manage of Education*），开启了服务学校管理实践的专门理论

---

① 参见［美］丹尼尔·布尔斯廷《美国人：民主历程》，中国对外翻译出版公司译，生活·读书·新知三联书店 1993 年版，第 193～197 页。

② 参见陈学飞《美国高等教育管理思想探究（上）》，载《高等教育研究》1995 年第 6 期，第 76 页。

第二章　系统的环境：美国社区学院内部治理的外部影响

研究。在此过程中，出现了弗雷德里克·泰勒（Frederick Taylor）等人的科学管理思想（Scientific Management Theory）、玛丽·P.福利特（Mary P. Follett）等人的人际关系学说（Human Relation Theory）、巴纳德的社会系统论、保罗·劳伦斯（Paul Lawrence）的权变理论（Contingency Theory）、卡尔·维克（Karl Weick）的松散联结理论（Loose Coupling Theory）、杰伊·洛斯奇（Jay Lorsch）的开放系统思想、詹姆斯·马奇（James March）的垃圾箱理论（Garbahe Can Theory）、J.维克托·鲍德里奇（J. Victor Baldridge）的政治模型（Political Model），以及引入了马克斯·韦伯的科层管理思想等。[①] 这些理论思想对于教育管理给予了现象分析与行为实践方面的有效建议，对不同时期社区学院的内部治理也产生了一定的影响。由于这部分理论的探讨并非本书重心，因此在下文的论述中无法面面俱到，仅选择对社区学院而言影响力较为突出的两部分理论思想加以分析。

（一）科学管理思想对社区学院内部治理的影响

19世纪末至20世纪，为了降低办学成本、提高学校效率，泰勒的科学管理思想被引入教育领域，并且经过弗兰克·斯波尔丁（Frank Spalding）与富兰克林·鲍比特（Franklin Bobbit）的努力得以在美国学校中进行实践。该思想的主要观点为：其一，学校类似于追求生产率的工厂，学生便是其中的生产输入，教师则是加工原件的工人，管理人员则作为经理控制整个生产线；其二，将学校任务进行分配，统一规定各自工作的方法流程、最终结果及其经济报酬，并且要求学校内部不同职务的人员严格遵循定额标准；其三，将学校管理中的决策制定角色与决策执行角色分开，强调以校

---

① I. Austin, G. A. Jones. *Governance of Higher Education: Global Perspectives, Theories, and Practices*. New York: Routledge, 2020: 1-4.

长为核心的一元化领导，增强学校内部的纪律性与内聚力。①

这种管理思想在20世纪初渗透了美国学校，尤其体现在基础教育领域。自从义务教育普及以来，中学数量增多、办学经费有限。为了高效地管理教学活动、保证人才培养质量，几乎所有中学都逐渐开始采用科学管理理论，将校长作为统筹安排不同部门工作的最高管理者。早期的社区学院作为中等教育的延伸，由中学学区委员会兼职管理，直到20世纪20年代，各州才逐渐建立社区学院学区，故很多社区学院都是在原有中学的基础上建立的，受到了中学管理的影响。另外，彼时社区学院没有独立的经费，其教职员工都是由所在的中学选拔而来的，这不可避免地会将中学管理中的科学管理思想带到新的工作环境之中。随着社区学院规模的扩大，由1900年的8所（约100名学生），增至1942年的624所（约30万名学生），其内部治理面临着愈加复杂的情境，需要高效的管理方式进行处理。德国的马克斯·韦伯所提出的官僚制组织理论进一步强化了已有的科学管理理论，表现出分工明确与权责明晰、非人格化与理性、工作运行的专业化与标准化、合法权威与等级制职位等特点，受到了社区学院的肯定与采纳。

（二）民主管理思想对社区学院内部治理的影响

"二战"以后，人们发现受社会动荡的影响，企业内部工作人员的积极性不高，无论怎样提升生产条件，也无法取得预期的生产效率。这一现象的代表性事件是"霍桑实验"（the Hawthorne Studies），其指出员工的经济报酬与企业的生产力仅仅在起步阶段表现出较大的相关性，而随着工作时间的增加与外部环境的刺激，非正式组织文化、领导风格等因素发挥着愈加重要的作用。由此，人际关系学派应运而生，反对科学管理理论中的非人格性、制度标准、正式组织等核心要点，认为"组织管理中领导者与被管理者

---

① 参见陈学飞《美国高等教育管理思想探究（上）》，载《高等教育研究》1995年第6期：第76～77页。

第二章 系统的环境：美国社区学院内部治理的外部影响

不能简单理解为命令与服从的理性关系，而应该关注领导者能否调动员工积极性、员工之间的协作关系"①。

与此同时，社区学院也感受到了科学管理思想所导致的校长集权与独断、师生关系紧张、教学质量不足等问题，进而在杜威的民主观念影响下进行了内部治理的改革。杜威将民主视为教育的基础：一方面，加强教学内容与社会生活的联系，将知识应用于实践活动之中，以塑造民主社会；另一方面，呼吁教师参与学校管理，校长也走进教育教学的场域，二者相互理解与协商。在这些思想的影响下，20世纪40年代之后，社区学院逐渐削弱了校长的绝对控制权而使其更多地承担了"家长"的角色，以提升各个部门的自主决策地位，尊重被管理者的个人利益、关注他们的精神需求与情感因素，并且将被管理者的信息反馈作为决策的重要考量。20世纪下半叶，《职业教育法》（*Vocational Education Act of* 1963）的颁布，从法律层面上允许社区学院的教师工会组织使用集体谈判的方式参与到内部治理之中，从而保障教师的基本权利。② 21世纪以来，受《大学和学院治理声明》的影响，社区学院内部治理逐渐意识到了来自不同利益相关者的决策参与地位，如加利福尼亚州社区的"AB 1725"法案［《加州社区学院1725号议会法案》（*California Community College Assembly Bill* 1725）］明确规定该州社区学院践行共同治理的理念，以保障教职员工与学生享有参与学校内部治理的合法权益。③ 这些转变体现出社区学院在历史发展过程中，受到了民主管理思想的影响并予以了相应的调整。

---

① 陈学飞：《美国高等教育管理思想探究（上）》，载《高等教育研究》1995年第6期，第78页。

② J. Kooiman. *Governance and Governability: Using Complexity, Dynamics and Diversity*. London: Sage Booker, 1993: 74.

③ California Community College Council. "AB 1725", accessed December 3, 2020, http://www.asccc.org/LocalSenates/AB1725.htm.

三、社区学院"为社区发展服务"的根本理念

"社区学院"一词最早源于 1936 年 B. S. 霍林斯黑德的著作中对宾夕法尼亚州一所初级学院的描述,提出"立足于社区需求,为成人提供受教育机会、为青年传授职业创新技能、实现大学与其他社区机构的连接"[①] 的定位。这一概念得以正式使用,得益于 1946 年时任美国教育委员会理事长、美国初级学院协会董事会成员祖克的观点,其要求所有公立、私立社区学院都必须承担起当地社区教育领导的使命与责任,以确保纳税人的付出发挥效用。次年,杜鲁门总统高等教育委员会发布的《美国民主社会中的高等教育报告》将所有的"初级学院"改为"社区学院",以突出其立足于社区、服务于社区的根本特征。该报告认为全新意义上的社区学院,应鼓励那些对知识依然充满好奇与兴趣、希望提高生活质量的社区居民,跨越传统观念的偏见、自身精力金钱时间等客观条件的限制继续接受高等教育,而无论种族、信仰、肤色、性别、经济水平以及社会地位。[②] 为此,其规定了社区学院"服务社区"的使命:一是面向所有社区居民为美好生活做准备;二是普通文化课程与职业技术课程相互结合,不能顾此失彼;三是成为促进当地经济发展及其居民活动的中心;四是为本地有深造需求的学生开设大学基础课程,连接高等教育与基础教育。由此,我们不难看出,社区学院从最初产生时便带有服务社区的意识,是社区居民生活的组成部分。

这一观念不仅体现在上述社区学院的使命内涵方面,而且还体

[①] G. A. Baker. *A Handbook on the Community College in America: Its History, Mission, and Management.* Westport: Greenwood Publishing Group, 1994: 18.

[②] G. A. Baker. *A Handbook on the Community College in America: Its History, Mission, and Management.* Westport: Greenwood Publishing Group, 1994: 19 – 22.

第二章 系统的环境：美国社区学院内部治理的外部影响

现在其课程内容设置方面。面对20世纪30年代初的经济大萧条，初级学院转变了原有的转学职能，更多地开设了诸如建筑、维修、烹饪等不颁发学位文凭的实用课程，帮助了大量失业人口重新就业；"二战"期间，初级学院有针对性地开设了短期技能培训课程，一边为前线作战士兵开设诸如无线电使用、金属焊接、汽车维修、医疗急救、船舶操纵等军事类课程，一边为后方居家女性提供诸如财务计算、电器维修、农作物种植、房屋修理等生活类课程，从而保证国家内修外攘；[①]为了实现将军事经济转向社会经济的目标，社区学院为大量退伍军人提供入职所需的职业技术课程并颁发相应的资格证书，尤其是第三次工业革命所需的信息传播技术、电子计算机技术、生物工程技术、新能源技术等，有力地推动了经济转型与社会稳定；随着自动化技术的发展，人们拥有了更多的闲暇时间，社区学院开放体育场馆、博物馆、报告厅等设施，为居民免费带来了健康养生、膳食营养、外语交流、育儿保健等培训讲座，并且组织了丰富的唱歌话剧等娱乐活动；80年代后，为了促进美国的"经济复兴计划"、确保新技术革命的成功，社区学院在全日制的基础上实行了时间灵活的"部分时间制"，为本地区的在职工作人员开设诸如网络技术、计算机使用、软件设计等信息服务产业的课程；面对21世纪初由金融危机引起的人们对学历愈加重视的趋势，社区学院一方面重新发挥转学职能的优势开设大学一、二年级的普通文化课程并关注课程质量，一方面与当地中学联合实行"双学分课程"以使更多高中生为进入大学深造做好知识准备。

根据美国社区学院协会2020年最新数据统计，目前共有社区学院1050所，其中公立学院有942所，[②]遍布各州的大多数城镇。它们不属于营利性质，主要依靠地方政府的税务收入作为办学经

[①] G. A. Baker. *A Handbook of the Community College*. Westport：Greenwood Press，1994：25–28.

[②] AACC. "Fast Facts of College in 2020"，accessed December 3，2020，https：//www.aacc.nche.edu/AboutCC/Documents/AACCFactsSheetsR2.pdf.

费，又反过来服务于地区的经济建设，成为美国人生活的精神家园。

第二节　社区学院内部治理的政府影响因素

这部分内容主要论述来自政策层面对社区学院内部治理的影响。其中，联邦政府对社区学院及其内部治理系统的影响是借助其下设的行政机构、立法机构与司法机构来实现的，主要采取的形式包括法案的颁布、经费的投入以及法院案例的判决。除非涉及种族、女性、残障等人权问题，联邦政府几乎不干涉社区学院的治理议题。[①] 相比之下，州政府对社区学院及其内部治理系统的影响较大，这是由于在美国联邦传统意义上，教育属于州自治管辖的范围之内。自20世纪60年代以来，各州陆续确定了管理社区学院的政府部门，目前形成了五类部门的管理：州教育委员会、州高等教育委员会、州协调委员会、州社区学院委员会以及州立大学董事会。[②] 无论是上述哪种形式，其共同的作用都体现在代表州政府颁布规定社区学院各项重大事宜的政策法规、审核批准州内社区学院的改革方案、提供州内社区学院的财政经费等。在初级学院时期即社区学院产生阶段，上述的联邦政府与州政府皆不关心其发展，而是全部交由地方政府负责。由于美国地方政府的权力合法性源于公民的认可与让渡，故表现出较强的服务性质，进而逐步建立了中学以及社区学院的学区制度。地方政府层面上的社区学院学区需要对选民负责、为社区服务，不仅享有财政独立的权力，而且不受上级行政机关的管控，实行自治。

[①] A. M. Cohen, F. B. Brawer, C. B. Kisker. *The American Community College*. San Francisco: Jossey-Bass, 2014: 113–119.

[②] A. M. Cohen, F. B. Brawer, C. B. Kisker. *The American Community College*. San Francisco: Jossey-Bass, 2014: 119–120.

第二章 系统的环境：美国社区学院内部治理的外部影响

一、联邦政府对社区学院内部治理的影响

根据人民享有自由权利的原则，美国宪法将各州管理的权限交由易于接近人民实际生活的州政府，至于各州无法单独处理而需统一安排的事宜则交由联邦政府负责，故产生了联邦政府与州政府两个概念。其中，联邦政府由国会、总统与法院三部分组成，分别行使立法、行政与司法的权力，相互之间呈现独立且制衡的关系。对社区学院而言，联邦政府相较于州政府，对其内部治理所产生的影响较弱，尤其在20世纪40年代之前，影响力仅涉及关乎人权（如残疾人、黑人等特殊人群的教育权利）的社区学院司法判例。直到1947年，杜鲁门总统高等教育委员会发布《美国民主社会中的高等教育报告》，才标志着联邦政府开始注重借助立法的途径加大对社区学院内部治理的影响。80年代之后，在"生计教育"运动的影响下，基于经费是社区学院发展所迫切需要的支持，联邦政府就在颁布法案的同时引入经费配套的方式，从行政拨款的角度发挥其对社区学院内部治理的作用。尽管如此，在政府层面的影响因素之中，联邦政府对社区学院所产生的影响一直都是较弱的，表现出间接性与间断性的特征。

（一）在司法方面对社区学院的影响

在联邦政府内部的三大机构之中，法院所产生的司法力量对于社区学院的作用仅仅停留在个别案例中。美国联邦法院中涉及社区学院的判例较少，如1937年位于加利福尼亚州的索诺玛乡村初级学院关于学生入学年龄歧视的案件、1943年位于北卡罗来纳州的东南社区学院关于护理学科对报考学生身体条件限制的案件、1982

年位于纽约州的威彻斯特社区学院关于黑人入学歧视的案件①、2014 年位于艾奥瓦州奥塔姆瓦的印第安山社区学院关于教师聘任性别歧视的案件②等。这些判例的主题大多涉及公民权利,如性别平等、种族平等、受教育权等,而较少触及社区学院内部治理的具体结构与运作。

(二) 在立法方面对社区学院的影响

1. 20 世纪中叶联邦政府关于社区学院的立法

从初级学院产生以来,联邦政府便采取"不过问"的态度,几乎没有出台任何相关法律参与其内部治理,仅能从《两年一度报告》(*Biennial Report*,1918)中考察到关于初级学院的相关统计信息。然而,这些信息也只是停留在对学校数量、入学人口、师资状况的数据统计方面,难以成为影响因素作用于初级学院的内部治理过程。这一状况的改变得益于时任美国教育协会理事长祖克,其通过实践调研发现:在经济大萧条期间,初级学院"为社区的经济生产力发展与文化水平提高而培训所需的人才""为纳税人提高生活质量";在两次世界大战期间,初级学院在培养前线军事人才与维持国内居民生活方面也发挥了重要作用。据此,祖克认为联邦政府应对社区学院加以关注并改变以往放任不管的态度,最终促成杜鲁门总统高等教育委员会于 1947 年发布了《美国民主社会中的高等教育报告》。

正如上文所言,该报告标志着联邦政府开始注重借助立法的途径对全美社区学院形成统一的影响,具体的规定为:其一,"初级学院"改为"社区学院",以突出其立足于社区、服务于社区的根

---

① USCOURTS. "Westchester Community College v. Bell-Glossary", accessed December 19, 2020, https://www.uscourts.gov/educational-resources/educational-activities/Westchester-community-college-v-bell-glossary.

② USCOURTS. "Rosales v. Iowa Department of Education et al.", accessed December 22, 2020, https://www.uscourts.gov/cameras-courts/rosales-v-iowa-department-education-et-al.

第二章 系统的环境：美国社区学院内部治理的外部影响

本宗旨；其二，面向所有社区居民，为美好生活做准备，无论种族、信仰、肤色、性别、经济水平以及社会地位；其三，普通文化课程与职业技术课程相互结合，培养文化知识之上的专业人才；其四，为本地有深造需求的学生开设大学基础课程，连接高等教育与基础教育。[1]这个报告促进了当时初级学院的规范统一发展，尤其在《退伍军人权利法案》的经费支持下，对社区学院内部治理形成了一定的影响力。在此之后，联邦政府希望能够借助社区学院的力量满足市场发展对中等技术人才的需求，陆续颁布相关法令强化其在社区学院内部治理方面的影响力，如《国防教育法》《高等教育设施法》及其修正法案，以及《职业教育法》《高等教育法》《成人教育法》（*Adult Education Act*，1966）等。

在美苏争霸的国际对峙环境中，美国为了提升国际军事实力与科技创新水平，于1958年颁布了《国防教育法》。该法案明确规定了每年拨款给各州6000万美元，用以设立两年制初级学院、发展职业技术教育、培养"数学、物理、工程、生物"等领域的人才，这为社区学院的发展带来了强有力的政策支持与经费保障。[2]与此同时，以计算机信息技术为核心的产业革命促使联邦政府加强了高等教育层次职业人才的培训力度，颁布了《职业教育法》，并且给包括社区学院在内的各类职业技能培训机构拨款14亿美元（1969年的数据）。[3]

在《职业教育法》的影响下，社区学院在课程设置与培养目标方面更倾向于职业教育领域，并且形成了全国初级学院顾问委员会（National Advisory Council for Junior Colleges），统一负责各个学校的职业教育工作。为了进一步支持高等教育机构的发展，《高等教育设施法》及其修正法案（1966年）规定加大拨款力度，其中，

---

[1] G. A. Baker. *A Handbook on the Community College in America: Its History, Mission, and Management*. Westport: Greenwood Publishing Group, 1994: 19.

[2] 参见王英杰《论美国高等教育发展的机制——市场竞争与国家干预》，载《高等师范教育研究》1989年第1期，第58～66页。

[3] 参见毛澹然《美国社区学院》，高等教育出版社1989年版，第69～70页。

系统论下美国社区学院内部治理体系研究

为社区学院提供约 5 亿美元,以其所招收的适龄学生总数占本地区所有青年的比例为标准予以相应资助,从而提升本地区适龄青年的入学率。① 与此同时,《高等教育法》也明确提出应增加社区学院经费投入,将年满 18 周岁,存在经济负担大、学习力不足、就业困难等状况的学生就近安排进入社区学院。② 在这种政策的影响下,原本初级学院在招生程序上所要求的高中毕业证书、中学老师的推荐信以及严格的入学测试等全部被取消,几乎成为"零门槛"的教育机构。

2. 80 年代以来联邦政府关于社区学院的立法

20 世纪 80 年代以来,社区学院逐渐发展为具有多重职能的重要高等教育机构,而联邦政府对社区学院内部治理的指向性、多样性与持续性也越来越强。所谓指向性,表现在相对于初级学院创设之初联邦政府的忽视态度,后来的联邦政府将初级学院视为独立高等教育机构予以专门重视;所谓多样性,则指联邦政府对社区学院的关注内容不仅涉及公民权利,还涉及其内部治理的多个方面,如校企合作、教学设施、学生贷款、学位授权等方面;所谓持续性,是指联邦政府对社区学院的关注与介入,常常延续到多个连续性的法令之中,时间间隔较短。这些较有影响力的法令具体如下。

为了解决国内失业率不断攀升的问题,里根总统颁布《职业培训合作法》(*Job Training Partnership Act*, 1982),基于"地方企业最清楚自己岗位所需的人才素质,并能够为此进行高效率的训练"的逻辑,加大私营企业与包含社区学院在内的"服务交付区"(Private Industry Council) 在职业训练方面的紧密结合度,从而提

---

① 参见杨克瑞《美国〈高等教育法〉的历史演变分析》,载《比较教育研究》2005 年第 4 期,第 21~25 页。

② 参见王英杰《美国高等教育发展与改革百年回眸》,载《高等教育研究》2000 年第 1 期,第 31~38 页。

第二章 系统的环境：美国社区学院内部治理的外部影响

升社会的劳动生产率。① 然而，学校规模扩大的同时产生了教育质量一般的问题：中等教育机构所培养出的人才具备了彼时社会运行的基本劳动力需求，却难以满足科技创新与经济发展对高质量人才的诉求。在这种情况下，美国高等教育质量委员会发布了《国家处于危险之中：教育改革势在必行》，鼓励人们借助贷款等方式接受更高层次的大学训练，提高高等教育的普及率。②

美国高质量高等教育研究小组针对教育质量一般的问题进行调研后发现：大学录取标准不断降低，但毕业要求却未能保证；所享受的待遇偏低与所面对的学生增多给教师带来了压力，降低了高校教师职业的吸引力，使兼职教师增多；学生的学识局限于特定领域，不具备宽泛的基础知识，就业后难以应付不断更新的知识技能。基于此，《改进学习：发挥美国高等教育的潜力》对包括社区学院在内的高校提出如下建议：一是加强行政管理的效率、减轻教师教学负担；二是平衡文理科教育与专业技能教育、侧重学生综合素养与问题解决能力；三是完善学生学业评价方式，注重协调过程性评价与发展性评价；四是教师与行政管理人员保持一定的交流，并且作为重要力量负责组织课程内容、选择教学用具、实施学生评价等活动。③ 这些内容虽然并非单独针对社区学院而制定，但对包括社区学院在内的所有高等教育机构的内部治理产生了一定的影响。

作为高等教育的组成部分，社区学院不能一味注重数量与规模，而忽略教学标准与人才质量。基于此，报告《建设社区：对新世纪的展望》得以发布，详细阐述了社区学院当前面临的问题

---

① U. S. National Commission for Employment Policy. *The Job Training Partnership Act: A Report to the US. President and the Congress of the Unite States*. Washington D. C.: The Brookings Institution, 1987: 33.

② 参见张鸿宇《美国早期教育质量认证发展研究（1982—2010）》（博士学位论文），东北师范大学 2017 年，第 67~69 页。

③ 参见荣艳红《美国联邦职业技术教育立法研究（1917—2007）》（博士学位论文），河北大学 2008 年，第 73~80 页。

与未来发展的建议,明确了社区学院"建设社区"的职能要求,对之后乃至 21 世纪社区学院的改革发展产生了一定的影响。《卡尔·D. 帕金斯职业教育法》与《卡尔·D. 帕金斯职业和应用技术教育法》(Carl D. Pekins Vocational and Applied Technology Education Act, 1990) 着眼于高质量的职业技术人才培养,专门对社区学院的事务及拨款事务进行规定。其中,前者更为关注就业市场的弱势群体,如残障人士、单亲父母、失业群体、贫困人口以及劳改人士等,要求消除各种偏见,扩展生源的数量;后者侧重于毕业生的就业胜任力,将普通文理知识与职业技能知识、中学与大学职业教育、职业院校与各种社会力量(产业行会、工商业组织以及劳工协会)进行链接。[①] 2006 年,《卡尔·D. 帕金斯职业教育法》第四次修订,将一直使用的"职业教育"一词更换为"生涯与技术教育",突出以人为本的可持续发展理念,强调基础知识训练、提高人才创新力度、完善质量问责机制,重视企业发展需求。除此之外,联邦政府所颁布的法律中还有很多都涉及社区学院,如《2000 年目标——美国教育法》、《面向就业的教育机会法》(School to Work Act, 1994)、《个人责任和工作机会法》(Personal Responsibility and Work Opportunity Act, 1996)、《劳动力投资法》(Workforce Investment Act, 1998)、《加强 21 世纪职业技术教育法》(Strengthening Careerand Technical Education for the 21st Century Act, 2018) 等。

(三) 在行政方面对社区学院的影响

联邦政府在行政方面对社区学院内部治理的影响集中在四个领域,分别是:研究资金、税收政策、学生财政援助、指令。[②]

[①] 参见范国睿、孙翠香《绩效与问责:美国职业教育治理的发展趋向》,载《全球教育展望》2015 年第 3 期,第 57~67 页。

[②] B. K. Townsend, S. B. Twombly. *State Funding for Community Colleges A 50-State Survey by Community College Policy Center*. London: Ablex Publishing, 2001: 24.

第二章　系统的环境：美国社区学院内部治理的外部影响

1. 联邦政府为社区学院提供的研究资金

历史上，联邦政府具有资助高等教育机构进行科研探索的传统，较为典型的便是《莫雷尔法案》通过赠地的方式发展农工业机械技术。虽然这些资助多是针对四年制大学的，较少流入社区学院，但是，"二战"之后联邦政府对社区学院的研究支持力度也愈加增强。[①]

20世纪末，社区学院的教学转向"以学习为中心"，社区学院教师专业发展的诉求也在增加，尤其体现在研究领域。与普通大学不同的是，社区学院教师的科研并非旨在挖掘新知而是强调其课堂研究者的角色，即研究教师应如何激发学生的兴趣、促进学生的理解、培养学生的思维能力。为了支持社区学院教师的教学科研，联邦政府通过"技术教育规划项目"（Division of Technological Education Program）推动社区学院开展丰富的活动，如建立教师交流的工作坊、资助学历进修与短期培训项目、报销参加学术会议所产生的费用、邀请校外专家开展讲座、提供自我改进教学的学术假期、允许不同社区学院的教师互换等。[②] 不仅如此，联邦政府还允许并资助社区学院申请建立卓越中心（Centers of Excellence），对特定学科学生的教学模式进行研究探索。该中心由来自不同社会部门的专业人士组成，共同商讨对"特定学科技术人员"的系统培养方案，涉及人才培养目标的确立、教学方法的使用、课程内容的制定等。

除了教学研究之外，联邦政府也鼓励社区学院教师对课堂上所讲授的职业技术知识展开一定程度的科研探索。美国社区学院协会于1994年实行"高等技术教育项目"（Advanced Technological Edu-

---

[①] L. J. Gladieux. *The Federal Government and Higher Education*. Boston: Boston College Center for International Higher Education, 1998: 217–250.

[②] A. B. Cohen. *Managing Community Colleges*. San Francisco: Jossey-Bass, 1994: 71–75.

cation Program，ATE）。① 该项目隶属于美国国家科学基金会（National Science Foundation），旨在为社区学院提供财政支持，以改进其技术教育课程的教育教学能力与人才培养质量。根据美国社区学院协会的数据统计，自该项目在社区学院实行以来，共接收了 160 项资助，分别集中在科学和工程领域、基础数学、核心科学项目的先进技术教育。② 社区学院申请到项目资金之后，需要履行联邦政府所规定的研究任务，并且将其渗透在教学活动之中，借助教师与学生的合力共同实现。

2000 年，联邦政府在次年的财政年度预算中进一步支持社区学院的研究进展，指定专项资金用以发展三个国家科学基金项目，分别是网络信息技术、生物工程技术、材料加工技术。③ 为此，各个社区学院可以依据项目标准，提交有关课程和实验室的改善方案并获得相应经费。除了联邦政府教育部门的资助，美国农业部、美国商务部等部门也会基于各自相关领域的研究项目，与社区学院建立合作关系，从而影响社区学院的内部治理。总之，选择参与联邦政府的相关研究项目，不仅有助于社区学院教学质量的提升，进而造福当地经济发展，而且按照国家发展需求设置相关课程，有利于国家战略规划的实施。

2. 联邦政府对社区学院实施的税收政策

联邦政府的税收政策以多种方式为社区学院提供帮助，有些是直接应用到学校本身，有些则是用在就读的学生或家长身上。

就前者而言，社区学院作为非营利高等教育机构从两个方面受益于美国国税局的相关税收政策：其一，向社区学院捐赠办学经费的企业组织，可以享受企业税收减免政策；其二，向社区学院的教

---

① National Science Foundation. "Authorization Appropriations Issues", accessed December 29, 2020, http://www.aacc.nche.edu/leg/legisu/NSF/nsf.

② AACC. "National Science Foundation. Authorization appropriations issues", accessed December 30, 2020, http://www.aacc.nche.edu/leg/legisu/NSF/nsf.

③ AACC. "Fiscal Year (FY) 2000 Funding", accessed January 4, 2021, http://www.aacc.nche.edu/leg/legisu/apps/apps.htm.

第二章 系统的环境：美国社区学院内部治理的外部影响

学、研究与社区服务活动提供所需设备的企业，也可以享受一定程度的税收优惠。这两项政策不仅为社区学院带来了直接的物资经费，而且对于企业捐赠方而言也是有益的，从而无形之中推动了社区学院与当地企业的密切合作。该政策形成于20世纪80年代初，1986年取消后于1993年恢复并使用至今。① 本书中的社区学院虽然由于公立性质不需要缴税，但是在办学以及上述合作的过程中需要缴纳无关商业所得税（Unrelated Business Income Tax，UBIT），即学校在从事与办学使命无关的校园活动（如从事与书店、住房、餐饮等有关的潜在的营利活动）时所产生的经济收入的税收。通常的做法是学校将这部分活动承包给校外人员经营，不直接涉入这些与教育无关的活动，以免违反UBIT的法律，并且根据所得收入建立学校的非营利基金会用以支持学校其他活动。②

就后者而言，联邦税收政策也为参加社区学院教育的个人提供了多种优惠。其中，最受欢迎的便是父母可以为19—24岁且被大学录取的受抚养人办理个人税收减免。不仅如此，如果学生从美国储蓄债券（U.S. Savings Bonds）中申请贷款用于在社区学院求学，那么便可以享受这笔贷款的免税服务。如此一来，不仅对学生有利，而且对于给学生提供贷款服务的一方也具有吸引力，从而减轻了学生求学的经济负担。该政策形成于20世纪80年代末，1993年取消、1995年恢复、1996年再次取消，并且于1998年再次恢复至今。

除此之外，个人接受高等教育也逐渐享有相应的税收减免政策：美国前总统克林顿于1998年签署了《纳税人救济法》（*Taxpayer Relief Act*），规定了两项重要的教育课税抵免方案——希望奖

---

① L. Glsdieux, J. King. *The Federal Government and Higher Education*. Boston: Boston College Center for International Higher Education, 1998: 217-250.

② C. D. Hovell, M. Pankowski. "Living with the Unrelated Business Income Tax: A New Challenge for Continuing Higher Education", *Lifelong Learning*, 1989 (5): 20-22.

学金课税抵免①（HOPE Scholarship Credit）和终身学习课税抵免（Lifetime Learning Tax Credit）。② 一方面，希望奖学金（名义上是奖学金，实际上依然是税收减免）是专门适用于已经入学的大学生的，无论是研究型大学还是社区学院，只要能够最终取得正规文凭，都有机会享受不同数额的税收减免政策。相比之下，该政策对收费低廉的社区学院所起到的积极作用更大，基本上减免了大部分学费，从而增加了学校入学率。另一方面，终身学习税收抵免主要适用于初高中学生、研究生或为促进职业发展而参加课程的成年人。按照美国教育部1998年的相关规定，这些人的学费和杂费之和的前5000美元可以享受20%的税收抵免。③ 上述这些个人税收优惠，缓解了学生的经济负担，在一定程度上促使社区学院的规模发展速度远远超过私立性质学院。

3. 联邦政府对社区学院学生给予的财政援助

除了上述税收优惠政策之外，联邦政府通过对学生进行经济援助的方式来促进高等教育发展的做法也是由来已久的。从1944年的《退伍军人权利法案》开始，联邦政府颁布了诸多政策来资助接受高等教育的学生，如1965年的《高等教育法》承诺为贫困学生提供平等的高等教育机会等。这一系列公共政策的根本目的在于，联邦政府借助经济援助的方式为学生提供入学机会，从而间接为其创造了更多高等教育选择的环境。20世纪80年代以来，助学金、贷款以及勤工俭学三种方式，成了联邦财政经济援助的主要形式，已经覆盖了几乎所有的社区学院并使大部分学生受益。④ 虽然

---

① 希望奖学金课税抵免，指联邦政府为帮助每个有家庭成员接受高等教育的美国家庭减少税收压力而提供的高达1500美元每年、持续2年的税收优惠政策。

② U. S. Department of Education. *Investing in Qualia. Unfordable Education for All Americans: A New Look at Community Colleges*. Washington D. C.: Office of Vocational and Adult Education, 1998: 11-16.

③ AACC. "About the Hope Scholarship and Other Tax Benefits", accessed January 4, 2021, http://www.aacc.nche.edu/leg/HOPE/hopenews.htm.

④ B. K. Townsend, S. B. Twombly. *State Funding for Community Colleges a 50-State Survey by Community College Policy Center*. London: Ablex Publishing, 2001: 24.

第二章 系统的环境：美国社区学院内部治理的外部影响

社区学院的大部分收入并非来自联邦财政援助，然而这些项目为部分学生来到社区学院求学提供了一定的帮助。

（1）助学金。

对于社区学院而言，影响力最大的国家助学金便是佩尔助学金（Pell Grants）。仅在1997—1998年期间，联邦政府就拨款60多亿美元给佩尔助学金，其中社区学院的学生获得了其中的约30%。相关统计得出，超过2/3的佩尔助学金获得者的年收入低于2万美元。[1] 佩尔助学金旨在为最需要经济援助的学生提供更多的入学机会，该助学金根据联邦相关部门对学生经济需求的分析按照不同的标准予以发放，学生无须偿还。除此之外，补充教育机会拨款（Supplemental Education Opportunity Grant，SEOG）对社区学院的学生也产生了较大的作用。该项目旨在为处境不利的成人接受继续教育提供经济帮助，其根据联邦相关部门对其经济需求的分析确定"特殊经济需求学生"（如单亲人士、残障人士等）并发放相应的助学金。相比之下，SEOG项目的资金远远少于佩尔助学金[2]项目的资金，如在1997—1998年期间，只有不到60万美元被分配给社区学院的学生。[3]

（2）贷款。

1992年，联邦政府颁布的《高等教育法》在贷款方面提高了学生贷款的总额上限。自此，社区学院对贷款的依赖程度越来越高，并且逐步超过了助学金与勤工俭学这两种方式，使贷款成为对学生进行财政援助的项目的重要组成部分。据统计，联邦贷款于1996—1997年发放的总额为300亿美元，占所有财政援助形式总额的59%。其中，联邦家庭教育贷款项目（The Federal Family of

---

[1] L. Gladieux, J. King. *The Federal Government and Higher Education*. Boston: Boston College Center for International Higher Education, 1998: 217-250.

[2] 佩尔助学金，指联邦政府为帮助低收入家庭的子女完成高等教育学业（完成学业所需的费用包括学费、食宿费等在就读期间产生的教育相关费用）而提供的助学金。

[3] College Board. *Trends in Student Aid*. Washington D.C.: The Brookings Institution, 1999: 2-15.

Educational Loan，FFEL）是最常用的方式，主要包括两种类型：补助贷款与非补助贷款。① 补助贷款依据学生的经济需求予以补助，只要借款人按时登记便无须支付任何利息，而是交由联邦政府以"补助"的形式支付［如占比 60% 左右的斯塔福德补助贷款（The Stafford Loan-Subsidized）］。② 根据大学理事会 1998 年的数据统计，在美国全国范围内约有 120 亿美元以补助贷款的形式发放给学生。③ 另外，无补助贷款则指从学生申请贷款成功的那一刻便开始产生利息，在申请过程中不用考察学生的经济需求。20 世纪末以来，越来越多的联邦资金被分配到非补助贷款项目中，仅在 1997—1998 年期间便分配了近 80 亿美元。④

在贷款对象方面，有的贷款是直接发放给学生，有的则是发放给家长，比如 PLUS（一种贷款名称）贷款。该贷款在确定贷款资格之前，不仅要核查学生身份是否满足联邦政府规定的"就读于大学或者学院半年以上"，而且要对学生家长进行信用检查。在 1997—1998 年，PLUS 贷款合计发放了约 10 亿美元给学生家长，以保证学生顺利完成高等教育。⑤

（3）勤工俭学。

以联邦勤工俭学的形式接受联邦政府财政援助的人较少，这种形式表现为以半工半读的方式，一边在校内或者校外工作，一边继续在社区学院求学。在 1996—1997 年期间，勤工俭学形式的援助总额仅为 10 亿多美元，不及所有助学金总额的 2%。

---

① L. Gladieux, J. King. *The Federal Government and Higher Education*. Boston: Boston College Center for International Higher Education, 1998: 217 - 250.

② J. Lee. *How do Students and Families Pay for College*. Phoenix: ACE/Oryx Press, 1999: 31.

③ College Board. *Trends in Student Aid*. Washington D. C.: The Brookings Institution, 1999: 2 - 15.

④ M. Goldstein. *Financial Aid and the Developmental Student: New Directions for Community Colleges*. San Francisco: Jossey-Bass, 1997: 81 - 86.

⑤ College Board. *Trends in Student Aid*. Washington D. C.: The Brookings Institution, 1999: 2 - 15.

第二章　系统的环境：美国社区学院内部治理的外部影响

4. 联邦政府对社区学院行使的指令

联邦政府可以通过法规指令的方式来影响社区学院的内部治理，分为无资金指令与资金指令①。后者较为常见，指联邦政府所颁布的法规将经费与指令相结合而实施，故学校一边接受财政拨款，一边完成既定要求。前者是随着政府监管力度与范围的增加而实施的，许多指令没有资金配套支持，但是又必须执行和遵守，于是便交由社区学院本身来分配已有资金并对规定加以履行。如高等教育综合数据系统（Integrated Postsecondary Education Data Systems, IPEDS）的规定、《学生知情权法》（Student Right to Know Act, SRK）、《校园犯罪法》（Campus Crime Act）、《美国残疾人法》（The Americans with Disabilities Act, ADA）、《职业安全与健康法》（Occupational Safety and Health Act, OSHA）、《家庭教育权利与隐私法》（Family Education Rights and Privacy Act, FERPA）等。②

（1）无资金指令。

高等教育综合数据系统要求，社区学院但凡接受过任何形式的联邦资助（无论是直接或间接），都必须通过国家教育统计中心向联邦教育部报告其办学的各种资料数据。为此，社区学院需要定期对学生、教师、员工、设施、收入和支出等方面的数据进行统计与记录。联邦政府的用意在于，将所有社区学院以及其他高等教育机构的数据进行分类汇总与分析，从而在宏观层次上把握国家高等教育的整体状况。然而，处理这些数据所耗费的时间与精力是持久的，对于缺乏充足教职员工与经费预算的社区学院而言是一种压力。③ 此外，联邦政府要求社区学院及时将《学生知情权法》与《校园犯罪法》传达给在校学生，并且向雇员以及国家教育统计中

---

① B. K. Townsend, S. B. Twombly. *State Funding for Community Colleges a 50-State Survey by Community College Policy Center*. London: Ablex Publishing, 2001: 24.

② T. Bergman. "New Resource for Training: The National Workforce Assistance Collaborative", *Community College Journal*, 1994 (2): 21.

③ T. Bergman. "New Resource for Training: The National Workforce Assistance Collaborative", *Community College Journal*, 1994 (2): 21–25.

心提供诸如在校表现与校园犯罪活动等方面的学生信息。

《美国残疾人法》适用于所有公立和私立学校，要求包括社区学院在内的所有高等教育机构为需要特殊帮助的学生提供入学和住宿的机会。这项法律的目的是让残疾人更容易接受教育以及使用学校设施，而学校完全遵守这些规定需要付出一定的代价："配备适用于残疾人的校园物理设施，开设适用于残疾人的课程内容方式。"[1] 因此，各学校通过改造旧建筑（如增加电梯）来提供无障碍设施，并且为教学配备诸如盲文书籍、哑语教师等。这对于预算有限的社区学院而言，是项不小的负担，如提供住宿资源、改造校园旧建筑、聘任教师等方面都要耗费一定成本。由于社区学院往往是开放招生的机构，因此它们更倾向于招收身体或学业表现优异的学生，以避免上述问题。

《职业安全与健康法》旨在通过确保安全和健康的工作条件来保护危险工作环境中的劳动力，适用于社区学院，尤其体现在20世纪90年代。在这个时期，社区学院对技术科学领域、汽车科学领域、环境技术领域以及贸易相关职业领域等方面较为重视，因为如果不采取预防措施，可能会导致教学人员与学生暴露在危险环境之中。[2] 对于社区学院而言，遵守环境法规和职业安全与健康法规通常需要付出一定的成本，这也在经费方面给社区学院带来了压力。除了上述法规指令之外，联邦政府通常也会要求包括社区学院在内的高等教育机构，履行一些与教育无关的重大社会政策，如选民登记和免疫接种等。选民登记要求社区学院向所有在校学生提供有关选民登记的信息，免疫接种则要求学生在注册入学之前接种若干疫苗。

---

[1] L. Gladieux, W. Swail. *The Virtual University and Educational Opportunity*: *Issues of Equity and Access for the Next Generation*, *Policy Perspectives*. Washington D.C.: The College Board, 1999: 25-29.

[2] T. Gray. "New Regulatory Opportunities in Telecommunications Technology", *AACC Journal*, 1993 (10): 33-35.

(2) 资金指令。

针对特定社会议题，联邦政府也会提供资金来推动项目在学校微观层面上的运行，如《劳动力投资法》和《卡尔·D. 帕金斯职业和技术教育法》(Carl D. Perkins Vocational and Technical Education Act of 1998) 的规定。从法律意义上而言，社区学院并不是必须要履行这些法规，但这却是获得额外办学经费、发展学校教学与设施的重要途径。在这种情况下，这些立法条例具有指令的效果，受到社区学院高层管理人员的欢迎。联邦政府之所以颁发这类条例，通常是为了提升劳动力素质、保障公民就业能力、推动社会经济发展。从社区学院的发展历程而言，这类指令较为常见，是其重要的推动力量。其中，产生了较大影响的有《劳动力投资法》、《人力开发和培训法》(Manpower Development and Training Act of 1962, MDTA)、《综合就业培训法》(Comprehensive Employment Training Act, CETA)、《职业培训合作法》等。①

《劳动力投资法》旨在改革已有的就业培训项目，建立"一站式"服务系统来帮助美国工人快速就业。各州均设立了一个劳动力投资委员会 (workforce investment board)，聘任本地的社区学院代表共同制定关于职业培训服务的全州计划，并且下发至管辖范围内的社区劳动力委员会 (local workforce board)。其主要形式为工作培训、成人教育和职业教育，而社区学院由于与当地社区的企业领导存在联系，被赋予了重要任务，接受了约85%的资金分配。②

---

① B. Reinhard. "The Federal Challenge to Our Community Colleges", *Journal of Career*, 1994 (4): 26.

② D. Shults. *The School-to-Work Opportunity Act and Community College Preparedness*. London: Westport Connecticut, 1997: 5.

二、州政府对社区学院内部治理的影响

(一) 州政府对社区学院的治理历程

相比于联邦政府,州政府对社区学院内部治理的影响较大。从历史发展视角而言,这种影响力是逐步形成的。早期的初级学院附属于中学或大学,其行政管理交由中学学区管理委员会或大学管理部门,而有的州政府则放任不管。如 1915 年加利福尼亚州关闭了已经发展起来的 15 所初级学院、1928 年路易斯安那州关闭了 3 所初级学院并出台了严禁初级学院办学的法令、1929 年俄亥俄州法院否决了建立初级学院的任何规划、1932 年艾奥瓦州缩减了社区学院数量并将 2 万人以下的学校关闭。[①] 原因在于:一是"钱",初级学院的办学经费会占用当地公共财政经费,尤其会挤压 K-12 教育资源;二是"名",初级学院作为新兴的机构还没有受到法律的认可,不属于各级教育类型。

随着社会发展对人才诉求的提高,各州逐步开始重视并相继设立统一领导管理社区学院的主管部门,这些行动尤其集中在 20 世纪 60 年代的马里兰州、伊利诺伊州、俄勒冈州等约 53 个州。然而,不同的州在具体的管理方式上存在一定的差异,有的建立了统一董事会(consolidated governing board)形成州层面所有社区学院的治理联盟来行使建议权与监管权,有的建立了协调董事会(coordinating board)由社区学院代表共同商讨治理规划,有的则建立了志愿组织(voluntary association)。[②] 这类组织最早可以追溯至 20 世纪初的地方教育委员会,是连接社区与学院的非专业管理委员

[①] 参见霍琳《教育变革的视角下美国社区学院的治理》(博士学位论文),北京师范大学 2011 年,第 69 页。

[②] R. O. Berdahl. *Statewide Coordination of Higher Education*. Washington D. C.: American Council on Education, 1971: 34 – 35.

第二章　系统的环境：美国社区学院内部治理的外部影响

会。地方教育委员会成员由来自各行各业的社区公民组成，一方面集中反映社区集体的意愿并将之转化为学院的教育政策与实践，另一方面保护学院以免其受到外部力量的干涉与控制。1972年，许多州陆续形成了社区学院董事会成员协会，并且作为重要力量加入了上述地方教育委员会，升级成州级行政部门，负责本州各个社区学院间的统一领导与相互协调工作，以促进社区学院管理人员与委员会行政人员以及不同社区学院管理人之间就共同关心的问题加以交流。一般而言，州级社区学院管理部门的具体工作内容为：其一，代表州政府颁布规定社区学院各项重大事宜的政策法规，以及相关的监督立法与信息收集工作；其二，定期出版刊物、举办会议；其三，提供本州之外的不同社区学院的交流平台；其四，审核批准州内社区学院的改革方案；其五，提供州内社区学院的财政经费等；其六，组织学院行政人员的职业发展培训、专业设置与课程内容的研讨会等。[①]

（二）州政府对社区学院的治理机构

根据治理部门的职能不同，州政府对社区学院内部治理产生影响通常有三类方式，分别是：①将其纳入州教育行政部门进行管理，如图2-1上；②将其纳入州立大学体制中进行管理，如图2-1下；③州政府专设独立管理部门，如初级学院委员会、社区学院委员会等。

[①] A. M. Cohen, F. B. Brawer, C. B. Kisker. *The American Community College*. San Francisco: Jossey-Bass, 1991: 34.

系统论下美国社区学院内部治理体系研究

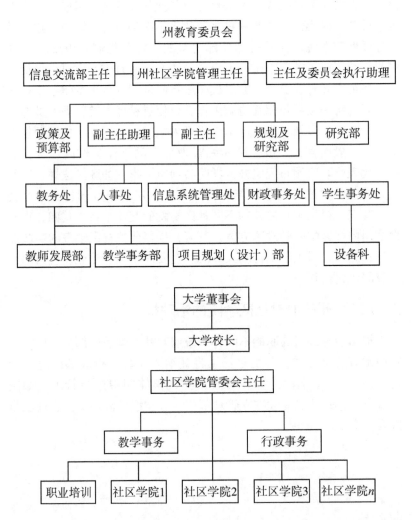

图2-1 州教育行政部门管理社区学院与州立大学体制管理社区学院的组织结构

资料来源：A. M. Cohen, F. B. Brawer, C. B. Kisker. *The American Community College*. San Francisco: Jossey-Bass, 1991: 114。

第二章 系统的环境：美国社区学院内部治理的外部影响

由于各州的差异很大，这三类治理方式在社区学院发展的历程中不断地变化。1965年，鲁道夫·罗克（Rudolf Rocker）等3位学者的调研结果显示，有20个州的社区学院由州教育委员会管理，6个州由州教育厅管理，13个州由四年制州立大学委员会管理，6个州由初级学院委员会管理。① 1971年美国学者詹姆斯·L.瓦滕巴杰（James L. Wattenbarger）等学者的研究报告指出，有21个州将社区学院纳入了州级行政系统（包括州教育管理机构与州高等教育机构），有11个州的社区学院由公立大学代为治理，有9个州设立了社区学院独立部门。② 同时，詹姆斯进一步根据州政府在这三类治理机构中所表现的作用将其分为决策型、协调型以及决策协调型，其认为州级社区学院独立治理部门更多地发挥出了直接审批功能，表现出了较强的统治性与决策性；公立大学系统中负责社区学院管理的部门注重各个学校自身的差异，仅在重大规划与经费预算方面介入其中，属于决策协调型；州教育部门或者高等教育部门将大部分权力下放，体现了社区学院与大学以及不同社区学院之间的沟通协调功能。

20世纪80年代之前，大部分社区学院都是属于州级教育行政部门或者由大学代为管理的，较少单独列出。然而，美国学者弗里德曼·C.金策（Fredman C. Kintzer）于1980年的研究显示，社区学院的管理逐渐从州立大学管理体系中独立了出来，"多达15个州专门设置了社区学院管理委员会，而仅有5个州将社区学院纳入大学系统"③。相比之下，由州教育行政部门管理社区学院的州的

---

① R. Roudolf, C. Plummer, B. Richardson. "Management of Human Resources in the Community College", in *A Handbook on the Community College in American*. Connecticut: Greenwood Press, 1994: 129-136.

② J. L. Wsttenbarger, M. Sakaguchi. "State Level Boards for Community Junior Colleges: Patterns of Control and Coordination", accessed January 5, 2021, http://files.eric.ed.gov/fulltext/ED054770.pdf.

③ F. C. Kintzer. *Organization and Leadership of Two-year Colleges: Preparing for the Eighties*. Gainesville: Florida State University, Institute of Higher Education, 2008: 79.

总数较为稳定，有 10 个州将其置于高等教育委员会下管理，有 15 个州将其置于各级教育协调委员会下管理。然而，美国学者杰森·托勒夫（Jason Toffler）等人于 1992 年的调查研究显示，该类管理类型的数量又急剧下降至 7 个州，较多地转化为在州立大学的管理系统之中。此外，16 个州归高等教育委员会管理，7 个州并入公立大学组织管理，余下的 17 个州交由社区学院委员会管理。① 为了对这些州级治理部门的权力分配状况进行深入分析，美国学者里克·L. 加勒特（Rick L. Garrett）于 1999 年从治理部门的机构性质、社区学院的规模结构、社区学院经费中州级政府拨款所占比例，以及地方政府拨款所占比例等因素方面，对 50 个州进行权力集中与分散的赋值与排序。其中，康涅狄格州集权程度最高，建立有州社区学院董事会，负担所管辖范围内社区学院 56% 以上的经费。②

2001 年，美国学者理查德·C. 理查森（Richard C. Richardson）将州政府对各类学校治理的方式分为联邦协商型（Fedral Systems，F）、统一决策型（Unified Systems，U）、分部自治型（Segmented Systems，S）三类。其中，联邦协商型 F 指被授权代表公共利益的治理机构与州范围内的其他委员会之间相互合作，共同协商社区学院的学位授予、经费预算、项目规划与批准、信息收集与公开等事宜；统一决策型 U 指专门设置社区学院的治理委员会，直接与州长以及州立法机关商讨制定学位授予等相关事宜；分部自治型 S 指存在多个州政府部门分别负责经费预算、项目规划与批判、学位授予、信息收集与公开等事宜。

据此，比较州政府对 K-12 学校与社区学院的治理方式，我们最终总结出七种情况：以伊利诺伊州为代表的 F/F 共 2 个州、以

---

① T. Toffler, J. Vonten. *Power in Organizations*. Marshfield, Mass：Pitman Publishing, 1992：29 – 32.

② T. A. Tollefson, L. Garrett. *Fifty State Systems of Community Colleges：Mission, Governance, Funding and Accountability*. Johnson City：Overmountain Press, 1999：1 – 14.

第二章 系统的环境：美国社区学院内部治理的外部影响

亚拉巴马州为代表的 F/U 共 7 个州、以马里兰州为代表的 F/S 共 11 个州、以夏威夷州为代表的 U/U 共 9 个州、以亚利桑那州为代表的 S/F 共 10 个州、以缅因州为代表的 S/U 共 7 个州、以俄勒冈州为代表的 S/S 共 5 个州。我们从这些数据中可以看出：不存在 U/F 与 U/S 的情况，说明州政府如果对 K-12 学校使用统一决策型，那么必然也会对社区学院采用相同管理类型；但是州政府如果对 K-12 使用其他两种类型，那么对社区学院有可能采取任意类型。对于社区学院而言，多数州政府采取统一决策型（共 23/51 的比例），而对于 K-12 学校多采用分部自治型（共 18/28 的比例）。社区学院州级治理机构总数之所以为 51，是由于纽约州情况较为复杂，既属于 S/F，也属于 F/U。

2004 年，谢里尔·D. 洛弗尔（Cheryl D. Lovell）等人，将州政府对社区学院治理机构分为五种类型，分别是：州高等教育董事会、州教育董事会、州社区学院协调委员会、州社区学院治理委员会以及州立大学董事会。不仅如此，洛弗尔还按照六种集权程度，从高度集权到高度分权将上述机构进行排列，比例分别为 5∶14∶5∶13∶12∶2。州社区学院治理委员会的集权程度最高，有康涅狄格州、肯塔基州和科罗拉多州；州立大学董事会的集权程度次之，有阿拉斯加州、佐治亚州、路易斯安那州、罗得岛州、田纳西州、佛蒙特州、弗吉尼亚州、西弗吉尼亚州；州社区学院协调委员会全部表现为中等集权，既能够在全州范围内统一管理，又能赋予学校一定的自主权，有北卡罗来纳州、南北卡罗来纳州、华盛顿州；州高等教育董事会与州教育董事会表现出较高的分权程度，催化了这些州社区学院的自治性质。①（见表 2-1）

---

① C. D. Lovell, C. Trouth. *Statewide Community College Governance Structures: Factors That Influence and Issues That Test Effectiveness*. Boston: Kluwer Academic Publishers, 2004: 133.

表 2-1 州政府管理社区学院的三类方式在五个时间段内的数量

(单位：所)

调查时间	州教育行政部门	州立大学管理体系	州级独立管理部门
1965 年	20 + 6	13	6
1971 年	21	11	18
1980 年	10 + 15	5	15
1992 年	7	16 + 7	17
2004 年	7 + 11	13	11 + 8

资料来源：作者根据上文资料自行整理。

(三) 州政府对社区学院的治理途径

1. 资助

在学校规模较小的时候，社区学院对公共资金的要求并不高，也很少设有专门机构分析经费来源与分配。但是，随着入学人数的增加导致社区学院与其他公共机构产生经费分配冲突时，社区学院的经费支持逐渐开始受到立法审查。1907 年，加利福尼亚州州政府率先以立法形式，将社区学院作为中学的延伸而赋予公立学校预算的支持。然而，州政府资助比例较小，在 20 世纪 20 年代，平均不到公立大学收入的 5%，远远低于地方政府的资助与社区学院所收取的学杂费。[①] 70 年代末，这一趋势得到了改变：加利福尼亚州颁布法令，将州政府的资助在社区大学收入中所占的份额从 42%增加到近 80%，并且很快得到亚利桑那州、科罗拉多州、夏威夷州、伊利诺伊州、马萨诸塞州、俄勒冈州和华盛顿州的模仿。[②] 21

[①] A. M. Cohen, F. B. Brawer, C. B. Kisker. *The American Community College*. San Francisco: Jossey-Bass, 1991: 139.

[②] R. C. Richardson, L. L. Leslie, *The Impossible Dream? Financing the Community College's Evolving Mission*. Washington D. C.: American Association of State College and Universities, 1980: 31-38.

第二章 系统的环境：美国社区学院内部治理的外部影响

世纪以来，社区学院的经费预算已超过每年 510 亿美元，而其中很大一部分来自州政府的拨款。①

总体而言，州政府对社区学院的资助存在四种分配模式：①协商预算资助（negotiated budget），指社区学院与州政府根据上一学年经费预算使用情况、本学年学校运行规划情况以及州政府财务状况，共同协商资助水平的资助；②单位比例公式资助（unit-rate formula），这种最为常用，指州政府将社区学院本年度具体指标（如全日制学生数量、特定项目数量、总学分分值等）代入已有公式中，从而得出资助数值的资助；③最低配额资助（minimum foundation），这是对单位比例公式资助的修正，平衡由于地方政府资助水平不一而导致的不同社区学院经费基数各异的情况，从而帮扶发展缓慢的社区学院的资助；④以成本为基础的项目资助（cost-based program funding），指州政府根据社区学院实际支出项目的功能、预算等具体内容进行判断的资助。② 虽然这四种资助分配方式各有利弊，但是可以看出州政府对社区学院的资助在尽可能地趋于精细化、科学化与公平化，既希望能将有限的经费最高效地应用于社区学院的积极发展方面，又希望缩小社区学院之间经费的差异。

自 1918 年到 2010 年，社区学院经费来源比例的具体情况见表 2-2。

---

① A. M. Cohen, F. B. Brawer, C. B. Kisker. *The American Community College*. San Francisco: Jossey-Bass, 1991: 139.

② J. L. Wattenbarger, P. M. Starnes. *Financial Support Patterns for Community Colleges*. Gainesville: University of Florida, 1976: 52.

表2-2 社区学院经费来源比例

经费来源项目	1918年	1930年	1942年	1950年	1959年	1975年	1980年	1990年	2000年	2010年
学杂费	6%	14%	11%	9%	11%	15%	18%	18%	20%	16%
联邦资助	0	0	2%	1%	1%	8%	5%	5%	6%	23%
州政府资助	0	0	28%	26%	29%	45%	48%	48%	45%	30%
地方政府资助	94%	85%	57%	49%	44%	24%	18%	18%	20%	18%
个人资助	0	—	0	0	0	1%	1%	1%	1%	1%
服务收入	—	—	—	—	—	6%	7%	7%	5%	4%
其他	0	2%	2%	2%	2%	1%	3%	3%	4%	8%

资料来源：整理自 A. M. Cohen, F. B. Brawer, C. B. Kisker. *The American Community College*. San Francisco: Jossey-Bass, 1991: 149。

注：表2-2 中的"—"表示未找到数据。

第二章　系统的环境：美国社区学院内部治理的外部影响

2. 绩效管理

从20世纪80年代起，各州就开始尝试进行绩效管理，作为一种扩大或取代以入学为基础的拨款的方式，同时鼓励社区学院朝着州的某些优先事项努力。1979—2007年间，26个州为社区学院制定了绩效基金。这种方法在国家预算盈余较为丰富的20世纪90年代较为普遍，而在21世纪初由于州政府收入下降，许多绩效资助系统被废除，到2004年只有少数州有社区大学绩效资助机制。[①]然而，随着立法者、州长、企业和社会其他人士对高等教育的问责制和生产力有更大的追求，绩效管理模式再度盛行。

目前，各州主要趋向于三种绩效管理模式，分别是：基于学校产出的系统、基于绩效合同的系统、基于成绩表现的系统。[②] 基于学校产出的系统，一方面，将州政府资助与社区学院产出进行直接联系，考察社区学院是否履行了政府相关规章制度；另一方面，根据学校学生中低收入和处境困难学生的比例增加资金，注重教育公平。如田纳西州根据获得学位的学生总量进行绩效拨款，密苏里州基于学生就业率，佛罗里达州则基于学生所修学分总数。[③] 相比之下，绩效合同具有监管功能，详细规定了社区学院接受州政府资助所需要践行的标准与完成的目标，类似于市场交易机制。如1991年，伊利诺伊州发布《优先、质量与生产力》报告（*Priorities*,

---

[①] M. Zarkesh, A. M. Beas. "UCLA Community College Review: Performance Indicators and Performance-Based Funding in Community Colleges", *Community College Review*, 2004 (4): 62-76.

[②] T. L. Harnisch. *Performance-Based Funding: A Re-emerging Strategy in Public Higher Education Financing.* Washington D. C.: American Association of State College and Universities, 2011: 17.

[③] A. C. Dowd, L. T. Shieh. "Community College Financing: Equity, Efficiency, and Accountability", accessed January 5, 2021, https://cue.usc.edu/files/2016/01/Dowd_CC-Financing_EqEffandAccount_NEA-Almanac_2013.pdf.

Quality, and Productivity），规定了社区学院下一年度的教学计划。① 基于成绩表现的系统，在第一种管理模式的基础上更关注学生的学业进展，根据某些可衡量指标（结业率、毕业率、就业率、转学或职业许可证通过率等结果）来比较学生的动态变化，以此给予额外奖励，被大多数采用绩效管理的社区学院使用。如2007年，华盛顿州通过了一项学生成就计划（Student Achievement Initiative），对学生学业成就和课程完成情况较好的学生给予奖励，从而促使社区学院提升学生修读基本技能课程的要求。虽然这种绩效管理方式有助于激励学校注重教育质量保障，但可能会导致处境困难的学生难以公平入学。

三、地方政府对社区学院内部治理的影响

（一）地方政府对社区学院的治理历程

美国人口统计局（United States Census Bureau，USCB）根据职能的不同，将地方政府分为一般目的性政府（General Purpose Governments）与特殊目的性政府（Special Purpose Governments）。对于社区学院内部治理而言，前者主要是指以郡县为中心的行政机构，后者主要是指以学区为中心的实践机构。"郡县"最早源于英国所规定的"马车一日内能够往返的最远距离"，1986年在美国设有3031个；"次郡县"指县级以下更为具体的行政单位，包括19519个市、16360个镇。② 由此可见，地方政府的数量较多时，其职能范围较为接近居民生活，体现出地方政府的"服务"特征。

一般而言，地方政府是相对于联邦政府与州政府而言的概念，

---

① T. L. Harnisch. *Performance-Based Funding: A Re-emerging Strategy in Public Higher Education Financing.* Washington D.C.: American Association of State College and Universities, 2011: 18.

② 参见毛澹然《美国社区学院》，高等教育出版社1989年版，第29页。

第二章 系统的环境：美国社区学院内部治理的外部影响

包含县政府、镇政府与学区等。虽然三者共同构成了美国政府管理系统，但是对于社区学院而言，不存在权力大小的层级关系，而更多的是平等合作关系。其中，地方政府对社区学院内部治理的影响较为显著，早在20世纪初社区学院创办的时候，地方政府便发挥了重要力量。1958年的相关数据显示，在该学年的400多所社区学院之中，仅有一所学校属于联邦政府创办（占比0.25%）、属于州政府创办的学校的占比为22.5%、属于地方政府创办的学校的占比为77%。其中，市政府约占22.75%，县政府约占18.75%，学区地方政府约占35.5%。[①]

不仅如此，地方政府与社区学院内部治理的关系更为密切，具有相同的利益取向——服务当地居民；相比之下，联邦政府与州政府可能会基于政治战略的考量，有时或许会对社区学院不够关心，甚至做出的行为不利于社区学院的发展，如州政府将更多的拨款用于建设州立大学而忽略社区学院、联邦政府为了缓解阶级矛盾而要求社区学院降低门槛接受弱势群体学生等。受实用主义的影响，美国人更愿意将行政管理问题求助于触手可及的地方政府，而不愿意指望距离较远的联邦政府与州政府。同时，当他们遇到日常生活上的问题时也更愿意从社区寻求帮助，而社区学院作为社区的核心自然受到民众的欢迎。在这种情况下，社区学院治理便成了地方政府教育管辖范围内的重要议题。

（二）地方政府对社区学院的治理结构

在社区学院的发展历程中，出现过不同类型的内部治理与外部协调结构。自20世纪下半叶起，多单元的社区学院组织有所增加，而独立的、非营利的学院组织却在减少，逐渐增加了与当地公立学区的联系。目前，这类社区学院存在以下四种类型：一是置于单独的独立学区，即学区内仅有这一所社区学院；二是置于复合的独立学区，即学区内包含多所社区学院；三是置于州立大学系统；四是

---

① 参见毛澹然《美国社区学院》，高等教育出版社1989年版，第30~34页。

系统论下美国社区学院内部治理体系研究

置于州教育体系。前两者的数量较多，主要依靠地方政府的力量办学，隶属于所在地的社区学院学区。这些社区学院学区的主要负责人所组成的董事会，由当地选举产生或由政府机构任命。他们为该学区所在的社区学院制定政策，并且雇用一名首席执行官处理日常所有事务，包括管理商业事务、学生人事、学术教学和技术设备等方面。

根据州的相关法律规定，董事会是社区学院的最高权力与决策机构，是连接社区学院与外部环境的重要枢纽。一方面，其代表多个利益群体规划社区学院教育教学内容、评估社区学院人才培养质量；另一方面，其将当地的社会期望与企业需求反馈给学校组织内部。目前，美国50个州的社区学院都设有董事会组织，分为州董事会与地方董事会。其中，地方董事会数量较多、分布较广，是地方政府治理社区学院的重要组织载体。其内部成员大多来自社会各界人士，由政府任命或者经自由竞选的方式产生。虽然各地方董事会情况有所不同，但董事会在权力结构方面基本呈现出：自上隶属于地方教育委员会的权力赋予，自下实行权力委托的校长负责制。[①]

社区学院内部治理的有效运行离不开董事会所发挥的重要作用，虽然大多数董事会很少参与学院的日常运作，但他们通过政策所制定的角色，产生了相当大的长期影响。在财政紧张时期，董事会的决定可能会迅速而直接地影响到社区学院运营的各个方面，可以在征求不同利益相关者的意见，尤其是管理者的意见之后，做出诸如取消与设置学校发展项目、聘用与罢免工作人员等方面的重要决定。因此，董事会与行政人员的关系对社区学院的运营、职能的实现以及使命的完成至关重要。下文将分别从组织类型、人员构成、职能权力以及发展趋势四个方面对董事会在社区学院内部治理中所扮演的作用进行分析。

[①] A. M. Cohen, F. B. Brawer, C. B. Kisker. *The American Community College*. San Francisco: Jossey-Bass, 1994: 81.

（三）地方政府对社区学院的治理载体

1. 社区学院董事会的组织类型

虽然美国1000多所社区学院的董事会类型不尽相同，但是可以将其主要依据两个维度加以区分，一是谁来赋予权力，二是成员如何确定。基于这两个维度，这些董事会可以分为四类：有的董事会受州政府控制，有的则由地方政府控制，即州董事会与地方董事会；董事会内部组成成员多是由社区学院的外部人士组成的，大多没有报酬，有的是由上级政府任命而来，有的则是由选举产生，即任命董事会与选举董事会。

社区学院研究的著名学者亚瑟·M.科恩（Arthur M. Cohen）在20世纪90年代的调研结果显示，彼时美国每个州社区学院董事会的类型如表2-3。除此之外，关于这些类型还有以下具体内容：①南达科他州和阿拉斯加州没有社区学院，故不存在董事会类型；②由州委员会管理的董事会中，大多数州（16个）直接任命其董事会成员，只有2个是由选举而来；③超过一半州（31个）的地方委员会管理各自范围内的社区学院，而采取选举（15个）和任命（12个）两种方式的州在数量之间较为平衡；④伊利诺伊州、新墨西哥州和俄克拉何马州，共3个州的董事会成员产生渠道是选举与任命的综合方式；⑤纽约州、科罗拉多州和佐治亚州，共3个州设置了州和地方的联合管理委员会；⑥拥有最多社区学院的4个州中，有3个州（加利福尼亚州、得克萨斯州和伊利诺斯州）都采用选举的方式产生董事会成员。

表2-3 各州的董事会类型

州政府任命	地方政府选举	地方政府任命
亚拉巴马州	亚利桑那州	佛罗里达州
科罗拉多州 a	阿肯色州	伊利诺伊州 b
康涅狄格州	加利福尼亚州	马里兰州
特拉华州	科罗拉多州 a	马萨诸塞州
佐治亚州 a	佐治亚州 a	密西西比州 b
夏威夷州	爱达荷州	新泽西州
印第安纳州	伊利诺伊州 b	新墨西哥州 b
肯塔基州	艾奥瓦州	威斯康星州
路易斯安那州	堪萨斯州	北卡罗来纳州
缅因州 c	密歇根州	俄亥俄州
明尼苏达州	密西西比州 b	俄克拉何马州 b
内华达州	蒙大拿州	宾夕法尼亚州
新罕布什尔州	新墨西哥州 b	南达科他州
纽约州 a	俄克拉何马州 b	华盛顿州
北达科他州	俄勒冈州	—
罗得岛州	得克萨斯州	—
田纳西州	怀俄明州	—
犹他州 c	—	—
佛蒙特州	—	—
弗吉尼亚州	—	—
西弗吉尼亚州	—	—

注：a 表示州政府与地方政府联合管理，b 表示任命与选拔综合使用，c 表示州任命的董事会转化为州选拔的董事会。

资料来源：整理自 A. M. Cohen, F. B. Brawer, C. B. Kisker. *The American Community College*. San Francisco: Jossey-Bass, 1994: 79-82。

第二章 系统的环境：美国社区学院内部治理的外部影响

虽然选举意味着民主，但是很多社区学院研究的学者对选举董事会的存在表示质疑，尤其是由公民选举的方式。之所以如此，是因为在大多数社区学院，候选人从特殊利益集团中被推选而出，手握选票的人数较少，而候选人为了获得稀有的选票常常要耗费大量资金，导致整个选举活动逐渐背离了民主的本意。1990年，在一次纽约州社区学院的董事会选举中，候选人花了4万美元才成功当选。① 那么，既然担任董事会成员并没有丰厚的报酬，为何候选人还愿意耗费那么多成本去竞选？原因如下：其一，社区学院董事会成员的选举与其他地方选举、州选举和全国选举同时进行，具有政治化的性质，有利于政党发挥其在本地教育管理中的话语权；其二，董事会席位竞选也吸引了别有用心的人，有的想让自己出名、有的是利用这一选举作为以后晋升高层职位的跳板、有的则是帮助其所代表的政党从社区学院的职能中获得利益。候选人从别有用心的人那里筹集高额的竞选资金，而作为条件，那些别有用心的人要求候选人当选后为其实现政治主张。1992年，一位竞选民主党总统的候选人，便是自其社区学院董事会成员的身份开始其政治生涯的。因此，所谓董事会的"信任"已经被政治等各种力量所左右，而学院的真正需要与未来发展不再是董事会成员首要考虑的因素。

选举董事会不被人们看好，而任命董事会也暴露出了一些缺点。其一，能够行使任命权的主体来自州政府或者地方政府，故难以避免地使董事会成员的任命过程具有高度的政治性：被任命的个体需要对政治利益予以回报，甚至为政党牟利。其二，与选举相比，任命所需要耗费的时间与金钱较少，导致被任命者对社区学院的发展难以具有强烈的责任感与行动力，缺少参与学校内部治理活动的主动性。尽管如此，任命董事会相比于选举董事会还是表现出了一定的积极意义：一方面，任命董事会独立决策的可能性更大，

---

① E. Deas. *The Relationship Between the Board and Adminis-tration in Selected Activities Contributing to the Overall Climate of a Community College*. San Diego: San Diego State University, 1992: 29–31.

一定程度上不用因为竞选经费的原因,将学校与某些具有特殊目的的利益集团联系在一起;另一方面,在被任命之前,他们一般历经了专业训练、具备相应的管理经验,从而对社区学院的内部治理能够做出科学的决策。

2. 社区学院董事会的人员构成

对高等教育董事会的研究最早可以追溯至1917年的关于私立大学董事会成员的调查。1947年,一项名为"谁控制了我们的大学"(men who control our universities)的重要学术调查显示,75%的董事会成员是商人、银行家和律师。1967年,美国教育考试服务中心分析了5000个高等教育机构的董事会(包含来自社区大学的261个),指出了董事会成员的高频率特征:男性,50—65岁,受过良好教育的白人,经济富裕,温和的共和党派,企业高管或专业人士。[1]

1977年,一项针对社区学院董事会的研究发现:其一,这类人员主要集中在50—59岁、收入高、从事行政或管理职位的男性;其二,种族与性别的问题较为显著,仅有15%的董事会成员是女性,6%是黑人。[2] 1984年,一项针对伊利诺伊州175名社区学院董事会成员的研究发现如下特征:男性(78%);白人(97%);不超过56岁(54%);专业人士或企业经理(67%);高于居民平均水平的收入,而且在3万~6万美元之间(51%);学历较高,本科及以上学历(56%);共和党(59%);政治上温和或有些保守(68%)。[3]

1987年,一项对522名(来自24个州)成功当选为社区学院董事会成员的全国性调查显示:其一,董事会成员具有的显著群体

---

[1] M. Rauh. *College and University Trusteeship*. New York: McGraw-Hill, 1969: 62-66.

[2] S. Drake. *A Study of Community and Junior College Boards of Trustees*. Washington D.C.: American Association of Community and Junior Colleges, 1977: 42.

[3] G. Petty, W. Piland. "The Illinois Public Community College Board Members", in G. F. Petty. *Active Trusteeship for a Changing Era. New Directions for Community Colleges*. San Francisco: Josscy-Bass, 1985: 59-60.

第二章 系统的环境：美国社区学院内部治理的外部影响

特征为，男性（71%），不超过60岁（54%），白人（90%），文学学士学历及以上（73%），商业管理职业（61%），年收入在5.5万美元及以上（52%）；其二，这类人员在个人经历方面的相似点为，近20%将教育列为其终身职业领域，1/3的董事会成员自身或其家人曾在社区学院就读过，54%具有公职经历，50%自认为在政治上属于温和派；其三，任命董事会成员和选举而来的成员之间的差异很小，仅体现为前者比后者年龄较大，受教育程度较低，观念较为开明。[①]

上述研究表明，整个20世纪以来董事会成员的特征几乎没有显著的改变，妇女和边缘群体的比例相对较小，难以代表所服务的学生群体。社区学院的学生多是年轻女性，不太富裕，受教育程度较低，来自较低的社会经济阶层，更多地反映了少数群体。因此，董事会成员可能会被视为与学生的需要步调不一致，对学生的需求反应迟钝。那么，面对这些挑战与质疑，来自中上层阶级的白人如何从事社区学院董事会的工作有待进一步研究。

3. 社区学院董事会的职能权力

关于社区学院董事会成员方面，如何看待社区学院的内部治理的议题受到了许多研究者的关注，而在对这个议题的研究中，有两次调查影响最大。1985年9月，社区学院董事会协会（The Association of Community College Trustees，ACCT）的年会上，有研究者对100位来自23个州的董事会成员，就社区学院内部治理的问题进行调研。最终，其得出的趋同性观点有：一是在社区学院的教学计划中，需要加强普通教育、批判性思维、个人价值观发展的比例；二是教育质量与教学标准亟须提高；三是要注重转学职能；四是大多数社区学院的资金应该来自州政府，而学生的学费应该至少占学

---

① L. Whitmore. "Results of a National Survey of Local Community College Trustees: Trustee Characteristics", *Trustee Quarterly*, 1987（4）：14-23.

系统论下美国社区学院内部治理体系研究

校运行成本的25%。[1] 另一项重要调查发生在1986年，涉及来自24个州的522名董事会成员。[2] 这些受访者回答了有关社区学院课程、经费、学生管理的问题。在前两个方面与第一项重要调查的结果较为相似，而在学生管理方面则提出了鲜明的观点：其同意社区学院对大多数专业不设入学要求，但要求在学业进程中与结束后及时对学生进行学术评估，并且对那些没有取得良好成绩与表现的学生进行沟通与帮扶，从而更好地体现出"服务"性质。

我们从上述研究可以看出，一般而言，董事会对于社区学院的职能使命具有明确的观点与态度，而这些主张受到了社区学院大部分利益相关者的影响，无论是学校内部的管理者和教师，还是学校外部的政府部门与协会组织，如社区学院董事会协会、大学和学院治理委员会协会、美国社区学院协会。董事会的主张一旦付诸实践，便表明校内与校外之间在社区学院内部治理的问题上形成了有效的连接，在一定程度上体现了社区学院系统的内外部交流。董事会成员的行动建立在该机构的传统和优势之上，可以从积极的角度看待。如上文所述，大多数社区学院受当地地方政府选举或任命产生的董事会管理，也有一部分社区学院（约213所）受州董事会管理。州董事会的权力包括：批准新项目，审查与评估常规项目，裁决经费预算请求，分配国家拨款，批准校园建设规划，批准新的学院、机构等部门的设立，财务问责审计，等等。[3] 为了最大限度地服务于社区学院的内部治理，一些州在董事会下补充设置地方咨询委员会。这些委员会的权力包括批准预算，向州董事会推荐项目，与当地商业、工业和立法机构合作，与当地社区保持联系，

---

[1] W. Piland, H. Butte. "Trustee Views on Finance, Governance, and Educational Issues", *Community College Review*, 1991 (4): 6-12.

[2] L. Whitmore. "Results of a National Survey of Local Community College Trustees: Trustee Characteristics", *Trustee Quarterly*, 1987 (4): 3-9.

[3] C. R. Jasiek, A. Wisgoski, H. A. Andrews. The Trustee Role in College Personnel Management. In G. F. Petty. *Active Trusteeship for a Changing Era. New Directions for Community Colleges*. San Francisco: Jossey-Bass, 1985: 26-27.

第二章 系统的环境：美国社区学院内部治理的外部影响

等等。

相比之下，地方董事会的权力更加详细与充分，涉及社区学院内部治理的方方面面，基本包括以下内容：①制定学院管理和运行的政策、规章制度；②维护和管理学院；③批准新项目；④授予学位、证书和文凭；⑤确定学生的学杂费；⑥雇佣教职员工并决定其工资和福利；⑦规划和控制预算；⑧持有、传递、管理和控制政府给学校的拨款与物资；⑨签订服务合同；⑩向联邦和州政府申请以获得和接受资金；⑪聘用、评估和解雇校长；⑫学校的长期和短期规划；⑬制定学术要求最低标准；⑭在教职员工福利待遇方面进行集体谈判等。① 上述这些内容是大多数社区学院董事会所享有的权力。除此之外，有些学校会在上述这些内容的基础上增加额外的权力，或者削减部分权力，如加利福尼亚州的董事会不能影响学校所制定的学杂费标准，伊利诺伊州的董事会不能作为主要主体决定校长的聘用、评估和解聘。②

这些权力的行使需要注意两个方面：其一，不同的地方董事会权力类型不尽相同。有些地方董事会拥有上述所有权力，甚至更多，而有些只拥有其中的一部分，如加利福尼亚州的地方委员会不能影响学生的学杂费标准，伊利诺伊州的地方董事会控制着所有学生的费用。其二，对于不同的社区学院而言，这些权力的重要程度也不尽相同。有的学校认为校长是内部治理的首席执行官，通过与董事会的密切沟通影响学校的发展方向，故"聘用、评估和解雇校长"是董事会必须履行的最重要的职责；③ 有的学校认为"招聘

---

① J. Tatum. "Active Trusteeship for a Changing Era", in G. F. Petty. *Active Trusteeship for a Changing Era. New Directions for Community Colleges*. San Francisco: Jossey-Bass, 1985: 13.

② C. R. Jasiek, A. Wisgoski, H. A. Andrews. *The Trustee Role in College Personnel Management. New Directions for Community Colleges*. San Francisco: Jossey-Bass, 1985: 72–75.

③ J. Tatum. *Active Trusteeship for a Changing Era. New Direc-tions for Community Colleges*. San Francisco: Jossey-Bass, 1985: 14.

和评估所有教职员工"最为重要;① 有的学校则认为"规划和控制预算"以及从上级政府"获得和接受拨款与物资"尤为关键。②

　　州董事会与地方董事会的显著不同之处在于：前者的权力多集中于对社区学院已经产生的重大事项进行审核与批准，而较少发挥主动性参与到这些事项的制定与协商过程中，故表现出政府部门的性质；后者在前者的基础上，更强调发挥"董事会－管理者－教师"之间的合作关系，将自身定位于社区学院内部治理的重要主体，而且会参与到大多数决策的运行过程之中。有研究表明，地方董事会参与学校发展规划的情况较为常见，涉及学校的预算、项目、学生费用以及教师的工作内容，③ 如加利福尼亚州社区学院董事会参与制定了学校的长期规划与短期规划。④ 然而，并非所有社区学院都希望地方董事会介入学校运行的各个环节，这尤其体现在学校重大规章制度的制定方面。

　　一方面，很多社区学院在大多数情况下并不愿意大幅度调整已有的制度政策。这些政策在学校已存在多年，一旦改变会影响到学校的整体使命与职能。另一方面，即便有新政策出台，社区学院自身也足够充当规划者的角色。这是由于新政策范围较窄且大多是对州或联邦法律法规的回应，而董事会在其中难以发挥独特的作用。因此，地方董事会制定政策的权力受到挑战，如集体谈判协议中在没有董事会直接参与的情况下达成共识，以及在政策变化过程中行

---

① C. R. Jasiek, A. Wisgoski, H. A. Andrews. "The Trustee Role in College Personnel Management", in G. F. Petty. *Active Trusteeship for a Changing Era. New Directions for Community Colleges*, no. 51. San Francisco: Jossey-Bass, 1985: 29.

② H. Andrews, C. Licata. "Administrative Perceptions of Existing Evaluation Systems", *Journal of Personnel Evaluationin the United States*, 1991 (5): 69-76.

③ R. Giles. "Governance and Leadership Expectations of Trustees and CEOs", *Trustee Quarterly*, 1991 (2): 8-14.

④ E. Deas. *The Relationship Between the Board and Administration in Selected Activities Contributing to the Overall Climate of a Community College*. San Diego: San Diego State University, 1992: 35.

第二章 系统的环境：美国社区学院内部治理的外部影响

政管理人员很少与董事会详细沟通。① 虽然董事会在社区学院内部治理中享有重要的主体地位，但是在实践过程中却常常受到忽视与质疑。这种矛盾导致社区学院董事会当前的工作状况并不乐观：对董事会实践和运营的研究表明，董事会通常每月召开一次或最多两次会议，每次会议持续时间不到 4 小时；② 大约 80% 的董事会成员每周的工作时间少于 10 个小时。③

一直以来，制定社区学院运作的政策、规则和规章制度被视为董事会的主要职能，这些规则往往是对所属州或联邦法律法规的回应。然而，当前出现了一些新的变化："董事会－管理者－教师"三者协调关系的观点逐渐受到人们的关注与欢迎，由集体谈判协议取代董事会决策主导传统的形式愈加兴起，其中董事会与管理层的治理任务和角色如表 2-4 所示。虽然原则上董事会被要求必须参与集体谈判协议的讨论与批准，但现实状况往往是在没有董事会直接参与的情况下，就在谈判桌上达成协议，并且影响甚至取代了董事会的决策。相关学者的调查表明，尽管当前董事会的权力不断地趋于弱化，却依然是决定社区学院决策制定的关键因素，影响着预算、计划及服务、学生费用、职员雇用及评估等方面。在这些权力之中，规划（特别是长期规划）是最为核心的权力——通过设定或改变一个机构的使命和目标影响整个学校的发展。④ 最近对加利福尼亚州社区学院董事会的一项调查研究发现，大部分董事会成员的受访者对自身的定位在于设定学校运行的宏观方向，以及审查、

---

① E. Wstson, L. Winner. "Participation and Content in Community and Technical College Board Meetings", *Community/Junior College Quarterly of Research and Practice*, 1987 (4): 275-282.

② B. Griffin. *Presidents' Survey of Board of Trustee Practices in Kansas Community Colleges*. Iola, Kans: Office of Institutional Research, Allen County Community College, 1989: 11-12.

③ L. Wilbur, M. Sheldon. *What Price Local Control: California Community College Trustees*. Los Angeles: School of Education, University of Southern California, 1988: 63.

④ R. Giles. "Governance and Leadership Expectations of Trustees and CEOs", *Trustee Quarterly*, 1991 (2): 8-14.

修订和批准短期战略计划。①

表2-4 董事会与管理层的治理任务和角色

职能	董事会	管理层
厘定使命和目标	为任务和目标的形成提供意见，批准使命和目标	与他人协商确定学校发展目标与使命，将使命和目标发展成正式声明
规划短期计划	制定发展方向，审查、修改、批准、宣传计划	让成员参与过程，制订计划，监督计划
制定政策	参与政策制定、修订工作，批准政策	为政策提供动力和建议
控制预算	在预算制定中明确社区的需要/意见，承担受托人的角色，设定广泛的方向，审查和批准预算和财务报表	让成员参与，准备预算和财务细节，向董事会提供信息，监督预算并提出修订建议
评估项目、服务和员工	提供支持和资源，批准评估计划，评审总体结果，评估校长工作的有效性	让选民参与进来，制定评估体系，进行评估，向董事会报告结果，提出体系改革建议
维护学校外部社区关系	批准社区关系计划，参与社区关系活动，参与筹款活动，参与游说活动	参与社区关系活动，与基金会/筹款企业密切合作，参与游说活动

---

① D. G. Edsion. *The Relationship Between the Board and Administration in Selected Activities Contributing to the Overall Climate of a Community College*. San Diego: Office for Research and Service in Postsecondary Education, San Diego State University, 1992: 17.

续表 2-4

职能	董事会	管理层
资产交易	购买、转让和出售土地，选择建筑师，为建设提供足够的资源维护，向公众传达行动和理由	让股东参与进来，提供详细的背景信息，向董事会提出建议
设定规章纪律	批准教职员工和学生的申请程序，担任上诉法院，做出纪律处分决定	向选民解释行为准则，培养职员和学生的纪律程序，向董事会通报纪律处分的情况，向董事会提出纪律处分建议
集体谈判	制定预期的结果，审查初步解决方案，签署协议，将谈判结果告知社会	参与开发预期成果，进行谈判，与董事会分享工会建议，向董事会提出建议，执行协议

资料来源：整理自 A. M. Cohen, F. B. Brawer, C. B. Kisker. *The American Community College. San Francisco*：*Jossey-Bass*，1994：120 – 121。

4．社区学院董事会的发展趋势

相关研究发现，一些明显的因素影响了社区学院董事会的组成和作用。下面列出了其中的一些趋势及其影响。

（1）董事会成员趋于多样性。

董事会成员的人口特征与过去几年的董事会成员相比，发生了一些细微的变化：越来越多的妇女、少数民族、年轻人以及各种社会经济阶层和职业群体的代表被选举和任命为董事会成员。这些新成员为董事会带来了新观点，他们代表着具有相当数量基础，但在过去一直没有发言权的群体。这些董事会成员经常发起与推动有悖于社区学院传统习惯的管理改革，质疑当前的教育项目和服务，以满足社区中不同群体的需求，与大多数管理委员会的保守主义态度形成了鲜明对比。比如，一直以来，"基督教候选人"对获得学校、市政和县委员会的席位更感兴趣，但当前这些群体已经开始出

系统论下美国社区学院内部治理体系研究

现在社区学院的董事会中,引导学校拥护他们所认同的观点。他们觉得自己表达了一种未曾被充分代表的观点,即少部分群体的意见。尽管这些新董事会成员和现有董事会成员之间的潜在冲突是显而易见的,但是社区学院依然是趋向于这种变化的。原因在于许多社区学院意识到董事会中意见和背景的多样性通常是可取的,内部冲突,甚至公开争议所支配的董事会运作将促使学校免于陷入僵化、瘫痪以及在社区中得到不好的声誉。在这过程中,管理者(尤其是总统)需要协调好内部的矛盾,在所有董事会成员之间建立信任、理解、尊重和合作的模式。①

（2）州政府的控制力加强。

在许多有地方委员会的州,政府对社区学院的控制力逐渐加强,这在一定程度上削弱了董事会职能的影响力。这一现象尤其体现在社区学院的经费来源方面,当大部分经费来自州政府而非地方政府税收的时候,州政府对社区学院的介入与影响会趋于增强。最显著的例子是1978年在加利福尼亚州通过的第13号提案,明确规定州政府对所在地区社区学院投入的经费,从原先12%的社区学院经费总额占比提升至37%。许多研究者认为这一提案说明了社区学院从地方政府拨款到州政府拨款的转变,并且由此带来了州政府立法机构通过颁布大量的法律来管理该州的社区学院的运作。②在其他州,权力逐渐被转移到州协调委员会,比如高等教育委员会或社区学院委员会。这些委员会,通过立法和规章制度,正在削弱地方董事会的传统权力。如果这种趋势一直持续,地方董事会可能沦为学院行政的咨询机构,甚至可能不复存在。在之后的加利福尼亚州社区学院制度改革中,有人提议用由州政府所控制的地区董事会来取代地方董事会。针对这种现象,有学者指出社区学院的董事

---

① S. Drake. *A Study of Community and Junior College Boards of Trustees*. Washington D. C. : American Association of Community and Junior Colleges, 1997: 39 - 45.

② L. Stevens, W. Piland. "Reform in Community College Governance: The California Story", *Community/junior College Quarterly of Research and Practice*, 1988 (3), 251 - 261.

第二章　系统的环境：美国社区学院内部治理的外部影响

会不应该忽视通过学校私有化来消除州政府对学校控制力加强的现象的问题，① 也有学者认为改革并加强学校董事会的决策权力、减少对业务的干预等措施比取消董事会或其权力的做法更可取②。

（3）共同治理理念的兴起。

虽然社区学院由于转学职能，一直被认为是高等教育事业中综合性大学的"合作伙伴"，但社区学院是从公立学校（公立高中）的传统中发展而来的，带有将监督者（管理者）与雇工（教师）分开的传统。相比之下，高等教育管理传统中视教师为共享决策环境中的"合作伙伴"，允许并鼓励教师参与到学校事务的管理之中。面对这种冲突，社区学院管理委员采取的回应较为多样化，有的是肯定并积极采纳，而有的则是简单地拒绝来自共享管理系统中不受欢迎的建议并保留自身的决定。率先采取行动的是加利福尼亚州，其通过改革规定：地方委员会和地方学术参议院必须就管理学院的政策达成一致。这种共享治理系统既有积极的一面，也有消极的一面。如果董事会关注的是消极的方面，比如过程的乏味、冗长和困难，决策缺乏可识别的责任以及角色的混淆等现象，那么董事会就会抵制或颠覆这一治理理念；如果他们欣赏积极的方面，如赋予参与者权力、发展学校关系，以及作为激励力量实现政策的共享等，那么他们可能会积极引导学校向共享治理系统移动。③

---

① L. Stevens, W. Piland. "Reform in Community College Governance: The California Story", *Community/junior College Quarterly of Research and Practice*, 1988（3），273-274.

② J. Chubb, T. Moe. *Politics, Markets, and America's Schools*. Washington D.C.: Brookings Institute, 1990: 91-94.

③ P. Wirth. *Shared Governance: Promises and Perils*. Marysville: Yuba Community College District, 1991: 27-29.

第三节　社区学院内部治理的社会影响因素

关于社区学院内部治理的外部影响因素方面，除了政府组织这一天然的影响因素之外，还受到许多非政府组织的影响。之所以会这样，是因为美国政治环境中公民对政府怀有极大的不信任态度。早在《独立宣言》发布时，美国便有"人人生而平等"的基本主张，而政府被认为是"必要之恶"——"既是国家运行所必不可少的组织，又具有天然的恶性，威胁公民的生命权、自由权等"[1]。正如美国第40任总统罗纳德·威尔逊·里根（Ronald Wilson Reagan）所言，"政府不是解决问题的办法，政府本身才是问题"[2]。自此，"有限政府，无限公民"的理念深入人心，政府被认为是公民所委托的主体，其将更多的权力下放于公民。社区学院的发展历程也表现出了这一特征：政府组织并非推动其发展的唯一力量，甚至在某些时期还存在缺位或阻碍的状况，而社会环境中的非政府组织在一定程度上弥补了这一缺憾，成为影响社区学院内部治理的另一重要因素。

美国的社会团体组织数量较多、力量强大，作为政府管理的有力补充，具有一定的群众组织基础，是不可或缺的外部力量。根据服务性质的不同，这些社会团体组织可以被分为三类：①社区学院发展协会，是指以社区学院整体发展为服务目标，提供具体的内部治理政策的协会，如规模最大的美国社区学院协会，其会员已经超过1200所社区学院，通过定期举办会议与发布报告间接地参与到其会员学校的内部治理之中。②社区学院认证机构，是指以社区学

---

[1] 李其荣：《美国文化解读：美国文化的多样性》，济南出版社2005年版，第11页。

[2] 杨九斌：《二战后美国联邦政府对研究型大学科研资助政策研究》（博士学位论文），华东师范大学2014年，第147页。

第二章 系统的环境：美国社区学院内部治理的外部影响

院教育质量评估为服务目标，基于公民"信任"建立的第三方认证机构，如美国社区学院认证协会中规模最大、影响力最大的6个认证协会，分别是负责中部地区社区学院的中部地区院校协会（Middle States Association of Colleges and Schools，MSACS）、负责西部地区的西部地区院校协会（Western Association of Schools and Colleges，WASC）、负责南部地区的南部地区院校协会（Southern Association of Colleges and Schools，SACS）、负责西北部地区的西北部地区院校协会（Northwest Commission on Colleges and Universities，NWCCU）、负责新英格兰地区的新英格兰地区院校协会（New England Association of Schools and Colleges，NEASC）以及负责中北部地区的中北部地区院校协会（North Central Association of Colleges and Schools，NCACS）。① ③社区学院基金会组织，是指由校内人士、校友以及校外人士等非特定人群所组成，为社区学院的发展提供经费支持的组织，如卡耐基基金会、凯洛格基金会以及比尔·盖茨基金会等。② 除此之外，还有其他多种协会：以社区学院特定内部主体为服务对象，保障其权力与利益合理实现的协会，如加利福尼亚州社区学院联盟（Community College League of California，CCLC），专门为该州各所公立社区学院的董事会开展指导；以协会本身为服务对象，专门协调协会与社区学院之间、协会与协会之间关系的协会，如高等教育认证委员会（Council for Higher Education Accreditation，CHEA），管理全国所有为高等教育服务的认证协会等。

尽管类型多样、种类不一，这些社会团体组织还是表现出了一定的趋同性：①在性质方面，独立于政府组织、独立于宗教信仰、独立于高等学校、独立于社会偏见。②在组织方面，定位明确、职

---

① HLC. "About the Higher Learning Commission", accessed January 6, 2021, https://www.hlcommission.org/About-HLC/about-hlc.html.

② S. R. Akin. "Institutional Advancement and Community Colleges: A Review of the Literature", *International Journal of Educational Advancement*, 2005 (6): 65–75.

能清晰、服务性强、工作效率高、规范程度高。③在成员方面,自愿加入、公开招聘、公平竞争、流动性强。鉴于上述分析中美国非政府性质的社会团体队伍庞大复杂,而本书篇幅有限,故下文分别选取上述影响力较大的三类社会团体组织分别加以详细介绍。

一、社区学院发展协会对其内部治理的影响

对于社区学院系统而言,职能目标是系统得以实现的基本前提,决定了组织内部相互联系与制约的各个部分,按照特定的结构关系形成整体去适应外部环境。根据本书第一章所述,社区学院在100余年的发展历程中,其职能定位经历了预科教育职能、转学职能、职业教育职能、社区教育职能以及当前的综合教育职能的演变。无论哪一种职能定位,社区学院的职能目标都是指向于发展的,尤其是指向在美国教育体系中取得独立且重要的地位。然而,政府一般却并不基于这方面进行考虑,而是更多地从经济发展、社会安定以及民主负责的政治形象着手。因此,在两种不同的目标指导下,政府与社区学院的关系较为微妙,时而缺席、时而促进、时而阻挠。即便是促进的情况,也多是将政策指向于学生福利而非社区学院本身,如"二战"后的《退伍军人权利法案》、1965年《高等教育法》规定的"佩尔助学金"项目、克林顿执政时期的"希望奖学金课税抵免"项目等。

为此,以促进社区学院事业发展为根本目标的民间协会相继自发成立,从而弥补社区学院外界环境中政府所带来的不稳定因素。其中,美国社区学院协会建立时间较长,其前身是1920年成立的

第二章 系统的环境：美国社区学院内部治理的外部影响

美国初级学院协会，属于美国高等教育"六大协会"（Group of the Six）[①]，具有一定的社会影响力。基于此，下文将选取美国社区学院协会作为分析对象，以探索社区学院发展协会对于社区学院内部治理的影响。

（一）美国社区学院协会对社区学院的治理历程

1901年乔利埃特初级学院创立之后，社区学院的数量与规模一直处于缓慢发展之中。"一战"前后，联邦政府为了巩固资本主义列强的国际地位，为各个行业的发展供给充足劳动力，以及为了贯彻教育民主理念、缓解社会矛盾，而愈加重视各州刚刚萌芽的初级学院。为此，1917年，联邦政府颁布了《史密斯-休斯法案》，支持各州发展中等职业教育，但并没有起到显著效果。为此，美国联邦政府教育办公室于1920年主持召开了第一次初级学院全国会议，邀请了来自13个州22所初级学院的34位代表（由校长、教授等专家学者构成），在密苏里州的圣路易斯共同详细讨论了初级学院的经费使用、专业设置、教学标准与课程内容等方面的规定，并且形成了《初级学院指南》一书作为各个初级学院的发展依据[②]。在该会议上，美国初级学院协会成立，以指导全美几乎所有初级学院，为初级学院奠定了职业教育的职能目标。为了突出服务社区的职能，其又先后于1972年与1992年更名为"美国社区与初级学院协会"（American Association of Community and Junior Colle-

---

[①] 美国高等教育"六大协会"均以高等教育机构为会员，包括美国公立及赠地大学协会（Association of Public and Land-Grant Univeristies，APLU）、美国教育委员会、全美独立学院及大学协会（National Association of Independent Colleges and Universities，NAICU）、美国社区学院协会、美国州立学院与大学协会（American Association of State Colleges and Universities，AASCU）、美国大学协会（Association of American Universities，AAU）。

[②] S. Brint, J. Karabel. *The Diverted Dream Community Colleges and the Promise of Educational Opportunity in America*, 1900—1985. Oxford: Oxford University Press, Incorportion, 1989: 41.

ges，AACJC）和"美国社区学院协会"。①

社区学院协会是非营利性、民间的社会组织，其不仅在协会章程中明确表明了其慈善型教育类组织的性质，而且从其创立之初的代表人物那里也不难发现专家学者所扮演的重要作用，如表2-5所示。除了乔治·F.祖克是杜鲁门总统高等教育委员会主席之外，其余皆是具有教育学背景的高校工作人员。这些人物在推动初级学院协会的创立与发展方面起到了关键作用，能够结合自身的工作经验与研究发现，体现出"务实"的特征。此外，该协会在发展历程中也受到了社会各界的大力支持，如凯洛格基金会②、杜鲁门总统高等教育委员会③等。目前，美国社区学院协会成了全美社区学院教育政策研究的中心，拥有几乎所有美国公立社区学院（约1200余所）作为会员，服务于1000余万名注册的学生。④

表2-5 初级学院协会创立时期的代表人物

姓名	工作背景
乔治·F.祖克	杜鲁门总统高等教育委员会主席、高等教育研究专家
詹姆斯·麦迪逊·伍德	密苏里初级学院校长
伦纳德·V.库斯	明尼苏达大学和芝加哥大学的教育学教授
沃尔特·C.伊尔斯（Walter C. Eells）	斯坦福大学的教育学教授

---

① AACC. "Building a Nation of Learners by Advancing America's Community Colleges", accessed January 5, 2021, https://www.aacc.nche.edu/about-us/mission-statement/.

② 凯洛格基金会，私人性质，由美国工业家凯洛格于1930年在密歇根州创立，旨在促进人类健康福祉与社会发展，侧重于医疗、教育、公共卫生等领域。

③ 杜鲁门总统高等教育委员会，私人性质，由杜鲁门总统于"二战"之后建立，是邀请教育家与其他各界人士共同商讨并调查高等教育状况的机构。

④ AACC. "*Membership in AACC*", accessed January 5, 2021, https://www.aacc.nche.edu/about-us/membership/.

第二章　系统的环境：美国社区学院内部治理的外部影响

续表2-5

姓名	工作背景
多克·S. 坎贝尔（Doak S. Campbell）	乔治·皮博迪学院教育学教授、田纳西初级学院校长

资料来源：整理自 S. Brint, J. Karabel. *The Diverted Dream Community Colleges and the Promise of Educational Opportunity in America*, 1900-1985. Oxford: Oxford University Press, Inc., 1989: 34。

（二）美国社区学院协会对社区学院的治理途径

1. 美国社区学院协会的学术出版物

社区学院在发展的早期，因经费十分有限且不稳定，难以支撑其开展调研活动，所以其常常借助协会中关键人物的出版物来指导社区学院的运行。其中，上文提及的明尼苏达大学和芝加哥大学的教育学教授——伦纳德·V. 库斯便是形成学术出版物的主要力量。库斯自1921年起便开始进行"社区学院职业化"的启蒙研究，其主张当时的初级学院将定位从中学后所延伸的"转学教育"过渡到独立自主的"职业教育"，并且出版了大量书籍［如《初级学院运行》（*The Junior College Movement*）、《联邦基金的调查》（*Commonwealth Fund Investigation*）等］。[①] 这些著作影响了很多学校与领导者，如初级学院协会在1946—1958年期间的执行长杰西·鲍格（Jesse Bogue）、"二战"后社区学院运动的领导人利兰·梅兹克（Leland Medsker）、马萨诸塞州1956年新任州长的教育助手约翰·马兰（John Mallan）等。得益于库斯及其追随者的努力，社区学院职业化运动逐渐被推广，这标志着社区学院获得了教育领域中的独立地位。相关数据统计显示，开设职业教育课程的社区学院数

[①] S. Brint, J. Karabel. *The Diverted Dream Community Colleges and the Promise of Educational Opportunity in America*, 1900-1985. Oxford: Oxford University Press, Incorporation, 1989: 67.

量从9所（1917年）发展至23所（1921年）、129所（1930年）、195所（1937年），约占所有公立社区学院的1/3。①

2. 美国社区学院协会的研究项目

自20世纪70年代以来，社区学院数量与规模已经趋于稳定，成了美国高等教育领域的重要组成部分，其所面临着的不再是生存危机而是发展瓶颈。为此，在经费逐渐充足的情况下，社区学院协会近乎每隔10年便会开展一些研究项目，作为引领社区学院会员发展的基础。这些项目有：①70年代的"焦点项目"（Focus Project），响应《民权法案》中关于接受高等教育的平等权利的观点，呼吁社区学院敞开大门欢迎各种种族、性别与肤色的美国公民，成为"人民的学院""开放的大门""民主的学院"。② ② 80年代的"先锋学院项目"（The Beacon College Project），强调提高社区学院教育教学水平与人才培养质量，着重培养一批适应以电子计算机为核心的信息服务产业所需的人才，促进所在地区的经济发展与社会发展。③ ③ 90年代的"知识网络：连接社区、学习者与社区学院"（The Knowledge Net: Connecting Communities, Learners, and Colleges）项目，倡导社区学院加强与社区之间的联系，既注重为当地企业输送技能人才而设置的专业教育，也关注为工作后表现较差的成人所开设的补偿教育，还主动开放校内图书馆、资料室、体育馆等设施，从而为广大社区居民开展丰富多彩的文娱活动，使社区学院成为当地生活的中心。④ ④ 21世纪初的"引领向前"（Leading Forward）项目，在金融危机的背景下，呼吁社区学院重视教育水平、强化学历文凭的重要性，将职业教育与普通教育进一步融合，

---

① 参见毛澹然《美国社区学院》，高等教育出版社1989年版，第45～49页。
② E. J. Gleazer. "AAJC Approach: Project Focus Report", *Junior College Journal*, 1971: 17.
③ J. P. Rainey. "The Beacon College Project in Community Colleges Oriented to Industry Chain", *Junior College Journal*, 1983: 5-6.
④ F. J. Charles. "The Knowledge Net: Connecting Communities, Learners, and Colleges", *Junior College Journal*, 1992: 26-27.

第二章 系统的环境：美国社区学院内部治理的外部影响

并且形成终身教育与可持续发展的理念。① 这些研究项目着眼于社区学院的未来发展，邀请了不同背景的参与者形成研究团队，如"引领向前"项目有35%的成员是社区学院管理者、24%的成员来自高校研究队伍、16%的成员来自基金会组织、11%来自其他协会组织、7%来自企业高层等②，开展了具有实用性与实效性的实践研究。

3．美国社区学院协会的交流活动

相比于社区学院协会建设初期经费的"捉襟见肘"，自20世纪以来，其经费较为充足，主要来自基金会的赞助、企业的捐赠、政府的拨款、会员的会费、决策咨询的报酬以及教育产品的收入等。其中，基金会赞助的占比最多，如大西洋慈善总会、比尔和梅琳达·盖茨基金会、可口可乐学者基金会、福特基金会等③。在此基础上，社区学院协会针对会员学校开展了一系列培训活动，影响最大的便是校长学院，其通过暑期培训班、华盛顿培训班以及技术培训班3个项目专门提升校长的领导力。社区学院协会不仅为校长们开展讲座、提供咨询，最主要的是通过搭建这个平台来促进校长们之间的沟通，便于他们相互分享有价值的经验。④ 除了上文提及的培训项目可以促进校长之间的沟通与交流之外，社区学院协会还依托年会与《初级学院》杂志共同推动社区学院的发展。

---

① H. C. William. "Leading Forward：The Movement of 21st Century", *Junior College Journal*, 2001：10 – 12.

② H. C. William. "Leading Forward：The Movement of 21st Century", *Junior College Journal*, 2001：12.

③ AACC. "Foundation Sponsorship to Reclaiming the American Dream", accessed January 5, 2021, http://aacc.nche.edu/foundationsponsorship/Initiative.

④ G. R. Boggs. *Presidents Academy：An Evolution of Leadership Development in Community College*. New York：St. Martin's Press, 2002：22 – 24.

二、社区学院认证机构对其内部治理的影响

除了上述致力于社区学院发展建设的协会之外,基于公民"信任"的第三方认证机构也在一定程度上制约着社区学院的内部治理。所谓"认证",类似于我们常用的"评估",即高等教育质量管理活动。有所不同的是,美国并不具有统筹高等教育的国家管理部门,而是交由各州负责,表现出了一定的市场性、自治性与多元性。为了保障高等教育的质量,美国自20世纪起便建立了由第三方实施的认证制度,这些第三方认证机构负责学生准入、教师资质、教学经费、课程内容以及图书馆等的标准的设定与评价工作。

目前,美国社区学院认证机构分为以下三种。

(1) 区域性认证机构。这是指对各自地区所包含的公立社区学院进行整体认证,尤其是对能否授予学位进行资格审查的机构。这类机构共有6个,分别是中部地区院校协会、西部地区院校协会、南部地区院校协会、西北部地区院校协会、新英格兰地区院校协会以及中北部地区院校协会。[①]

(2) 各个社区学院学区设置的学区认证机构。相比于上一类,这类认证机构的重心不在于问责而在于发展,其通过四种方式服务当地社区学院:①类似于K-12教育,测量教育投入、过程与产出的价值变化;②分析教师、物资与土地等资源的使用效率;③注重州政府的资金投入与人才培养质量;④关注企业的资金、设备投入与毕业生就业状况。

(3) 专业性认证机构。其认证的对象不是院校整体而是院校内部的专业,表明该学校的这一专业在教学质量方面是受到认可的。这类机构多指向于四年制大学,较少指向于社区学院,常见的

---

① A. M. Cohen, F. B. Brawer, C. B. Kisker. *The American Community College*. San Francisco: Jossey-Bass, 2014: 136.

第二章 系统的环境：美国社区学院内部治理的外部影响

有：高等院校商科推进协会（Association to Advance Collegiate Schools of Business，AACSB）、工程与技术认证协会（Accreditation Board for Engineering and Technology，ABET）、美国法律协会（American Bar Association，ABA）、全美幼儿教育协会（National Association for the Education of Young Children，NAEYC）、全美建筑认证协会（National Architectural Accrediting Board，NAAB）等。

在这三类机构中，对社区学院内部治理影响最大的是区域性认证机构，其具有如下四方面的作用：①作为是否有资格继续办校，以及院校改革与发展的依据；②决定了是否能够获得以及在多大程度上获得联邦政府的经费援助；③作为那些支持学校发展的企业、基金会等社会组织决定如何进行资助与合作的依据；④作为高中毕业生选择学校的报名指南。为此，社区学院都在努力地提高自身的认证水平，在重视程度上远远超过各种院校排名。这类机构中的六大区域性的认证机构都属于非政府性质，其成员多是来自各所社区学院的高级管理人员并由选举产生，在管理、人事与财务等方面具有一定的自主性。

以上述六大区域性认证机构为例，社区学院常见的认证程序有五个步骤：社区学院申请认证资格、社区学院自我评估、认证协会实际考察、认证协会分析并发布认证报告、认证协会再次评估。在资格申请环节，协会会将认证标准提前公开，而社区学院可以此为依据认识并改善自身的状况。六大认证机构的认证标准较为相似，都趋向于：办学目标与使命、学生学习质量、教学治理与水平、组织效率、资源条件等方面。相比之下，负责中北部地区的中北部地区院校协会更加强调学校诚信状况、负责西部地区的西部地区院校协会侧重于治理共享程度等。申请认证的社区学院需要在接下来连续5年的时间里接受公众的监督，若没有异议、举报，便可以提出正式申请并递交自我评估的各项材料。与此同时，认证协会会利用4天左右的时间到学校进行实地考察，会翻阅档案信息、参加学校会议、访谈学生教师等相关工作人员，最终形成认证报告。之后，社区学院根据报告中提及的不足之处，遵循认证标准进行整改，并且向认证协会再次提交整改报告,从而进入再次评估环节,直至评估合格。①

上述认证过程体现出了如下原则:其一,自愿参与,为了维护高校的多元化与灵活性办学模式,政府与认证机构并不明确要求学校接受认证,完全由学校根据自身发展规划自愿参与;其二,公开透明,从认证标准到实地考察等所有的环节都坚持向公众开放,允许并鼓励公民见证、参与以及监督认证过程;其三,民主公正,为了确保评估过程的公平与准确,除了制定大家都普遍认可的评估标准之外,还注重在评估主体方面确保人员组成的科学性(如负责西部地区社区学院的西部地区院校协会要求,在19名认证小组成员中,要保证有不少于5人是社区学院教师、3人是社区学院行政管理人员、2人是认证协会的工作人员、5人是社会各界相关人士);其四,内外部评价相结合,既有学校的自我评价,又有来自不同社区学院相关工作者组成的外部认证小组。

三、社区学院基金会对社区学院内部治理的影响

美国虽然追求"个人主义",但素来有慈善的传统:"美国文化与宗教鼓励捐赠、谴责贪婪,是百万富翁创办慈善基金会的内驱力"②"个人发财致富后捐赠一部分财产用于公益事业"③"精英们把基金会制度作为实现自己理想的载体"④。基金会是非政府、非

---

① 参见王建成《美国高等教育认证制度研究》,教育科学出版社2007年版,第102页。

② 李韬:《慈善基金会缘何兴盛于美国》,载《美国研究》2005年第3期,第132～146页。

③ 资中筠:《一种值得推崇的散财之道》,载《博览群书》2003年第4期,第30～34页。

④ 谢秋葵:《基金会:美国高等教育发展的重要推动力》,载《高等教育研究》2005年第3期,第92～97页。

第二章 系统的环境：美国社区学院内部治理的外部影响

营利性组织，旨在促进社会进步和人民幸福，常指向于教育、医疗等慈善公益性事业。历史上，基金会对高等教育的内部治理一直发挥着重要作用，而社区学院也不例外，分为依托于学校创办的校内基金会与依托于校外企业或名人创办的校外基金会。相比之下，社区学院所受到的基金会的青睐程度不如四年制大学：其一，从成立时间早晚来看，1893年堪萨斯大学成立了第一所四年制大学校内基金会，而1922年长滩城市学院才成立了第一所社区学院校内基金会，晚了30年左右；① 其二，从基金规模而言，社区学院所接受的基金会赞助一直低于四年制大学所接受的基金会赞助，这一差距虽然在20世纪60年代社区学院发展的黄金时期有所缩小，却依然保持在7∶11.7的比例。② 尽管如此，在基金会创办日益繁荣的社会大环境下，在社区学院日趋成为美国高等教育领域中生源最多的组织的情况下，以及在社会公众对社区学院价值理念不断做出肯定的背景下，基金会对社区学院的影响力也不容小觑。

据统计，从上文所述的1922年第一所社区学院校内基金会的创立到1997年已经有近88%的社区学院成立了校内基金会。不仅如此，校外基金会对社区学院的投资力度也在增大，如前文所提到的大西洋慈善总会、比尔和梅琳达·盖茨基金会、可口可乐学者基金会、福特基金会等，以及20世纪末以来的美国钢铁基金会、教育促进基金会、希尔斯·罗巴克基金会、奥尔弗德·索罗恩基金会等③。

这些基金会中对社区学院影响力最大、持续时间最久的便属凯洛格基金会。该基金会创办于1930年，核心理念是儿童幸福成长、家庭收入稳定、社区和谐平等，其在教育方面较为关注职业教育、

---

① T. L. Jones. *The Community College Foundation Forest: Turning Real Property into Real Revenue*. Starkville: Mississippi State University, 2017: 20.

② 参见蒙有华《民间慈善基金会组织对美国高等教育的影响》，载《教育学报》2007年第6期，第85～94页。

③ T. L. Jones. *The Community College Foundation Forest: Turning Real Property into Real Revenue*. Starkville: Mississippi State University, 2017: 22.

社区教育以及成人阶段的终身教育。① 与其他基金会的显著区别在于，在社区学院刚刚起步甚至发展的瓶颈时期，凯洛格基金会便坚持对其进行资助，而很多基金会都是在社区学院逐渐发展成熟后才加以资助的。1956年，社区学院协会向福特基金会申请14万美元用于促进社区学院内部的治理发展，并对管理人员进行专业能力培训。在遭到福特基金会拒绝之后，凯洛格基金会不仅支付了这笔费用，而且投入了160万美元在10所四年制大学成立社区学院领导力培训中心，开展了社区学院领导力项目（Junior College Leadership Program，JCLP）。

正是得益于凯洛格基金会所搭建的平台，社区学院加强了与当时实力较强的研究型大学之间的联系，如斯坦福大学、哥伦比亚大学、加利福尼亚大学洛杉矶分校、加利福尼亚大学伯克利分校、密歇根大学、密歇根州立大学、佛罗里达大学、佛罗里达州立大学、得克萨斯大学以及维恩州立大学。这些学校不仅在这个历史阶段为社区学院提供了优质的管理人员培训项目，而且促使更多学者愈加重视社区学院的相关研究，这在一定程度上推动了社区学院的发展及其社会地位的上升。这个项目持续了15年，共为约400所社区学院的485人进行了培训，先后合计资助了438.9413万美元。除了这个项目之外，凯洛格基金会还给予了社区学院发展几乎全方位的支持，仅1960—1988年期间，便资助了共6000余万美元，涉及学生费用、教学设施、教师发展、管理者培训等多个方面。正如有学者所言，凯洛格基金会是社区学院发展历程中独一无二的"火炬手"。②

---

① D. J. Duran. *Philanthropy and Public Policy: The W. K. Kellogg Foundation's Influence on Community Colleges from* 1960 *to* 1980. Austin: University of Texas, 1998: 65.

② D. J. Duran. *Philanthropy and Public Policy: The W. K. Kellogg Foundation's Influence on Community Colleges from* 1960 *to* 1980. Austin: University of Texas, 1998: 193.

第二章　系统的环境：美国社区学院内部治理的外部影响

小　结

　　社区学院内部治理系统并不是独立存在的，其受到了来自外部环境中多重因素的交互影响。系统论的外部适应性原则指出，系统将社会环境中存在相同元素与相互关系的子系统合并，虽然有别于其他子系统，但却脱离不了内外部环境的相互能量与信息的交换。对于社区学院内部治理而言，既需要借助各项职能工作培养出优秀的学生并输送到外部环境之中，亦需要汲取外部环境之中既有的信息、人力与物资。其中，后者为内部治理系统完成其功能提供了主要的条件，是研究其内部治理模式所不可忽略的外部影响因素。根据第二章内容的梳理，文化、政府以及社会三个维度是社区学院发展进程中较为重要的外部环境。从文化维度而言，主要的影响因素可以分为三类，分别是：其一，美国这一移民国家所具有的独特民族观念，如对民主、平等、自由人格的向往，注重实用、经验、行动的人生信条，勇于质疑、冒险、创新地建设新生活，以及包容、合作、高效的特点，等等；其二，现代教育管理思想，如科学管理思想、科层管理思想以及民主管理思想等；其三，"为社区发展而服务"的理念，如面向所有社区居民，为美好生活做准备、成为促进当地经济发展及其居民活动的中心、为本地有深造需求的学生开设大学基础课程等。从政府维度而言，联邦政府依托下设的行政机构、立法机构与司法机构，采取法案颁布、经费投入以及法院案例判决等方式对社区学院产生影响；州政府通过州教育委员会、州高等教育委员会、州协调委员会、州社区学院委员会以及州立大学董事会等机构对其产生影响；而关系最为密切的地方政府，则设立地方董事会并使其成为社区学院内部治理的最高权力与决策机构。从社会维度而言，主要的影响因素可以分为三类：其一，以美国社区学院协会为代表的发展协会，着眼于社区学院教育事业的整体发展，通过出版学术刊物、开展调研项目、举办交流会议等方式，参与到其会员学校的内部治理之中；其二，以六大认证机构为代表的第三方认证机构，着眼于社区学院教育质量评估，通过开展公开透明、科学严格的认证活动，影响办学资质、改革方向、联邦政府与社会基金会的资助水平，以及学生报考状况等；其三，以凯洛格基金会为代表的基金会组织，着眼于社区学院的公共福利属性，以经费资助项目的方式影响其内部治理过程。

第三章 系统的要素：美国社区学院内部治理的主体与部门

从系统论的"要素"元素而言，美国社区学院作为整体的系统，包含多个相互作用、相互制约的内部组成要素。这些基本要素对于社区学院内部治理系统的整体运行发挥了各自独特的作用，一方面承担着让内部治理的功能主体回答"谁来治理"的问题的任务，另一方面针对特定的治理事务回答"治理什么"的问题。故本章分为两部分展开。其中，第一节梳理了社区学院内部治理过程中有哪些主体，分别扮演着什么样的治理角色，借助何种途径参与其中以及参与治理的具体领域；第二节则聚焦于内部治理的各个职能部门，分析学校内部场域之中上述这些治理主体如何搭建密切、平等的网络关系，以及如何通过相互之间的有效合作形成治理过程的基本组成要素。

第一节 社区学院内部治理的多元主体

由于权力与利益的直接相关性，所谓高校内部治理的多元主体正是其利益相关者。根据米切尔关于大学治理主体的观点，有三类属性决定着其是否属于以及在多大程度上属于利益相关者，分别是：合法性、权力性以及紧急性。合法性从法律与道义的角度决定其与学校之间的关系，权力性从是否具有影响学校运行的地位、能力和手段方面加以判断，而紧急性则侧重于其需求是否能够引起学校的关注。① 社区学院的利益相关者，需要至少满足上述三种属性中的一种，满足的属性越多，与学校利益的相关程度便越高。据此，全部具备上述三种属性的主体被称为"确定性利益相关者"（definitive stakeholders），如行政管理人员、教师、教职员工与学生这类法律所规定的权力主体；具备上述后两种属性的主体被称为"预期性利益相关者"（prospective stakeholders），如政府、董事会、社区学院协会、基金会、校友与捐赠者这类为学校提供经费的权力主体；仅具备最后一种属性的主体被称为"潜在性利益相关者"（latent stakeholders），如向大学及其学生提供贷款的银行、学术活动的评审委员会、社会媒体、家长、社区公民等这类在特定条件下参与治理的权力主体。从严格意义上来说，这三类群体之中，仅有"确定性利益相关者"属于社区学院内部治理的主体，而另外两类利益相关者则属于内部治理的外部影响因素，这在上一章中已进行了阐述。故下文将分别从以校长为中心的行政管理人员、教师、教职员工以及学生的角度进行分析。

一、社区学院的校长

一般而言，第一类群体（行政管理人员）具有行政学、管理学、教育学等学科背景，表现出较好的公文社交能力，包括校长以及各个职能部门的管理人员。他们通常不具有教职，能够运用学校赋予的权力对学校教育教学活动之外的各项工作展开管理，从而减少资源的浪费、提高运行的效率，并且最终实现学校的目标与使命。

---

① A. Mitchell, D. Wood. "Toward a Theory of Stakeholder Identification and Salience: Defining the Principle of Who and What Really Counts", *Academy of Management Review*, 1997 (4): 853–886.

第三章　系统的要素：美国社区学院内部治理的主体与部门

（一）社区学院校长的内部治理参与角色

　　社区学院每年的花费可能处于 200 万美元到 5 亿美元之间，主要被用于餐厅的运营、校舍的建设、研究实验室的配备、教师薪酬的发放，甚至是多个校区的开发等事宜。这些决策需要依据统一的计划、有序的管理以及具有方向性的目标来处理，而不能直接交由以学科为导向的各个院系部门来处理，更不能完全依靠以教学为主要任务的教师群体来处理。因此，以校长为核心的行政部门便应运而生，用以评估教育工作的质量、满足教职员工的诉求、调解不同利益群体的冲突，以及推动教育目标的实现。其中，校长的任务不同于企业高管或政治官员，而应注重倾听、收集和评估信息，具有良好的咨询、说服和交流的能力，需要与不同的治理主体保持联系。比如，关于课程内容、教材用书、教学用具的问题，教师要协助校长的管理活动；关于学业修读、学位授予、学费缴纳等方面，学生便要参与其中；关于经费拨款、教学目标、社区服务等方面，地方政府便要与校长进行交流。在他们的支持下，校长整合已有的资源，将这些分散的活动有条不紊地组织起来，从而使学校教育活动顺利运行。与此同时，校长也需要作为主动者积极对其他人员施加影响：将其他利益相关者对教学与课程的看法反馈给教师，促进学生建立自己在学校生活中的身份认同感，唤起校友心中的母校形象并对此抱以忠诚，与下级管理人员共同分析目标、成本、风险与效率，向董事会汇报学校的状况与面临的困境以寻求相应的帮助，积极联合校外的研究型大学、企业部门与当地社区等力量共同实现社区学院的转学职能、就业职能与服务职能。

　　随着社区学院的发展，其校长的角色也在发生相应的变化，总体而言，趋向于三个方面：其一，在作为学校主要领导力方面，要规划学校的发展目标与办学理念、筹集学校发展所需的物资经费等；其二，在作为各个部门的管理者方面，要处理教职员工招聘与选拔的人事工作、学校内部不同利益群体冲突的调解工作、教师个人专业发展的协助工作等；其三，在作为校内外交流中介方面，要向董事长与州政府汇报学校发展状况、与社会公共部门交流、谈判校企合作的内容与签订合同。①

（二）社区学院校长的内部治理参与途径

校长由校内的教师、教职员工与学生等不同群体的代表推选而出，并且最终通过董事会的严格筛选而获得聘任。美国社区学院协会于2006年的调查数据显示，校长一般任期为7年，来自本校或相同类型其他学校的行政机构单位。②1984年的研究数据显示，来自24个州的社区学院校长的趋同特点表现为：年龄50—52岁、男性、白人、拥有本科或以上的学历、拥有10年以上的学校行政工作经验。专门从事社区学院研究的美国学者爱德华·J.瓦勒（Edward J. Valeau）2011年的调研结果、罗萨琳德·L.拉比（Rosalind L. Raby）2007年的数据统计、美国社区学院协会2013年的全国数据显示，上述这些特征随着历史的发展处于微小的变化之中："平均年龄逐步上升，2001年的数据是56岁、2007年是58岁、2013年是60岁；总体学历趋于提高，2001年97%具有本科学历、2007年学士与博士学位保持平衡、2013年77.2%具有博士学位；白色人种依然较多，有色人种崭露头角，2013年黑人校长占6%、西班牙裔校长占3%、亚裔校长为1%。"③ 由此可见，社区学院校长大多是接受过较高层次的高等教育训练的，具有扎实的学识基础，并且在长期的高校工作中积累了成功且丰富的管理经验，熟悉学校运行的各个环节。

一直以来，校长被认为是学校变革与创新的先驱者、愿景的规

---

① E. J. Valeau, R. L. Raby. "Building the Pipeline for Community College International Education Leadership", *International Education at Community Colleges*, 2001 (2): 15.

② AACC. "National Community College President Data, 2006", accessed January 9, 2021, https://www.aacc.nche.edu/2006/12/01/recent-national-community-college-president-award-completion-data/.

③ E. J. Valeau, R. L. Raby. "Building the Pipeline for Community College International Education Leadership", *International Education at Community Colleges*, 2003 (9): 30.

划者、文化的塑造者以及共识的缔造者等。之所以如此，在于董事会和公众希望校长发挥领导作用，有效地管理学校这一庞大的组织。然而，校长职能的履行程度还有赖于校长办公室所发挥的作用。一般而言，校长办公室包括：一个教学主任、一个学生主任、一个行政副总裁等。除了他们可以直接与校长进行交流之外，各分校校长、学院院长和职能办公室的高级官员也可以同校长进行面对面的交流。这一组织方案的设立初衷是让校长有权管理教学事务、学生事务、商业服务以及在多校区环境下的校园运营事务。大部分社区学院的组织都类似于上述模式，在教学、学生、商业事务和独立的校园单位方面，由高级管理人员承担领导和运作职责。除了负责实现校长与各个高级管理人员的工作交流以实现学校目标之外，校长办公室还需要承担独特的职责，即帮助校长与董事会成员定期开展董事会议程和公共事务议程。近年来，由于社区学院增加了校长在执行学校平权行动计划方面的责任，校长办公室经常扮演正式不满和非正式不满的最终仲裁者的角色。尤其随着美国社会平权行动的兴起和《美国残疾人法》的颁布，校长办公室成了一个被充分利用的"终审法院"。

（三）社区学院校长的内部治理参与领域

已有的研究对校长的权力职能也形成了一定的认识：其一，在学校事务方面，熟悉内部各项事务的运行、理解职能目标与组织文化、善于科学使用权力以形成教职员工的凝聚力；其二，在管理能力方面，具备善治的认识与理念、能有效地选拔优秀人才、合理配置各项资源、能够调解不同利益群体的冲突；其三，在个人素质方面，将自己作为学校的象征而严格要求自身的所言所行、注重自我反思并支持教师不断进行更新与发展、将自身定位为"教育的""专业的"以及"政治的"领导。[①] 这些素质并不是割裂的存在，

---

① A.M. Cohen, F.B. Brawer, C.B. Kisker. *The American Community College*. San Francisco: Jossey-Bass, 1994: 178.

而是相互贯通的,共同构成了社会公众对校长人格的期待。

1. 学校事务方面

"熟悉学校"要求校长不仅需要了解一所大学的组织结构、预算分配以及资金来源等,更意味着应熟悉学校创办演进的历史——知道它为什么在当地存在,以及如果它不存在会有什么影响。为此,一方面,校长可以去熟悉学生及其所修读的课程,以社会的视角来分析这个组织结构及其对社会的影响;另一方面,他应该去发现学校的潜力和局限性,从而了解学校所需的资源以及能够获得何种资源来实现学校的使命,从而为学校的未来发展规划提供基础。校长不仅要将工作的重心根植于学校已有的使命中,而且要放眼于学校之外的社会环境中,依据外界对人才的需求变化而不断调整学校系统的功能目标。因此,校长需要认识到学校内外部之间的复杂关系,不能满足于对学校现状的维持,要"将自己作为学校形象的象征",积极地与联邦、州、地方政府以及企业,甚至其他学校取得合作。[①]

"欣赏文化"是了解制度的一部分,是有关制度的共同价值观与信念的基础,包括历史、传统、仪式、规范、价值、与外部环境的相互作用,以及自我更新的原则(关于招聘和选拔人员)。学校创立和早期领导者的传说和故事,也属于机构文化的一部分,有助于培养历史和忠诚意识。良好的"组织文化"对于社区学院而言非常重要,其不仅能够作为无形的力量促进学校的内部治理,而且能够渗透在学校环境之中,影响人们的行为与价值观,进而成为学校文化的象征,吸引更多的学生选择就读于此。因此,不同成员在共同观念的驱使下,认可校长的宏观指导,相互之间关心与配合显得意义深刻。对于校长而言,要尊重每位教职员工的权利,并且为他们提供充足的发展机会,如休假、薪酬、充分备课的个人时间、教学资源等。

"使用权力"中的权力不仅具有政治内涵,而且还具有道德和

---

① C. C. Manz, H. P. Sims. *Super Leadership*. New York: Berkeley Books, 1898: 13-14.

第三章 系统的要素：美国社区学院内部治理的主体与部门

社会内涵，这要求校长要理解权力的重要性和复杂性，明智而谨慎地加以使用：校长自己不能违法乱纪，不能通过滥用权力来惩罚和奖励教职员工，而应该用权力来促进系统的运行、完成学校的使命，并且遵循系统运行的优先秩序。①

2. 人事管理方面

"良好管理"是设置校长职位的最根本目的，关系到学校运行的各项工作能否有序、高效地展开。学校必须得到良好的管理，如果校长不能确保学校得到良好的管理，就会失去个人信誉。为了有效地促进"利于学校发展的合作"，校长一方面需要对外发挥良好的"沟通技巧"来充当政治与经济领域的说客，另一方面需要在内部"选拔优秀的人才"，利用自身的领导魅力形成"全校凝聚力"，鼓励各个职能部门齐心协力为学校的发展而共同努力。在这一过程中，如何确保学校处于良好的管理秩序中也显得十分重要。具体而言，这涉及激励员工，建立优先次序，在校园里创造积极的氛围，衡量教育质量，做好资源分配与财政管理。一般而言，对这些工作的管理需要不同的部门付诸实践，而校长作为重要的规划者与决策者，应及时反映社区的需求。②

"人员选拔"方面，校长会利用选举程序来塑造制度文化，如雇用少数民族和妇女会使学校对相关种族与性别问题更加敏感。这些被选中的人应该具备的特质包括工作能力、对学校使命的忠诚、能作为校长的有力助手将相应理念付诸实践。校长在挑选管理团队的成员时，不一定要倾向于选择观念与自己相似的人员，而更应该充分考虑到多种价值立场，从而基于已有的工作模式去寻求创新点的碰撞与突破。虽然这不可避免地会带来不同主体之间的冲突与辩论，但是却能够使学校的运行充满活力。校长应该认可冲突的合理

---

① C. C. Manz, H. P. Sims. *Super Leadership*. New York: Berkeley Books, 1898: 15.

② T. W. Fryer, J. C. Lovas. *Leadership in Governance: Creating Conditions for Successful Decision Making in the Community Oillege*. San Francisco: Jossey-Bass, 1991: 75-76.

性，并且利用这些冲突来推进学校使命的实现。①

"利用信息"要求校长能够选择、分析和利用各种类型和来源的信息，辨别哪些是可以信任的，哪些是不真实的。一方面，校长要将外部信息传递给学校内部成员，包括积极信息和消极信息；另一方面，校长要将学校的状况反馈给董事会、社区政府，乃至公众。最常见的便是地区人数统计数据：所在地区中人数与组成变化较大的社区学院，会根据这一状况调整招生规模、少数民族的比例等。与此同时，根据这些生源的规划，校长会向董事会申请更多的资金用于支持这些变化。②

"调解纠纷"是校长管理社区学院过程中难以避免的工作，包括学校与外部环境的纠纷，以及学校内部不同利益主体之间的纠纷。校长不能在思维过程或行动方面过于专业化，应该秉持客观、中立的态度，及时制衡争论维持制度平衡，将冲突转化为创造力。由于大部分的争论很难有孰对孰错之分，校长应帮助各方理解和欣赏他人的观点，而不破坏任何一方的信心。与此同时，保持学校整体福利是避免纠纷的重要基础，这能够促使不同部门的教职员工聚集在一起，为共同的利益服务，对学校形成归属感与忠诚的精神。③

3. 校园文化方面

"学校的象征"方面，要求校长意识到自己的职务不仅仅是一份职业，更是学校风貌的象征：在他对校内教职员工说话时，他是权威的声音；当他与政治家、其他校长、商界领袖和公众人士交往时，他是学校利益的维护者；当他公开发表文章或出版书籍时，更

---

① T. W. Fryer, J. C. Lovas. *Leadership in Governance: Creating Conditions for Successful Decision Making in the Community Oillege.* San Francisco: Jossey-Bass, 1991: 79 – 80.

② T. W. Fryer, J. C. Lovas. *Leadership in Governance: Creating Conditions for Successful Decision Making in the Community Oillege.* San Francisco: Jossey-Bass, 1991: 81 – 82.

③ T. W. Fryer, J. C. Lovas. *Leadership in Governance: Creating Conditions for Successful Decision Making in the Community Oillege.* San Francisco: Jossey-Bass, 1991: 83.

多的社会人士会肯定学校的声誉。①

"自我更新的途径"方面，要求校长为学校所有成员提供更新的途径，将个人需求与学校系统的整体需求结合起来，寻找并提供更新的资源，如休假、培训、交流，以及组织经验丰富的前辈指导新入职人员等。这些支持能促进每位教职员工及时自我反思：换一种观点，从一个新的角度，预见工作的可能性和局限性。②

"教育领导"方面，要求校长不仅要负责学校的日常管理事务，而且要将自己看作教育领袖、以学者身份自居，注重对教育教学知识的不断学习。相比于社会其他组织机构，任何高等教育机构都是以知识传播与学术研究为重要目的的，而校长作为其中的领导，不能让自己以及其他教职员工的步伐停滞不前。

"专业领导"方面，要求校长主动地发现、分析与解决高等教育中的问题，而不是成为被动的旁观者。为此，校长需要考虑当地、州和全国的发展变化对高等教育所提出的新使命，并且结合学校自身的状况进行分析，最终形成管理决策。

"政治领导"方面，要求校长理解并遵循地方、州，乃至国家层面的政治决策，使社区学院的使命与国家的目标保持一致。如果国家提倡工业发展，那么校长要积极动员组织内部的各种力量培养工业人才，确保人才的发展不会受到任何社会组织、特殊利益集团等力量的阻碍。③

二、社区学院的教师

教师作为高等教育的提供者、组织者与指导者，是高校从事教

---

① J. M. Birns. *The Community College Presidency in Leadership*. New York：Harper Collins, 1979：31.

② J. M. Birns. *The Community College Presidency in Leadership*. New York：Harper Collins, 1979：32-35.

③ J. M. Birns. *The Community College Presidency in Leadership*. New York：Harper Collins, 1979：36-37.

育教学活动与科学研究活动的实践主体,在大学治理方面具有重要的参与权。"他们不仅是大学的雇员,也是大学的主人。"①本书中的第二类群体(教师)特指上述教师群体之中的专职教师,即具备联邦及地方教师资格证书及固定的任期,学历较高(拥有博士或硕士学位),从事转学课程、职业技术类课程等常规性学科教学的教师。

(一) 社区学院教师的内部治理参与角色

在分析社区学院教师参与内部治理的角色之前,我们需要甄别与理解其本身作为教师的角色状况。与四年制大学相比,社区学院的重要任务是教学。2003年的一项统计数据显示,研究型大学教师的教学时间占比为66%,综合型大学教师的教学时间占比为73%,而社区学院教师的教学时间占比则高达85%;平均每位专职教师每学期负责5门左右的课程,每周要承担不低于5个小时的学生答疑与个性化辅导工作、18节左右的课时任务。② 为了帮助学生具备现代社会生存的本领,社区学院常常开设200门左右实用的课程供学生修读。美国社区学院协会2018年的统计数据显示,教授人文、社科、理学等大学课程的教师占总教师群体的47%,教授计算机、医学、经济学等专业课程的教师占40%,教授幼儿护理、汽车维修、美术设计等职业课程的教师占8%,其余的有3%负责矫正问题儿童,2%负责心理咨询与图书管理。③ 由此可见,社区学院教师所覆盖的课程领域较为宽广,教学强度较大。此外,由于社区学院服务社区的办学特性,要求教师参与到一些服务性的工作中,并且规定了最低次数与奖惩机制。这些工作内容涉及为当

---

① [美]克拉克·克尔:《大学的功用》,陈学飞、陈恢钦、周京等译,江西教育出版社1993年版,第14页。

② G. B. Vaughan. "The Community College in America: A Short History", *American Association of Community and Junior Colleges*, 2006 (6): 7.

③ R. S. Freeland. "Adjunct Faculty in the Community College", *American Association of Community College*, AACC 96th Annual Conference Reflecting, 2019: 31–35.

第三章 系统的要素：美国社区学院内部治理的主体与部门

地社区居民开展关于日常技能的培训与讲座，举办丰富社区生活的话剧、音乐、艺术等文化活动，协助社区工作人员进行安全教育等健康服务，帮扶弱势群体解决社区问题，等等。随着20世纪末社区学院的教学转向"以学习为中心"的趋势，社区学院教师专业发展的诉求也在增加，尤其体现在科研领域。与普通大学不同的是，社区学院教师的科研并非挖掘新知而是强调其课堂研究者的角色，旨在研究如何教学方能进一步激发学生的兴趣、促进学生的理解、培养学生的思维能力。为了支持教师的教学科研，几乎所有的社区学院都提供了丰富的项目，如设置可供教师交流的工作坊、资助学历进修与短期培训项目、报销参加学术会议所产生的费用、邀请校外专家开展讲座、提供自我改进教学水平的学术假期、允许不同社区学院的教师互换等。[1]

综上，美国社区学院教师作为内部治理的主体，虽然学历层次不一、学科背景多样、全职兼职并重，但是都表现出了教学辅导任务重、服务社区意识强以及教学技能提升需求迫切的特征。"内部治理"的核心主体是行政人员与教师，其中，行政人员是基于合法性的逻辑，而教师是基于专业性的逻辑。教师这一核心治理主体地位的取得，经历了一个多世纪的变迁，才被高校以及社会认可。自大学创立以来，行政人员便被认为是合法的治理主体，而大学教师的功能被局限于学术知识领域。密歇根大学校长塔潘于1858年指出，教师应专心进行教学方法和课程教学的探索，而无须涉入其他方面。[2] 这种专业学术传统一直延续至"二战"之后现代大学的兴起，人们才逐渐重视与认可教师在大学治理中的地位，呼吁通过民主参与的方式建立责任分担的共同治理体系。

20世纪20年代后期，民主管理思想在美国教育领域里萌芽。

---

[1] J. P. Murray. "Faculty Development in a National Sample of Community Colleges", *Community College Review*, 1999 (2): 47-64.

[2] P. Tallen. "The Idea of the True University", in R. Hofstadter, W. Smith. *American: Higher Education: A Documentary History*. Chicago: University of Chicago Press, 1961: 519.

系统论下美国社区学院内部治理体系研究

杜威认为，倘若教师不亲自参与到学校管理的事务之中，便会理所当然地将自己置身于大学发展之外，从而缺乏责任心；乔治·罗伯特·库普曼（George Robert Koopman）等人主张民主地选举教师参与学校事务并建立相应的管理渠道；威尔伯·A. 约克（Wilbur A. Yauch）提出创建"教师会议"，以保证教师员工能够参与到学校重大决议的讨论之中。到了20世纪中期，随着教师专业地位的提升，教师工会组织和集体谈判运动在很多高校萌芽并得以推行，强调教师在教学、科研与社会服务领域之外所应享受的权利。在这些学者的努力下，美国于1947年通过了《劳动管理关系法》（The Labor Management Relations Act），赋予了教师在雇佣关系中的合法权利。为了进一步厘清大学教师与原有的合法性治理主体（行政人员）之间的关系，美国大学教授协会联合美国教育委员会以及大学与学院董事会协会于1966年，共同发表了《大学和学院治理宣言》，将双方关系描述为"相互理解""相互依赖""共同努力"的共同治理关系，[1] 第一次赋予教师参与治理的正式身份。不仅如此，"该文件还给予许多实践办法以充分保障教师的利益表达，如形成类似教师委员会、教师评议会和教授会等有效的参与机制，实行三方协商备忘录的存档机制，扩大董事会和行政管理委员会中教师代表的数量比重，建立常设联络委员会和特别联合委员会等沟通机制等"[2]。

相对于研究型大学而言，社区学院的教师职责在于教学而非科研；其师资队伍以兼职教师为主，专职教师数量尚不足一半。如此的教师队伍状况导致了社区学院中学术权威力量薄弱，很多教师在学界并不具备很高的声誉与地位，而只具有普通教育者的身份。因此，在面对学院行政力量的管理时，他们往往难以跨越自身的学术

---

[1] American Association of University Professors（AAUP）. Statementon Governance of Colleges and Universities. Policy Documents and Reports. Washington D. C.：American Association of University Professors，2001：13.

[2] 甘永涛：《美国大学教授协会：推动大学共同治理制度的重要力量》，载《大学教育科学》2008年第5期，第92～96页。

第三章　系统的要素：美国社区学院内部治理的主体与部门

身份而参与到学校的管理过程中，并且形成强大的抗拒力量来维护自身的权利。但是，近些年来，一些州的社区学院所采取的改革措施，反映了"民主管理"与"共同治理"的理念也在部分学校产生了一定程度的影响，而加利福尼亚州社区学院是最典型的。1972年，加利福尼亚州率先颁布了法规主题五——《加州社区学院治理》(California Community Colleges Governance)，明确指出本州范围内社区学院的教师与学生都应参与到学校的治理之中，并且进一步指出教师不仅有权自主安排教学活动、选择课程内容与教学方法，而且能够参与到与自身工作密切相关的人事事务中，如招聘、晋升、终身教职的授予、退休、教师解聘、工资待遇等。此后，佛罗里达州、内华达州、马里兰州、纽约州等也陆续效仿，践行了高等教育"共同治理"的理念，保障了教师参与学校事务的权利。

（二）社区学院教师的内部治理参与途径

1. 集体谈判

"集体谈判"可以追溯至英国工业革命时期，是西方国家公立或私人部门中用以协调雇主与雇员间的劳资关系、确定雇员劳动内容与条件、实现组织运行的公平与效率、解决劳资冲突与权益损害的重要手段与机制。西德尼·韦布（Sidney Webb，1859—1947）及其妻子最先提出了这一概念，并且指出"雇主所制定的雇佣劳动协议必须基于雇员的集体意志与抉择"，而不能仅仅由雇主单方面形成。随着工业化进程中雇佣双方矛盾的愈加尖锐，国际劳工组织（International Labour Organization，ILO）于1919年确定了劳工关系的三方原则，即"为了处理劳资纠纷，政府、雇主组织与工会组织进行相互协商治理"[①]。国际劳工组织于1944年在《费城宣言》中进一步地将"协商治理"更名为"集体谈判"，并于1949年在《组织权力和集体谈判公约》中阐明了集体谈判制度的实施原则与成效。在工会运动不断发展壮大的背景下，集体谈判制度被

---

① 艾琳：《集体谈判权研究》（博士学位论文），吉林大学2014年，第99～102页。

系统论下美国社区学院内部治理体系研究

西方国家广泛运用，针对工作时间、工作条件、工作范围以及薪资福利等进行雇佣双方的博弈，并且最终形成具有规范性质的协议。国际劳工组织将其外延进一步聚焦于三个领域，分别是雇员的工作条件及薪资福利、雇主与雇员间的利益博弈、雇主与工会组织的利益协调。[1]

从历史发展的角度而言，美国学者基维西·库马尔·辛格（Jiwitesh Kumar Singh，1978—）认为，集体谈判自20世纪初产生以来，呈现了三种理论逻辑，即市场逻辑、管理逻辑与治理逻辑。[2] 在早期，为了避免市场"这只看不见的手"所蕴藏的诸多风险，工会使用集体谈判为所销售的劳动力提供权利保障。随着谈判的普及，雇主通过与工会的协议实现对企业组织的管理，这种模式避免了雇员沦为被剥削阶级。随着工会地位的上升，集体谈判便趋于多元化管理主体的参与，并且借法律武器来维护各自的权利。治理逻辑下的集体谈判制度，超越了将劳动力视为商品的市场逻辑与将雇佣双方关系视为企业剥削的管理逻辑，强调公平、民主与程序正义的要求，体现了以人为本的价值理念。在这种理论逻辑下，集体谈判建立起了一套完整的谈判模式并被广泛运用于私人部门之外的政府组织、医院、学校等公共部门。

社区学院引入集体谈判主要起始于20世纪中叶，由于"二战"后社区学院的迅猛发展激发了很多利益相关者之间的矛盾，尤其体现在教师群体与行政人员之间。1963年的《职业教育法》从法律层面上要求维护社区学院内部所有教职员工的权利，并且借用企业工会的理念产生了社区学院的教师工会组织，并赋予了其进行集体谈判的权利。[3] 一时之间，教师工会与集体谈判成了维护教

---

[1] 参见艾琳《集体谈判权研究》（博士学位论文），吉林大学2014年，第103～106页。

[2] 参见杨旭辉《美国公立社区学院治理主体研究》（博士学位论文），上海师范大学2019年，第77～79页。

[3] J. Kooiman, *Governance and Governability: Using Complexity, Dynamaics and Diversity*. London: Sage Booker, 1993: 74.

第三章　系统的要素：美国社区学院内部治理的主体与部门

师权利、介入内部治理的有力武器。到 1997 年，美国大多数州以立法的形式确定了社区学院工会行使集体谈判的权利，"并详细规定了包括谈判主体、谈判范围、谈判程序及谈判结果四大元素"①。

在美国社区学院的管理中，州或地方政府除非有专门性的法律授权，通常并不具备谈判主体的资格，而是交由代表政府的第三方组织即校长及其所在的董事会来行使相应权利；相对于雇主而言，雇员一方是社区学院的教师工会，对其需要进行谈判主体的资格确认。依据美国法律对谈判资格的规定，要求参加谈判的教师须符合法律规定担任教育教学工作、须得到大多数教师的支持以及整个教师工会本身具有合法性。"整个谈判程序包括确定谈判主体、开展正式谈判（初步沟通、深入谈判和达成协议）、解决谈判僵局。"② 当双方因持有不同的利益诉求而难以达成协议以致造成僵局时，可以借助双方都较为信任且无利益关系的第三方组织（如美国仲裁委员会、联邦调解与调停委员会）来实现调解或实际调查、公裁。一旦集体谈判协议经由双方协商而形成，便会被立法机构批准，从而具备法律效力，可要求学院执行并接受各方监督。美国国家教育协会（National Education Association，NEA）中高等教育合同分析系统的数据显示，截至 1998 年，美国公立社区学院已有 114530 名全职教师与 1488 名兼职教师通过集体谈判的方式参与到了学院的内部治理中，其总数与公立综合型大学的比例为 1∶1.1。③ 由此可知，集体谈判不仅成了美国公立社区学院内部利益博弈的重要渠道，而且在一定程度上也增加了其治理过程的难度与复杂性。

2．学术评议会

集体谈判多出现在教师与学校利益存在冲突的时候，而一般情

---

① 艾琳：《集体谈判权研究》（博士学位论文），吉林大学 2014 年，第 109 页。
② ［美］罗纳德·克林格勒、［美］约翰·纳尔班迪：《公共部门人力资源管理：系统与战略》，孙柏瑛、潘娜、游祥斌译，中国人民大学出版社 2001 年版，第 528～529 页。
③ S. Kater, J. S. Levin. "Shared Governance in the Community College", accessed January 9, 2021, http://www4.ncsu.edu/~jslevin2/KATERJune041.

况下，他们通常借助学术评议会的方式参与到社区学院的内部治理中，从而成为能够制约以校长为中心的行政管理人员的重要力量。学术评议会的成员从教师群体中选举产生，任期为2年，通常要求具有较长教龄，熟悉学校各项事务，享有一定的威望，以及受到普遍认可。由于社区学院教师群体中，兼职教师流动性强、学科专业分类复杂、常常多处任职，故学术评议会的成员多是全职教师，并且通常来自不同的教学单位。学术评议会设有执行委员会，作为主导者处理日常事务中与教育教学相关的决策，作为协调者参与其他学校重要的决策，作为投票者决定校长等重要职能管理人员的任免。在日常教学事务方面，学术评议会每月至少举行一次会议，按照预先规定的会议章程共同讨论课程内容的设置、教学计划的编排、书本教具的购买等事宜，并且着力开发有利于践行教育公平理念与社区服务理念的课程与活动，协商全职教师与兼职教师之间的工作关系；在学校重大决策方面，学术评议会有资格参与到各项会议之中，监督以校长为中心的行政管理组织与董事会的日常工作是否逾越学校的使命与目标，维护全职教师对课程内容的设置、教学活动的开展以及其他学术事宜的合法权利；在任免投票方面，学术评议会不仅可以决定全职教师与兼职教师的任用、晋升、退休与罢免，而且可以在出现特殊状况时罢免校长等重要管理人员，以确保教师在参与学校内部治理方面符合州级法律的规定等。[①]

通过美国学者的相关实证研究可知，社区学院的学术评议会在各州法律与学校规章的应然层面都表现出了重要的地位，但是在具体操作的实然层面还是存在差异：有的学校设有学术评议会却服从于学校行政结构的管理，有的学校设有学术评议会及其常规会议却仅将讨论结果作为教师的信息反馈，有的学校学术评议会要求教师

---

① A. M. Cohen, F. B. Brawer, C. B. Kisker. *The American Community College*. San Francisco: Jossey-Bass, 1994: 183.

参与协商管理却难以抵抗高层管理人员的最终决策。① 总体而言，社区学院通常均设有学术评议会，并且支持其开设常规的学术活动、尊重其参与内部治理的合法地位，但是从整体上难以媲美综合型大学，难以形成强大力量制约学校的管理。

（三）社区学院教师的内部治理参与领域

为了探究社区学院教师参与治理的具体领域，加拿大学者约翰·S. 莱文（John S. Levin）对美国加利福尼亚州、夏威夷州、伊利诺伊州、俄勒冈州、华盛顿州等20个州的153所社区学院进行集体谈判协议的语料库进行分析，筛选出发生于1995—1997年间的273份集体谈判协议并对其进行编码。② 最终，该研究发现，几乎所有的社区学院教师都在不同程度上参与到了学校内部治理之中，但是所涉入的领域多是传统的教学事务，如决定课程内容、设置或取消学科、学位要求设定、评估教学工作、教师聘用、教师各级别与类别的薪资、休假、各学科教师相对规模、教师专业发展等。③ 很多社区学院都明确规定：在符合学校办学的职能与目标的前提下，教师可以自由地进行教学并发表言论，而不受政治理念与行政管理等因素的影响。不仅如此，有些社区学院还鼓励教师发挥自身的教学优势，承担学校学术事务的规划者与实施者的角色，如加利福尼亚州的福席尔-迪安萨社区学院，要求加强行政人员与教师之间的合作交流，加深教师参与学校内部治理的程度，建立教师薪资等级与职位晋升的双轨制度，即分别根据教师的教学工作质量与行政工作质量确定其福利待遇。这一举措大大提升了教师参与治

---

① J. Kooiman. *Governance and Governability: Using Complexity, Dynamics and Diversity*. London: Sage Booker, 1993: 81 – 82.

② J. S. Levin. "What's the Impediment? Structural and Legal Constraints to Shared Governance in the Community College", *The Canadian Journal of Higher Education*, 2000 (2): 87 – 122.

③ J. S. Levin, S. Kater. *Understanding Community Colleges*. Oxfordshire: Taylor & Francis, 2003: 48 – 56.

理的比例与程度，打破了教师从事课堂教学的单方面角色，从之前的自愿参与升级为积极参与，从教学活动的实施者拓展为教学活动的规划者。①

除了上述这些传统领域之外，有些社区学院还允许教师参与到原本由行政人员负责的非传统领域，如学校发展规划、校企合作、规划社区服务、管理人员聘用、裁员、校长及董事会等重要岗位的任用与罢免、处理学校运行障碍、经费预算、学时校历等方面。②大约76%的社区学院出台了教师参与上述领域的具体流程，尤其以经费预算的流程（42%）居多，如申请相关部门提供经费预算统计资料、参加关于经费使用的会议与答疑活动、组织学术评议会进行讨论与收集意见、向校长办公室与财务部门领导反馈信息与建议。佛罗里达州的迈阿密达德学院规定，学校的财务经费使用决策如果未能得到一半教师的通过则不予以实施，教师可以通过正规程序介入财务事务之中并给予有效建议，若管理部门未能采用则需要给予充分理由。

除了相关学者的实证研究可以梳理教师参与内部治理的具体领域，官方文件的规定也有助于对此进行进一步了解。集体谈判的双方分别是代表政府的校长及董事会、代表教职工利益的工会组织，二者之间的谈判内容应遵循美国《文官改革法案》中所规定的"要求谈判的条款、允许谈判的条款以及禁止谈判的条款"③。其中，"允许谈判的条款"涵盖四个方面，分别是：其一，教师生活福利方面，如薪资、保险、学术休假、病假、产假等；其二，教师工作管理方面，如校历、教师聘用、教职评审、裁员、调任程序

---

① J. S. Levin, S. Kater. *Understanding Community Colleges*. Oxfordshire：Taylor & Francis, 2003：48 – 56.

② J. S. Levin. *Globalizing the Community College：Strategies for Change in the twenty-first Century*. New York：Palgrave, 2001：162 – 187.

③ ［美］罗纳德·克林格勒、［美］约翰·纳尔班迪：《公共部门人力资源管理：系统与战略》，孙柏瑛、潘娜、游祥斌译，中国人民大学出版社2001年版，第528～529页。

等；其三，教学活动支持方面，如专业发展、教学时长、课程改革、教学设施、学生奖惩等；其四，学校发展规划方面，如经费预算、学校评估、行政管理人员的聘用、新职位的设置、校企合作等内部治理各个方面的事项。①

三、社区学院的教职员工

美国社区学院在师资方面的典型特征是聘用大量非终身轨教师，这样不仅可以减轻其财政支出压力，而且能保证课程内容的灵活多变与满足就业市场的不同需求。在社区学院发展的历史进程之中，总体而言，非终身轨教师的占比高于或持平于终身轨教师，尤其在初级学院时期，两者数量悬殊。1921年，美国学者沃尔特·C.伊尔斯调查发现，加利福尼亚州的8所初级学院之中，非终身轨教师占比高达90%以上。② 2019年的数据显示，美国社区学院共有约68万名教师，非终身轨教师约有44万名（占总数的64%），终身轨教师约有24万名（仅占36%）。这些非终身轨教师，分为全职教师与兼职教师，其中，前者超过3/4，约占教师总数的60%。③ 本书中的第三类群体（教职员工），指包含上述非终身轨教师在内，以及提供基本后勤工作的服务人员，如实验室技术人员、图书收纳员、保安、保洁等，而数量最多的便是上述的非终身轨全职教师（full-time non-tenure-track faculty，FTNT）。相比之下，教职员工的学历普遍较低，通常只具有学士或以下的学位；流动性较大，在双方所签订的合同内的固定时间开展工作；工作的单向度性较强，一般只从事特定内容与种类的专业工作；注重服务

---

① R. C. Richard. *Reforming College Governance. New Directions for Community Colleges*, No.10. New York：Praeger Publishers，1975：129-136.

② J. S. Levin, G. G. Shaker, R. Wagoner. *Post-neoliberalism：The Professional Identity of Faculty off the Tenure-track*. New York，NY：Routledge，2011：55-56.

③ R. S. Freeland. "Adjunct Faculty in the Community College"，*American Association of Community College*，AACC 96th Annual Conference Reflecting，2019：7.

性，能够及时根据学校的需求提供相应的服务，带有市场运行的性质。

（一）社区学院教职员工的内部治理参与角色

相关研究表明，以 FTNT 为核心的教职员工群体在社区学院内部治理中的参与程度相对较弱，参与领域也较为狭窄。加拿大学者约翰·S.莱文在其研究中借助访谈、观察与文本分析的方式，对来自 3 所社区学院的 18 位 FTNT 开展了身份认同的实证研究。最终发现，FTNT 虽然是学校承担课堂教学活动的主力军，但是没有获得稳定的聘用制度保护，常常是学校内部治理的边缘人物。[①] 这其中的原因在于：其一，尽管美国大学教授协会的联合声明中肯定了包括社区学院在内的高等教育系统，均应该重视多元主体参与共同治理的问题，但是微观的州层面并未出台任何专门规定 FTNT 工作权利的相关法律条文，现有的制度多倾向于终身轨教师，从而导致了 FTNT 参与内部治理的合法性不确定；其二，由于 FTNT 的学历程度较低，在教师职业的专业性程度方面通常难以媲美终身轨教师，导致了 FTNT 角色相互矛盾的双重性——一方面在课堂上与学生在一起时具有教师的专家身份，另一方面离开课堂与终身轨教师在一起时却降为教员的职业身份，故难以像终身轨教师那样以学术专业性而获得参与内部治理的正当权利；其三，FTNT 本身流动性较强，与学校的发展规划相比，其更关心的是课堂、学生与报酬，即如何通过组织好课堂内容帮助学生理解知识以达到既定的教学目标，从而根据聘用协议取得相应的报酬，故其在内部治理参与的主动性方面较弱。

无独有偶，霍夫斯特拉大学的一篇博士论文对纽约公立社区学院的治理过程进行了量化研究，得出了如下结果：一是教职员工更像是雇员，听从学校行政人员的安排，而不是学校的"主人"；同

---

① J. S. Levin, G. G. Shaker. "The Hybrid and Dualistic Identity of Full-Time Non-Tenure-Track Faculty", *American Behavioral Scientist*, 2011 (11): 61–62.

第三章　系统的要素：美国社区学院内部治理的主体与部门

时埋头于自身的工作中，很少关心学校各项事务的决策。二是涉及与自身工作相关的事务，如工作标准、工作条件、工资报酬、考核评估等内容时，教职员工习惯于向上级部门商讨自身的聘用合同，只有当合同条款与实际情况出现显著差异时，才借助教职员工委员会或集体谈判的方式提出异议。三是大多数行政人员与教师认为教职员工可以作为潜在型利益相关者根据自身工作实践为学校内部治理提出参考性建议，但是由于他们任职时间较短，对学校的历史与发展都不熟悉，故难以提出有效决策。四是学生对教职员工的喜爱程度较高，因为其不仅带来了优质服务（如课程、实验、书籍等），而且通过频繁地接触能够了解学生的真实需求。①

（二）社区学院教职员工的内部治理参与途径

尽管教职员工既不能像行政人员一样以内部治理合法性身份自居，也不能完全像终身轨教师一样以学术专业性身份自居，故一直未曾取得社区学院内部治理的绝对主体地位，但是随着20世纪60年代工会运动在社会从业部门的兴起，他们将自己视为社区学院"企业"里纯粹的雇员，借助教职工委员会协调劳资合作关系，使用集体谈判维护自身的劳动权利。这其中的原因在于：一方面，民权思想得到了传播，产生了启迪作用；另一方面，经济下滑促使学校对课程与人事进行了一系列调整，而这可能有损教职员工的既有权利，从而使教职员工向工会组织寻求帮助。

社区学校成立教职员工委员会的现象经历了以下三个历史发展阶段。其一，自20世纪60年代到70年代，在民众的呼吁下各州逐渐确定了公共部门集体谈判的授权性立法，从而促进了社区学院集体谈判的合法化。威斯康星州的密尔沃基区技术学院于1963年使用"集体谈判"模式，开创了社区学院的先例。据统计，1974

---

① D. M. Duncan. *Who Controls the Community College? An Analysis of the Placement and Appropriateness of Effective Authority in the Governance of State University of New York Community Colleges*. Nassau County: Hofstra University, 2006: 72.

系统论下美国社区学院内部治理体系研究

年全美具备谈判资格并在社区学院设立行使部门的工会组织有150个，如国家教育协会、美国教师联盟（American Federation of Teacher，AFT）等。其二，20世纪80年代，美国最高法院对叶史瓦大学行政人员豁免权的裁决，标志着私营学校教师与教职员工参与内部治理的模式受到了挑战。与此同时，时任总统罗纳德·威尔逊·里根对工会所采取的一系列政治行动，进一步削弱了高等教育系统中的工会力量。其三，20世纪90年代后期，为了能够在国际合作与竞争方面取得优势地位，政府研究人员进行了相关研究后发现，那些打开美国市场的外国企业所采用的参与式协作管理提升了产品的质量。[1] 据此，学校逐渐打破了已有的官僚体系，尝试鼓励更多的教职员工参与到决策规划的过程中，而不是在决策实施触犯了他们的利益之后由他们采取冲突与对抗的方式来解决。美国国家教育协会中高等教育合同分析系统的数据显示，截至1998年，美国社区学院已有114530名全职非终身轨教师与1488名兼职非终身轨教师通过集体谈判的方式参与到学校的内部治理中，占教职员工总数的47.5%，与公立四年制综合型大学相关人员的比例为1∶1.1。[2]

随着高等教育官僚化管理的程度加剧，以及学校中行政人员与非行政人员之间的鸿沟的增大，集体谈判愈加受到重视，成了社区学院内部治理的重要组成部分，"集体谈判是在存在的地方保留教师权利、在失去的地方重新获取权利、在未曾有过的地方夺取权利的工具"[3]。在实用主义哲学的影响下，教职工委员会作为第三方组织（既不受政府制约也不受学校管控）从公益性协会逐渐发展

---

[1] G. B. Arnold. *The Politics of Faculty Unionization*: *The Experience of Three New England Universities*. Westport, CT: Bergin & Garvey, 2000: 104 – 106.

[2] S. Kater, J. S. Levin. *Shared Governance in the Community College*: *The Rights, Roles and Responsibilities of Unionized Community College Faculty*. Tucson: The University of Arizona, 2003: 15.

[3] G. B. Williams, P. A. Zirkel. "Academic Penetration Into Faculty Collective Bargaining Contracts in Higher Education", *Research in Higher Education*, 1988 (1): 76 – 85.

为营利性组织，表现出市场化的"经济行为"。一旦教职员工对学校内部治理的安排存有异议，便可以借助工会组织为其提供的有偿代理诉讼参与到决策的制定之中。但是这种外部支持力量的参与并非常规化的管理方式，而仅仅发生在与内部群体利益存在冲突的事项中，以解决突发性与个别性的问题。正如上文所述，教职员工很少介入到日常管理之中，但是，随着全球化与新自由主义思想在社区学院的渗透，这一趋势开始有所变化。

加拿大学者约翰·S.莱文发现，"经济"与"生存"是学校运行的基本前提，而动员更多的非行政人员参与到决策的过程中，有助于提高生产率、节约人力与经济资本。与四年制大学不同，一方面，社区学院的职能定位并不能吸引如此众多的社会捐赠者与基金会的支持，故在财政经费方面较为紧张；另一方面，社区学院更加强调高等教育哲学的工具理性而非价值理性，即坚持通过政治论去探索对国家发展有影响的知识，从而解决企业、农业、劳动、卫生等社会生活各方面的复杂问题。[1] 在这种背景下，社区学院的内部治理更加强调经济与效率，"让更少的人做更多的事，让做这个事情的人决定他该怎么做"[2] 这一理念逐渐被许多学校所接受。因此，在人力分配与权力授予方面，社区学院趋于精简人员队伍、拓展职责范围，让更多的教职员工肩负与自身工作相关的管理事务，而不用听从于行政人员的规划与安排。

四、社区学院的学生

由于社区学院的多元职能和开放性门槛，故社区学院学生人口总数多且结构组成复杂，难以形成准确的统计学数据。上文提及的加拿大学者约翰·S.莱文认为，这些参加不同项目和课程的学生

---

[1] M. W. Apple. "Neo-Liberalism and Education", *Discourse: Studies in the Cultural Politics Education*, 1999 (20): 5.

[2] J. S. Levin. *Globalizing the Community College*. New York: Palgrave, 2001: 31-33.

系统论下美国社区学院内部治理体系研究

所具有的典型特征在于面临生计问题，需要借助社区学院克服个人生活方面的发展瓶颈。如接受转学教育的学生，希望通过修读转学学分升入四年制大学；接受职业教育的学生，希望通过专业知识与技能的学习获得进入某一职业的基本素质；接受继续教育的学生，希望通过非学位的短期技能培训提升业务能力；接受社区教育的学生，希望通过生活知识普及与专业人员帮扶提高生活质量。[1] 这些学生多是成年人、重新入学的学生、单亲父母、少数种族人士、兼职工作者、社会经济地位较低的学生、残疾人等。相对于"传统学生"而言，他们虽然学识不足、条件有限，但是大部分都具有明确的发展目标，做好了详细的教育规划。

（一）社区学院学生的内部治理参与角色

在社区学院产生之前，美国高校中学生参与内部治理的思想便已经萌芽，并在20世纪不断趋于发展。"达特茅斯案"不仅催化了公私立学校的分离、教会力量的削弱，而且由于学校治理结构的世俗化转变（无论何种身份背景，只要能够推动学校发展都可以加入学校队伍中），学生主体地位意识也得到了觉醒，自发形成了学生组织以抗议学校的行政管制。《莫雷尔法案》颁布之后，高等教育愈加注重实用性、应用性、服务性，而学生作为教育的消费者理应提出自身的要求与目标。以杜威为代表的民主思想进一步激发了学生的自治意识及参与管理的权利，他们要求学校允许学生群体对学校各项事务发表意见。"二战"后，随着美国社会问题的尖锐化与高等教育的大众化发展，"学生行动主义"开始兴起，即组织学生进行游行示威等活动以反对战争、反对种族性别等歧视、反对教育不公平等，并且随即由于遭到学校行政人员的管控与打压，而演变为反对学校官僚化管理机制的运动。到了70年代，学生通过

---

[1] J. S. Levin. "What's the Impediment? Structural and Legal Constraints to Shared Governance in the Community College", *The Canadian Journal of Higher Education*, 2000 (2): 87–122.

第三章 系统的要素：美国社区学院内部治理的主体与部门

不懈的抗争已经取得了一定程度的参与治理权，并于1967年获得了美国大学教授协会等协会共同发布的《学生自由与权利联合声明》(Joint Statement on Right and Freedoms of Students)。该文件明确规定，全美所有的大学与学院，都应保障学生的言论自由等权利，须承认并尊重学校通过选举代表的方式所选举的人员参与到学校各项事务之中。由此可见，美国高等教育领域的学生最终取得了与行政人员、教师、教职员工相类似的内部治理主体地位。[①]

然而，不同于这三类内部治理主体，学生在社区学院所发挥的作用较小，而这种状况相对于公立型四年制大学来说更为突出。其原因在于虽然联邦政府、各州关于"共同治理"的法律条款明确提供了学生参与校内治理的合法依据，但是在社区学院的具体实施方面却存在一定的难度：社区学院的学生在学时间较短，仅为两年，在对学校情况还未能熟悉并建立自我管理意识的时候便面临毕业；学生多是以半工半读的形式就学，除了上课时间之外，很少在学校停留，无暇参与学校事务的管理；社区学院以服务至上与学费低廉为特征，较少触及学生的直接利益如学费管理、学位授予等。

（二）社区学院学生的内部治理参与途径

虽然社区学院学生很少主动参与到内部治理之中，但是外部社会状况的变化促使其发挥了自身的作用。一方面，随着越南战争的结束，学生运动逐渐缓和并采取理智的方式反思自身的职业发展，也通过寻求与学校的合作而参与内部治理，以实现教育目标；另一方面，科学管理思想、人际管理思想以及人力资本理论等促使高校也反思了自身的管理，并且发现来自学生的反馈与建议对于形成高效率的决策具有一定的积极作用。为此，以法律的形式规定学生对学校事务具有知情权的《学生知情权法》于1991年被颁布，而上

---

① A. K. Wilson. "Student Participation in University and College Governance: The Role Conceptions and Sense of Efficacy of Student Representatives on Departmental Committees", Studies in Higher Education, 2009 (1): 61.

系统论下美国社区学院内部治理体系研究

文所提及的《学生自由与权利联合声明》被再度解析,将学生在学校所享有的权利明确为包括"学生事务、学生课堂活动、学校资源使用、学生自治组织建设以及言论自由"五个方面。① 1998年,大学与学院董事会协会发布相关治理宣言,阐述了社区学院以及四年制大学内部治理中的"利益相关者"概念,明确要求学校需要在治理实践中体现学生等群体的主体地位。

由于上述这些外部环境因素的影响,各州社区学院相继建立了学生参与的途径,通常采用三种方式,分别是"成立学生自治组织、学生代表参与校务部门与开设学生交流论坛"。② 第一种方式最为常用,包括全国性的学生组织、州级范围的学生组织与学校内部的学生组织。前者强调学生权利的维护与参与治理能力的培训等救济性目的,如美国学生联合会(United States Student Association);中者强调信息咨询与资源共享等服务性目的,如加利福尼亚州学生协会(The California Association);后者强调搜集学生的信息、处理学生的意见、与行政人员进行交流合作。一般而言,大多数社区学院都存在校级层面的学生协会(student senate/student association/student assembly)。尤其在多校区的大型社区学院内部通常设有较大的学生委员会,其成员从特定的学生团体(学院、宿舍、黑人学生、留学生等)中选举产生,以兼顾学生内部不同群体的利益诉求,促使他们更多地为个人行为负责。第二种方式在四年制大学中较为常见,而社区学院则较少使用,即在学生董事会、校务委员会等校级行政部门中,允许少数学生代表以合法的身份参与学校决策的运行。其中,学生参与的程度在不同学校不尽相同,有的只能作为列席代表具有知情权,有的则可以发表言论参与讨

---

① American Association of University Professors (AAUP), et al. "Joint Statement on Rights and Freedoms of Students", accessed February 5, 2021, https://www.aaup.org/report/joint-statement-rights-and-freedoms-students.

② A. K. Wilson. "Student Participation in University and College Governance: The Role Conceptions and Sense of Efficacy of Student Representatives on Departmental Committees", *Studies in Higher Education*, 2009 (1): 63–64.

论，有的甚至可以享有表决权进行投票。第三种方式是随着信息技术在教育领域里的普及而逐渐兴起的，指学校开设网络平台允许学生在一定规则范围内对学校事务进行交流，此举有助于建设校园文化。

第二节　社区学院内部治理的职能部门

根据罗索夫斯基、米切尔等人对利益相关者所做出的划分，除了上述四类群体之外，参与学校内部治理的其他主体还有学生的家长、校友、捐赠者、银行、社会团体、社区居民、媒体等。在一定程度上，他们作为外部力量对社区学院各项决策的运行发挥了各自的作用，而真正落实各项管理工作的还是社区学院内部各行政职能部门。本节从系统论的角度分析了由这些治理主体相互协商与交流所呈现的内部治理组成元素，即各个职能单位的运行何以发挥多元主体的作用、何以构造出相互关联的治理网络，以及进而形成的符合学校整体利益的决策。正如研究美国社区学院的专家科恩所言，所有社区学院的正常运行都离不开这些职能部门的协作。无论是领导者还是其他治理参与者，无论是公开行使其治理权力还是以微妙的方式间接产生影响，他们的经验、态度和行为都反映在这些职能部门组织的运作方式之中。[1] 这些职能部门一般包括：商业财务委员部门、人事部门、教学管理部门、转学衔接部门、学生服务部门、院校研究部门。

一、社区学院的商业财务部门

像许多服务于公共利益的组织一样，社区学院也面临着提高绩

---

[1] A. M. Cohen, B. B. Florence. *Managing Community Colleges: A Handbook for Effective Practice*. San Francisco: Jossey-Bass Inc., Publishers, 1996: 14.

效、控制成本和对资源进行良好管理的要求。几乎所有的高等教育机构都面临着这些挑战,其根源在于国家需要从现有的资源中获取更大的成效。商业财务管理在应对这些挑战方面发挥着关键作用,其不仅能够提供区别于其他教育管理人员的某些专业知识技能,而且能帮助学校最大效率地实现目标与规划未来。虽然社区学院在规模、范围和资金来源方面具有一定的多样性与复杂性,但是通常都会设置"内阁级"部门负责商业、财务和实际运营的所有方面,并且将其视为校长决策规划的重要顾问。[1]

(一)商业财务管理的基本情况

社区学院通过结合三种基本资源——人力、物力和财力来实现目标,但是必须不断地在经济利润和学校使命之间取得适当的平衡。全美学院与大学商业管理协会(National Association of College and University Business Officers, NACUBO)指出,教育管理应明晰学校的市场化运营机制与传统教育使命,两者不可偏颇。[2] 在大多数州,社区学院最初的设想是由国家、学生和当地社区共同出资;然而,近年来的趋势是各州给予的支持比例愈加提升。各州在财政支持方面的政策不尽相同,即便在同一个州也会有很大差异,如密歇根州在1989—1990年间对29所社区学院的资助比例,有的高达其办学预算的64%左右,有的却低至21%。此外,学费和杂费较为稳定,占运营财务的15%~40%;而地方财产税的差异最大,占比在4%~61%之间。[3] 不同的财政支持模式相应地会对学校经

---

[1] R. W. Brightman. "Entrepreneurship in the Community College: Revenue Diversification", in J. L. Catanzaro, A. Arnold. *Alternative Funding Sources. New Directions for Community Colleges*. San Francisco: Jossey Bass, 1989: 39-42.

[2] W. Deborah. *College and University Business Administration*. National Association of College and University Business Officers, 1982: 11.

[3] A. L. Lorenzo. "Strategic Elements of Financial Management", in G. A. Myran. *Strategic Management in the Community College. New Directions for Community Colleges*. San Francisco: Jossey-Bass, 1983: 76-82.

第三章 系统的要素：美国社区学院内部治理的主体与部门

济产生情况不一的影响。1989 年，密歇根州州政府财政支持全面削减 5%，对于有 64% 的资金依靠州政府拨款的社区学院而言，其总收入减少了 3.2%；对于有 21% 的政府资助的社区学院来说则仅减少了 1.05%。1990 年，密歇根州实施资产税计划，仅退回 20% 的资产税收给学校，这使有的社区学院的营业收入减少了 12.2%，而有的仅减少了 0.8%。[1] 因此，这些现象需要社区学院的商业财务部门对所有收入来源的潜在变化保持警惕，尤其是那些影响最大的支持渠道。

虽然商业财务管理作为一个专业领域，在社区学院的内部治理中扮演着重要作用，但是该职能部门出现得较晚。在 20 世纪上半叶，很少有关于社区学院商业财务主题的文章发表在高等教育出版物上。1952 年，美国教育委员会发布第一版《学院和大学的商业管理》（College and University Business Administration，CUBA）时，财务管理领域还没有独立的身份；直到 1974 年，该书的第三版才产生了商业财务管理的概念。[2] 不仅如此，学校官方文件中也很少涉及这一内容，有学者发现"1966 年以来，美国教育资源信息中心（Education Resource Information Center，ERIC）关于社区学院信息交换的数千份文件中，仅有不足 20 份文件讨论到商业财务管理的事宜"[3]。此后，越来越多财务问题的出现促使学校对商务财务管理实践产生不满，并要求提升这方面的管理人员的技能，尤其表现在越来越多的社区学院倾向于招聘在商业和金融领域有正式学术训练与实际经验的工作人员。社区学院工商管理人员的专业地位因

---

[1] A. L. Lorenzo. "Strategic Elements of Financial Management", in G. A. Myran. *Strategic Management in the Community College*. *New Directions for Community Colleges*. San Francisco：Jossey-Bass，1983：76 – 82.

[2] L. Leslie. "Financial Management and Resource Allocation", in M. W. Peterson, L. A. Mets, *Key Resources on Higher Education Governance*，*Management*，*and Leadership*：*A Guide to the Literature*. San Francisco：Jossey-Bass，1987：51 – 53.

[3] D. F. Campbell. *Strengthening Financial Management*. *New Directions for Community Colleges*. San Francisco：Jossey-Bass，1985：31 – 33.

系统论下美国社区学院内部治理体系研究

而逐渐得以提升，从最初的财务记录保管人员发展为创业团队中有价值的成员，同时履行两个重要的角色任务：作为一个高度熟练的运营管理者和作为一个具有战略与规划性的思想家。

1980年，著名的管理科学家彼得·德鲁克（Peter Drucker）预测大多数美国组织将面临动荡时代，而高效的商业财务管理被认为是组织成功的基本要求。为此，大多数社区学院都开发了商业财务部门，其基本工作内容分别是会计和现金管理，工资、预算及财务规划，信息系统管理，采购和库存控制，安全、保安和执法力量，审计和法律服务，保险和风险管理，教育活动的规划和运营，辅助企业，人事和人力资源管理（有些学校有这项）。[1] 由于这些职能与社会私营部门组织的职能大多相似，故后者的经验常被运用于非营利高校的管理实践中。有学者认为，尽管两者隶属于不同性质的机构，在管理方面存在一定的分歧，但是社区学院需要借鉴企业管理的成功做法：通过遵守外部监管要求来制定政策，维持组织活动的预算，并且与其中的工作人员保持良好的工作关系。[2] 还有观点进一步指出，以利润为导向的商业做法适用于非营利机构的根本原因在于，两者都是"有效利用已有资产并找到对本组织进行投资的方法"。不仅如此，由于当前外部资源变得更加紧张，因此对生源和外部资金的竞争也变得更加激烈，这促使社区学院更趋向于像商业主体一样行事。[3] 然而，公共部门和私营部门的一个显著区别在于会计制度的要求。私人公司可以自由地使用营业收入、借贷资金或债券；相比之下，公立高校被法律要求限制"基金会计系统"中的资源使用且禁止资金的混合，资本债券的收入只能用于资本项目，而捐赠资金如财政援助基金也只能用于其规定的目的。然而，

---

[1] P. Drucker. *What Kind of Business and Financial Administration Should Community Colleges Establish*. New York: Berkeley Books, 1980: 17-21.

[2] W. F. Doescher. *Runninga College Like a Business. D&B Reports*. New York: Dunn & Bradstreet, 1986: 6.

[3] L. R. Morrell. *How Should a University Mind Its Business? Management Issues*. New York: Peat Marwick Publisher, 1988: 43-45.

学校中其他的教职员工并不知道这些财务规定，也很难理解为何特定的资金只能用于特定的项目之中。如教师们会疑惑为什么在订购新大楼的办公家具时，却没有钱为现有的教室购买设备；当学校正在进行建筑改造或重新铺设停车场时，全体员工可能会质疑为什么不进行适当的薪资调整。

（二）商业财务管理的职能内容

在大多数情况下，商业财务管理者对组织做出战略规划的信度取决于其基础管理的质量，如果工作人员每月收到的工资数额常常出错，他便很难相信这个部门的策略预测是准确的。20世纪90年代以来，商业财务管理主要在以下基础管理方面起到重要作用。

1. 评估机构的有效性

20世纪80年代，美国的主要变化之一是对质量的关注越来越强烈，并且蔓延到了教育系统，这表现在各级学术行政人员开始制订评估和改进其组织质量的战略。在"制度有效性"的指导下，社区学院的质量提升工作得到了广泛推广，并且形成了许多相关的概念，如问责制、学生成绩、评估，以及效率与活力等。[1] 由于"制度有效性"的概念相对较新，很少有研究提出良好的实践指导方针，更多的是各个学校根据需求采用自己的方法来证明其有效性。在此过程中，商业财务管理人员可以借助专业知识，将财务分析的原则用于评估学校绩效方面。在没有具体制度评估计划的情况下，他们可以基于其他效能系统的一般要求建立数据库，如"AB 1725"法案所创建的问责工作组于1990年开发了一个模型，提供有助于评估社区学院教育和财政效益的标志信息。该模型包含五个主要部分：①学生准入，以实际学生入学人数与促进准入的项目来衡量；②学生的成就，用学业标准、课程完成情况等来衡量；③学生满意度，通过对学生的调查来评估；④员工构成，反映了国家的

---

[1] P. E. Kreider. *Institutional Learning and Effectiveness*. Los Angeles: Leadership Book, 1988: 1-2.

人口多样性；⑤财务状况，包括综合报告收入、支出、资源分配和各种成本统计。①

2. 追求额外资金

作为非营利组织，大多数社区学院项目都是通过政府财政补贴来运作的，而目前传统财政支持（如州政府拨款、地方政府税收等）的逐渐下降趋势难以改变，市场对社区学院的需求却继续增长。在这种情况下，许多社区学院选择转向社会市场，通过提供服务获取更多的额外收入。其中，最常见的策略便是合作与创业。合作是指与商业、工业、劳工、政府和其他教育提供者建立伙伴关系，帮助对方追求组织目标并获得相应的经济回报。社区学院的商业财务管理部门自发地寻找外部合作机会，为学校内部工作人员提供各种交流平台，从而建立潜在的合作伙伴关系，甚至有意识地培养善于寻求外界合作的专门工作人员。创业，是根据市场服务的潜力制定新项目，以吸引更多的投资者。为此，有的社区学院会根据当地企业的技能提升需求而开发特色训练课程，根据当地居民的生活诉求而创设丰富的活动，等等。合作与创业的方式给企业带来额外资金支持的同时，也可能会与某些学校的文化背道而驰。然而，有学者认为非营利组织中企业家精神虽然存在一定风险，但是有助于从附加功能上赚取利润，能更好地支持教育活动本身（即主要职能），也是对公共支持和私人慈善减少的适当回应。②

3. 资源再分配

如果学校的新项目没有相应的经费来提供支持，那么学校通常采用将现有的资金重新分配的方式，以最大限度地利用所有资源。大多数社区学院都有清晰的治理流程，促使相关的主体参与到决策制定过程中，体现出了同事之间合作的精神。虽然这种合作关系在

---

① Office of the Chancellor, Accountability Task Force. *California Community College Accountability Model*. San Francisco: California Community Colleges, 1990: 9 – 11.

② R. W. Brightman. "Entrepreneurship in the Community College: Revenue Diversification", in J. L. Catanzaro, A. Rnold. *Alternative Funding Sources. New Directions for Community Colleges*. San Francisco: Jossey-Bass, 1989: 65 – 67.

第三章　系统的要素：美国社区学院内部治理的主体与部门

开发新项目或请求外部资助方面颇为有效，但在削减开支和资源再分配时则难以奏效，参与决策制定的个人通常倾向于避免给个人与其他同事带来伤害，因而陷入两难的局面。[1] 因此，商业财务部门承担了这部分工作，其基于可靠的数据与分析重新分配资源，有力地推动了机构向前发展，受到学校内部各部门工作人员的认可。有学者认为，成功的资源再分配不仅不会产生各方利益纷争，而且能有效地促使学校财政与其他资源集中在特定项目中进一步发展，进而建立自身的优势以满足可识别的目标市场。[2] 据此，"学术组合模型"作为资源再分配的有效策略被广泛运用，其评估的标准基于三个维度（该项目距离学校使命中心的远近、项目本身的质量以及项目在市场的生存能力），每个维度各自分为高、中、低三个层次。有的社区学院则根据外部政治、经济和时间的压力，采取了另一种评估策略，包括四个维度：衡量需要重新分配决策的不同部门，是否符合学校目标和使命，考量项目的质量，考虑长期与短期的成本和利益。[3]

4. 制定公共政策

由于大多数州和联邦给社区学院的拨款在校内层面，经由商业财务管理部门重新分配，故在公共政策制定方面，社区学院的商业财务管理所发挥的作用，仅次于高层管理人员。一般而言，国家对高等教育的资助政策有两个主题：为招生提供资金与为学校项目提供资金。而国家支持高等教育的四种典型模式，分别是协商预算、单位率公式、最低基础和基于成本的项目资金。[4] 其中，超过2/3

---

[1] D. F. Campbell. *Strengthening Financial Management. New Directions for Community Colleges*. San Francisco: Jossey-Bass, 1985: 35.

[2] P. Kotler, K. Fox. *Strategic Marketing for Educational Institutions*. Englewood Cliffs, N. J.: Prentice Hall, 1985: 45.

[3] J. A. Hyatt, A. A. Santiago. *Reallocation: Strategies for Effective Resource Management*. Washington D. C.: National Association of Colleges and University Business Officers, 1984: 59-62.

[4] J. L. Wattenbarger, P. M. Starnes. *Financial Support Patterns for Community Colleges*. Gainesville: University of Florida, 1976: 52.

的州对待社区学院的拨款采用第二种单位率公式，即根据特定的推算公式，代入学校具体指标，计算得出拨款金额。该方法的缺点在于很难识别社区学院个体的差异。随着社区在人口统计、政治、经济和种族上越来越多元化，为其服务的社区学院也更加多元、富有独特性，而资助公式通常反映了全国的平均水平或情况，难以体现地方情况。当这些拨款落实到学校层面，其商业财务管理部门应把自己视为社区学院的拥护者，将这些资金平等地应用到招生与项目之中，从而使学生们在学习环境中得到平等的支持。

二、社区学院的人事部门

（一）人事管理的基本情况

有效的人事管理要求其内在的员工专业技术娴熟、对学校忠诚、关心员工的最大利益。人事办公室的人员数量与结构的设置取决于校长、董事会等高层管理人员的分配，并且随着所服务的教职员工总数的变化而不断调整。一般而言，社区学院人事办公室应至少有一个管理者——人事主任，其通常应拥有公共管理、人力资源或工商管理的学士学位，以及3~4年人事方面的工作经验。如果人事办公室必须面对几百名或更多的员工，通常会在人事主任的职位上方设置另外一个管理职位，即人力资源主管。平权行动和劳动关系职能都被认为是专业领域，通常由具有相关学术专业背景的员工担任。一些社区学院也开始招聘类似于政府机构人事办公室设置的人事分析员职位的人员。他们多具有学士学位，负责其他各个层次社区学院教职员工的薪酬调查和分类工作，并且在此基础上制定符合本校情况的薪酬政策。由于许多社区学院没有多余财力聘用这类人员，于是通常将分析师的数据收集部分委托给人事职员，然后由人事主任承担所有的分析和政策制定工作。文员执行人事办公室的其他职能任务，如接收申请、为新员工办理福利和工资登记等。为了完成如此烦琐的工作，通常他们需要拥有能够胜任这一工作的

第三章 系统的要素：美国社区学院内部治理的主体与部门

文书技能，以及要注重细节、能够保守秘密、善于与人相处。①

工作人员在人事管理工作中常常会面临很多法律问题，尤其体现在人事主任的工作中。主任作为社区学院与律师的主要联络人，通常至少要使用25%的工作时间去处理各种人事决策中的法律问题。② 如果有人对人事决策提起上诉，人事经理便需要足够了解相关的人事案件中的法律和判例，提供具有强大说服力的教育法规等法律文本。那么，各个社区学院的人事管理部门如何基于法律文本制定有效的人事决策？社区学院采用正式和非正式的方式获取相关即将出台的法律政策，前者主要是联邦政府、州政府或者地方政府的法律文件，后者主要包括专业出版物，社区学院人事主任的学区会议，学院和地区行政人员的交流，律师事务所定期发布的人事法律信息，等等。获取这些法律信息后，人事管理部门会评估该规定对各类教职员工的聘用合同、董事会规定的管理制度、学校手册三个方面的影响，从而对其及时进行调整与更新。

社区学院在师资方面的独特性在于具有超过一半的兼职教师比例，给人事管理工作带来了一定的挑战。兼职教师被称为"学术界的无家可归者"（the homeless of the academic world），其通常没有工作保障，没有医疗保险，没有加薪，没有晋升，在决策中没有发言权，收入仅是全职同行的1/3。③ 兼职与全职的巨大差异，造成了很多法律问题，故需要人事管理部门为兼职教师制定非常规的、专门的合同。通常的做法是：一是保存兼职教师的档案和简介，以便在需要的时候向政府机构如实报告信息以及向政策制定者提供翔实的数据；二是仔细审查工资表，避免形成同工却不同酬的

---

① M. G. Kaiser, D. Greer. "Legal Aspects of Personnel Management in Higher Education", in R. I. Miller, E. W. Holzapfel. *Issues in Personnel Management. New Directions for Community Colleges*. San Francisco: Jossey-Bass, 1988: 41-43.

② W. A. Kaplin. *The Law of Higher Education: A Comprehensive Guide to Legal Implications of Administrative Decision Making*. San Francisco: Jossey-Bass, 1985: 26.

③ H. P. Twigg. "Uses and Abuses of Adjunct Faculty in Higher Education", *Community College Humanities*, 1989 (11): 41-44.

巨大差异；三是向兼职人员提供申诉机制，特别是涉及解雇或不重新雇用的问题，以保证兼职教师能够在雇佣手册或出版物中明晰并学会使用这个机制。①

（二）人事管理的职能内容

人事管理部门根据学校的规模和结构执行不同的职责，主要承担人事档案记录、员工招聘、平权行动、与其他部门联系、处理员工抱怨五个方面的职能，有助于避免因教职员工的利益受损而产生的相关问题和法律纠纷。

1. 维护人事档案

人事档案的记录保存是人事管理部门的一项基本职能，基于法律意义的要求，所记录的信息应是准确的、最新的。传统上，人事档案里塞满了申请、个人教育概况、保险文件、绩效评估等其他信息；目前，许多大型社区学院开始使用自动簿记录系统，其通过集成的计算机软件自动将每位教职员工的数据信息导入，从而连接成一个综合管理系统。② 后者既节省时间、空间，又容易操作，办公人员只需在电脑里输入搜索信息便可以及时获取相关信息，而不用在文件柜里长时间翻找。

2. 招聘员工

人事管理部门的工作人员负责新员工招聘工作，根据学校所需岗位选择合适的员工。常规流程为：①学校特定部门梳理自身人员结构并告知人事办公室他们的人才需求；②人事管理部门提供对这类人才的工作要求描述，在杂志、报纸上发布招聘启事，通过任何正常的方式让那些正在寻找这类工作的人看到招聘信息；③人事工作人员处理求职者的申请并进行初步筛选（如分类职位的管理基

---

① E. L. Kobesky, S. V. Martorana. "Implications for Preventative Law in Development of Policies for Managing Part-Time Faculty in Community Colleges", *Community/Junior College Quarterly of Research and Practice*, 1987 (4): 303.

② S. J. Midkiff, B. Come. *Organization and Staffing*, Issues in Personnel Management. New Directions for Community Colleges. San Francisco: Jossey-Bass, 1988: 72.

本技能测试），最终编制一份合格申请人的名单发送给特定部门的主管以进行面试和进一步测试。[①] 整个招聘流程通常是由现有的教师和一些行政人员组成的，校长参加面试环节并进行最终定夺。社区学院经常愿意雇用学生群体，原因在于：对学校路况、设施等方面较为熟悉，有灵活的工作时间；愿意以较低的工资做兼职；能让学生在学校里有一种主人翁感。

3. 实施平权行动程序

社区学院的人事管理部门有责任消除雇用关系中的各种歧视问题，如性别、种族、肤色等，维护人事聘任与人事管理过程中的所有平等权利。对于人事聘任方面，提出人才需求的特定部门应详细描述该职位是否适合残疾人、允许多大年龄跨度、是否需要种族背景等客观因素，而接受招聘申请的人事管理部门应厘清可供选择的求职人员数量、性别和种族背景、个人特殊身体与智力状况等。两者信息如果并不匹配，只能拒绝求职人员并重新扩大工作职位需求信息的公布范围。在此过程中，这些失败的申请文件也需要被及时存到个人档案中，并且记录他们没有被录用的确切原因，作为该学院假如受到歧视诉讼时可以提供的合理证据。除了聘任程序之外，入职以后的平权问题也需要关注，包括雇主在学校工作环境中所做的一切都能够体现出对差异的理解与对平等的尊重。[②] 这些内容较为烦琐，一般包括薪资待遇的增长速度、工作岗位的调离、教学内容的准备、学术休假的期限等。

4. 与其他办事部门保持联系

除了与教学办公室、学生服务、公共信息和政府部门保持日常联系之外，人事办公室与其他行政办公室之间也应经常互动沟通。虽然这都是非正式交流，却为人事部门收集和传播人事相关信息发

[①] G. E. Biles, H. P. Tuckman. *Part-Time Faculty Personnel Management Policies*. New York：American Council on Education/Macmillan, 1986：63 – 64.

[②] W. Glueck. *Personnel：A Diagnostic Approach*. Plano Tex：Business Publishers, 1982：9 – 10.

挥了重要作用。此外，一般每周或每两周应组织所有学校部门领导和教师领导进行例行会议，讨论关于学校未来的人员配备需求和其他与人员管理有关的问题，如最近的董事会决定、新的规则制度、即将到来的退休和预算等事项。

5. 处理员工不满情绪

从本质上而言，人事问题就是人的问题。由于人与人之间必然会产生各种各样的冲突，故无论是雇主与雇员之间，还是雇员与雇员之间，都无法避免各种争执状况的产生。社区学院最常用的处理办法便是设立申诉专员处置程序，提供心理服务或调解服务。该程序有三个方面的作用：一是有助于识别引起教职员工不满情绪的政策和做法，从而作为记录反馈给决策部门以重新调整不足、提高公平性；二是给予负面情绪激动的一方及时发泄不满情绪的渠道，并且配备专业人员倾听他们的问题、给予安抚心灵的建议，从而阻止校外法律诉讼发生的可能性；三是正式程序能提醒管理者、教师和工作人员必须认真对待他们的工作职责，并且以专业的态度对待教职员工。[①] 据此，人事管理部门应该注意观察上诉裁决的比例，如果比例较大，则表明这不是个别情况，而是社区学院管理过程中的实质性问题，也说明最初存在的申诉机制是无效的。人事管理部门还要反思申诉程序是否有效地识别到了学校决策实践中的不足，它们是否都被解决了，每个冲突是否都以同样的方式被解决，以及申诉者是否在任何情况下都感觉受到了不恰当的对待。由于法律规定和学校情况在不断变化，申诉程序应该定期被评估调整（一般每年一次），从而更加符合学校的职能与使命，更好地保证人事系统以最有效的方式履行职责。

---

① B. A. Lee. "Grievance Systems: Boon or Bane for Shared Governance", in J. H. Schuster, L. H. Miller. *Governing Tomorrow's Campus: Perspectives and Agendas*. NewYork: American Council on Education/Macmillan, 1989: 15.

三、社区学院的教学管理部门

(一) 教学管理的基本情况

一般情况下,在社区学院中承担教学管理工作的有教学副校长和各个学院的院长。其中,教学副校长一方面作为教学管理的核心力量,领导整个学校的教学管理工作;一方面在担任该职务之前,本身便是教师队伍中的出类拔萃者。相比之下,院长在本学科教师队伍之中凭借多年优秀的教学经验被选拔而出,在副校长的领导下负责本学院的所有教学管理事务。[①] 对于他们而言,管理者与教师的双重身份差异带来了价值观的冲突:前者强调问责制、标准化与追求效率,后者追求民主、自由与创新氛围。因此,教学管理活动处于两者的相互制衡之中,在不同外部环境下与不同使命的学校中,表现出各自的特征。

在历史发展过程中,社区学院具有一定的官僚主义性质,需要遵循联邦政府和州政府的指令,而这些指令与学院的基本日常教学任务几乎没有显著关系。然而,落实这些指令能够带来经费,并转化为教师和工作人员的工资。由于85%的政府预算被分配给了工资,实际上没有资金来资助新的、有创意的项目。因此,学校从教学事务资源有限的现实中制定标准,保持"高效"的管理;而"创造性"管理只能在传统资源之外寻找其他资源的支持。为此,社区学院将目标从政府扩大到市场,通过向社区交换其教育商品和服务来换取经费支持。[②] 如将帮助老年居民填写纳税申报单作为会计课程的一部分;对无家可归者的住房需求和资源进行调查成为社

[①] A. M. Cohen, F. B. Brawer, C. B. Kisker. *The American Community College*. San Francisco: Jossey-Bass, 1989: 206.

[②] M. Rosenman. "Colleges and Social Change: Partnerships with Community-Based Organizations", in E. Greenberg. *New Partnerships Higher Education and the Nonprofit Sector. New Directions for Experiential Learning*. San Francisco: Jossey-Bass, 1982: 97–98.

会学课程的内容；甚至在商业课上帮助企业进行现场审计、建立库存控制、撰写招资广告，从而助其走出发展困境。为了充分发挥学校的教学潜力，获取更多的非传统资源，教育管理部门通常会制定以学业进步为基础的创新性教育目标。这一过程需要教师参与其中，才能最终被教师所熟练掌握，从而实现良好的教育结果。

（二）教学管理的职能内容

1. 按照认证标准评估课程内容

一直以来，高等教育机构认证标准作为重要的外部同行评审，被用来评估各个院校的教育质量与活力，从而实现问责和改进的目的。比如，西部各州的社区学院通常遵循其中的标准2对课程规划进行教学管理，其中规定："在有利于学习和研究的环境中维持高质量的课程是每所学校的主要责任。"[①] 在此基础上，社区学院愈加关注课程质量、课程评估、通识课程和专业课程的平衡、职业教育与转学教育的关系等方面。为此，教学副校长会在尊重学校传统使命的同时进行课程变革，并且以学术愿景的方式鼓励更多人（如学术委员会、教师、学生服务支持人员、学生代表等）参与其中。[②]

2. 因应外界变化而调整教学目标

社区学院的教学工作在历史发展过程中经历了外界环境的各种变化，随着社会需求与国家援助资金的变化一直处于不断调整中，尤其体现在20世纪60年代的空前增长与20世纪80年代的规模缩

[①] E. H. Berg. *Accrediting Commission for Community and Junior Colleges*. Los Angeles: Western Association of Schools and Colleges, 1990: 16.

[②] R. Theobald. "Community Colleges as Catalysts", *Trustee Quarterly*, 1992 (6): 5-8.

第三章 系统的要素：美国社区学院内部治理的主体与部门

减。① 由于社区学院依赖于政府资助，而政府却不以任何一种长期的、稳定的预算来支持其发展，这导致社区学院总是试图在极端和不确定性的条件下管理教学项目。② 如 20 世纪 80 年代初到 90 年代，加利福尼亚州的预算一直不稳定，常常每年负有数十亿美元的预算赤字，甚至在 1992 年有 100 亿美元的缺口，相当于一年内削减了 10% 的社区学院教育预算。在这种不确定的经济条件下，教学副校长立即调查并确定了外部环境中增长、维持和衰退的领域，并且据此制定了内部环境的短期和长期教学计划，以换取经费维持学校发展。③

这些外部环境包括所服务社区的独特性，即该地区打算进入社区学院的人员情况、人口组成及其所具有的民族、文化、语言差异，以及社区产业、居民与生源对教育的期望等。基于此，社区学院面临多种职能的选择：为升入大学做准备的转学教育，为满足雇主需求的职业教育，为辍学者、移民学生、失业者、老年人提供的补充教育。社区学院职能的确定主要是依据外界环境的变化状况来决定的，当人们对于学术文凭的需求增加，"转学机构"显得更为重要；当地区的经济发展势头良好，"职业教育"成为课程设置的起点；当新移民和准备不足的学生比例突然增加，"补充教育"便会受到关注。总之，考虑到所处的特殊环境，社区学院总能找到一种方法来平衡外界的需求，改善自身的教学，从而更好地服务于社区的教育需要。

3. 构建高效的课程体系

教学管理的主要内容是在有限的学业时间里给学生提供有用的

---

① R. L. Cortada. *Change Without Growth*: *The Access Dilemma of the Community College in the 1980's. Proceedings of the 1984 Educational Testing Service Invitational Conference. Educational Standards*, *Testing*, *and Access*. Princeton，N. J.：Educational Testing Service，1985：31.

② R. Theobald. "Community Colleges as Catalysts"，*Trustee Quarterly*，1992（6）：9.

③ M. T. John. *Assessing Campus Climate*：*Feasibility of Developing an Educational Equity Assessment System*. Sacramento：California Postsecondary Education Commission，1992：51 - 52.

系统论下美国社区学院内部治理体系研究

知识，从而利于其日后发展。然而，什么知识是有用的？如何安排知识传授的先后顺序？需要安排多少学科知识？要回答这些问题并不简单。20世纪80年代之前，为了获得副学士学位并转学到四年制学院，社区学院的学生要完成30个单元的通识课程和30个单元的专业课程。后来，这方面的要求不断提高，1986年很多社区学院需要学生完成39个单元的通识课程和超过30个单元的专业课程。[1] 之所以会出现这种状况，主要是由于大学对于具有转学需求的学校的标准不断提升，如加利福尼亚州州立大学要求所有学生在三年级前必须修读批判性思维课程，这使许多与其存在转学合作的社区学院需要进行课程改革。然而，这一变化造成的结果是学生疲于应对大量的专业课程与学术要求，而且他们还抱怨很多课程并没有价值，只是延长了获得学位的时间。

因此，构建高效的课程体系对于社区学院而言十分重要，应该让教师相信"我所教授的课程对学校教育职能的完成、对学生的未来发展是必不可少的"。教学管理者必须在学校的使命框架下，充分发挥教师的专业才能，开设具有合理目标的课程，使课程安排符合知识呈现的科学逻辑，建立教育的优先次序，确保知识体系的专业与均衡。21世纪以来，由于毕业要求的提高与资源有限情况下生源的增加，攻读副学士学位所需的学业时间出现了明显的延长趋势：大多数学生通常需要两年或更长的时间来完成教育目标。很多社区学院采取了适当的措施来平衡课程体系，以帮助学生顺利毕业、转学和就业。其中，佛罗里达州的迈阿密达德学院在上述基础上制定了独特的课程规划过程：①分析课程在完成学校使命方面的优点和缺点；②确定影响课程体系平衡的财政参数；③建议在现有财政资源范围内如何安排特定专业所需的课程；④根据学生所需的教育结果（教育经历证书、副学士学位、转学资格等）安排适当比例的课程；⑤在学科和部门内分配优先课程事项，并且关注未来

---

[1] R. M. Kanter. *The Change Masters*. New York: Simon & Schuster, 1983: 85.

第三章　系统的要素：美国社区学院内部治理的主体与部门

的课程项目。① 按照这些步骤，该学校为学生成功地设计了高效、均衡的课程模式。

4. 将教学与服务相结合

教学管理应基于"服务"的逻辑，让教职员工和行政人员信守承诺，为学校内外的社区服务。这可以通过两种方式实现：其一，将教学与学生服务联系起来；其二，将课程内容以一种有意义的方式与更大的环境联系起来。

对于前者而言，由于教学副校长等教学管理人员多是从教师身份晋升而来的，故对学生服务的综合性了解较为欠缺，甚至认为学生咨询等特殊项目不属于学校的使命范围。事实上，学生服务是将学生与学校联系在一起的基础，涉及学生在校生活的很多方面：在常规服务方面，有学生注册、资助、转学、求职等；在突发事件服务方面，有处理学生的课堂投诉，平衡学生帮派的影响力，为具有酗酒习惯、狂躁症倾向等不利于学生发展的性质的教师提供治疗支持，等等。教学管理人员必须了解上述学生服务，并且据此思考：如果学生没有获得经济援助，还能来到课堂吗？如果学生没有接受课外的补充指导，会导致学业失败吗？如果学生没有转学录取协议，还能顺利转学吗？如果学生没有进入就业安置中心，能被雇用吗？这些问题并非独立于教室课堂之外而仅属于学生服务机构管辖范围，其同时还被作为教学活动的基础而受到教学管理者的关注。

教学管理者采取措施将学生服务与教学活动结合起来，常见的做法是要求辅导员参加所在院系的学科教学会议，一方面与教师共同识别与协调学生在课堂内外的需求，另一方面为学校的各种学生服务项目配备相应的学科课程。例如，加利福尼亚州的圣何塞城市学院所推出的阿德兰特项目，通过对学生服务与教学的结合，有效地提高了拉丁裔学生的英语和数学水平。该项目具体的做法：一是通过将课程内容根植于学生的民族文化经验来促进其在大学取得教

---

① D. Brobst, M. J. Kanter. *Change to the Instructional Policies*. San Jose, Calif.: Office of Instruction, San Jose City College, 1992: 39 – 41.

育成功，二是由来自社区学院的导师来指导学生的未来职业发展规划，三是学生通过参加许多小组活动来提高自信心和学习能力。①

学校除了加强学生服务与教学之间的关系，还需要注重教学对社区服务所发挥的作用，积极建立能够满足社区需要的项目和课程。课程与社区的联系越紧密，学校在社区支持、活动和资金方面获得的回报就越大。"建设社区并在服务的过程中学习"的理念渗透到了许多社区学院的教学管理之中。② 如加利福尼亚州的迪安萨学院在人类学系所开设的"社会行动人类学导论"课程中，为学生提供每周 6～8 小时的实地调查机会，通过帮助社区贫困家庭与弱势群体来引导学生感受贫困、歧视或公共卫生等社会问题。佛罗里达州的布里瓦德社区学院开展了"教学服务"研讨会，以促进教师习得有关服务学习的知识并将其灌输到所教授的课程中。③ 在这种教学环境中，人类学的学生可能会通过在一个流浪者救济中心做志愿者来学习知识，立志于教师行业的学生可以通过每周辅导所在社区的小学生或中学生来提升技能，商业课程的学生可以通过为一家濒临倒闭的公司撰写招股计划书而获得实践能力，环境研究课程的学生可借助海滩清理项目促进学习。④ 这些措施在确定具有社区需求的前提下，被纳入教学活动中，超越了传统的讲座式课程的思维局限，带来了实用的、创新的特征。

5. 在教学中渗透多元文化

加利福尼亚州高等教育委员会规定，在管理学校的教学事务

---

① J. Kangas. *The Academic Performance of Adelante Students at San Jose City College*. San Jose, Calif.: San Jose/Evergreen Community College District, 1992: 31-35.

② J. A. Eisenberg. *Report of the Campus Compact: The Project for Public and Community Service*. Denver, Colo.: Education Commission of the States, 1990: 46-47.

③ T. K. Stanton. *Integrating Public Service with Academic Study: The Faculty Role*. The Netherlands: Sense Publishers, 1989: 69-71.

④ J. Eisenbdrg. *A Report of the Campus Compact: The Project for Public and Community Service*. Denver, Colo.: Education Commission of the States, 1990: 48.

第三章　系统的要素：美国社区学院内部治理的主体与部门

时，副校长和院长必须尊重种族、性别和文化的多样性。① 这一主张受到了很多社区学院的认可，集中表现在下述问题中：课程内容、师资发展和其他事务方面是否体现了多样性？是否所有的学生都认为社区学院所提供的教育机会是受欢迎的？教师的种族构成是什么？有多少学生把英语作为第二语言？在职业教育项目中，男性教师占优势吗？有色人种的教职员工和学生是否感受到了同龄人的支持？是否有针对弱势群体的特殊教学支持项目，这些项目是否成功地帮助了这些学生准备好进入大学生活？教师们是否正在努力建立一个具有包容性的课程，以便学院的所有成员分享并欣赏不同的种族和文化的视角？

《加利福尼亚州面临加利福尼亚州的未来》(*California Faces California's Future*) 这项报告专门对这些问题进行了讨论，并且将其作为加利福尼亚州高等教育总体规划所需努力的一部分，进一步号召"像加利福尼亚州一样多元化的州，同样需要建立多元化的教师结构。因为所有种族的学生都希望看到与自己所属种族相同的成年人站在学校的权威与教学岗位上。这种满足感会激发学生的归属感、信任感、忠诚和承诺"②。与此同时，为了把这些诉求落实到教学之中，社区学院联合委员尝试推广国际化与多元文化课程项目，要求在课程中体现不同种族和多元文化的相关研究，为所有寻求转学发展的学生提供第二语言课程和担任多元文化活动志愿者的机会。其中，具有代表性的便是加利福尼亚州圣克拉拉社区学院的"文化多元化项目"。该项目要求所有的课程遵循以下标准：①对西方文化与非西方文化进行价值系统的对比；②向学生介绍美国的主流文化与少数民族文化的内在联系；③引导学生理解非西方文化

---

① California Postsecondary Education Commission. *Toward an Understanding of Campus Climate: A Report to the Legislature in Response to Assembly Bill* 4071. Sacramento: California Postsecondary Education Commission, 1990: 34 – 36.

② Joint Committee for Review of the Master Plan for Higher Education. *California Faces California's Future*. Sacramento: Joint Committee for Review of the Master Plan for Higher Education, California State Legislature, 1989: 27.

和少数民族文化在本学科中的作用和贡献；④启发学生认识自己与他人的文化；⑤以文化多元视角而非单一或种族中心主义视角来处理课堂问题；⑥针对人类具有普遍需求却采取不同行为加以满足的现象，促进学生以跨文化的观点进行深刻理解。[1]

四、社区学院的转学衔接部门

（一）转学衔接管理的基本情况

转学与衔接工作是社区学院管理活动的重要组成部分，其中，"转学"是指学生从两年制高等教育机构转移到四年制高等教育机构，其课程所修的学分得到认可、受到与其他学生同等的对待，以及在此过程中的简化录取与学分确认等相关服务的机制和流程；"衔接"是指为了确保教育的连续性，在同一州或同一地区范围内的不同层次学校间形成有序、畅通连接系统的机制和流程。[2] 自19世纪初初级学院产生以来，各个学校便注重转学职能的发挥，以连接中等教育与高等教育。随着转学人数的增加、课程要求的提升以及合作项目的多样化，这一管理工作的复杂性日益增加，仅仅依靠其他部门的少数员工已经难以维持运行。目前，很多社区学院设有衔接与转学办公室（Articulation and Transfer Office，ATO），旨在建立与四年制大学的人才培养关系，帮助有意向与做好准备的学生直接升入大学三年级的学习生活。

ATO的工作内容与学生服务工作、教师教学工作具有密切的联系：不仅提供了关于转学衔接的政策信息以寻求与四年制大学合作的机遇，而且帮助学生准备相关材料以申请转学程序。故在已有

---

[1] J. Patton. *The Cultural Pluralism Program at Mission College*. New York: Santa Clara Book, 1990: 81–83.

[2] L. W. Bender. *Spotlot on the Transfer Function: National Study of State Policies and Practices*. Washington D. C.: American Association of Community and Junior Colleges, 1990: 37.

第三章 系统的要素：美国社区学院内部治理的主体与部门

文献中，有学者认为ATO是学校内外的边界管理者，代表各自的社区学院与其他外部组织（如签订转学协议的四年制大学、管理或协调高等教育的州政府机构、反馈选民对转学事项所提出的建议与投诉的立法者、需要获取学院信息继续求学的高中学生，甚至是社会中的基金会、媒体等）保持交流。这些学校外部工作对于ATO而言具有一定的挑战性，故通常对其工作人员的素质要求较高。通常而言，他们在学校拥有较高的职位与头衔，具有四年制大学以上的学历，熟悉大学环境，具有良好的沟通与表达能力，能够赢得学生们的信赖，能够联合学校内部各个工作部门共同面对外部的诉求，对于不同学科具有一定的知识储备从而能跨越学科界限处理不同的转学项目，对于校外合作项目具有敏感的洞察力、持久的监控力与解决突发冲突的能力。[1]

除了各社区学院专门的工作人员之外，目前各州逐步建立起了覆盖本地高等教育机构的转学衔接数据库系统，能够实时有效地进行信息更新和信息共享，有助于学生直接访问和获得答疑。比如加利福尼亚州的"衔接与转学服务系统"包含了100多所社区学院的转学信息，如转学率、转学对口的四年制大学名称、转学要求、专业学科、课程学分是否可转等。不仅如此，各州也在力图形成跨越州范围的转学项目，如加利福尼亚州的迪安萨学院的学生不仅可以转至加利福尼亚州大学戴维斯分校、加利福尼亚州大学河滨分校、加利福尼亚州大学欧文分校、加利福尼亚州大学默塞德分校、加利福尼亚州大学圣克鲁斯分校、加利福尼亚州大学圣芭芭拉分校，还可以转至纽约州的康奈尔大学、内华达大学雷诺分校、亚利桑那州立大学等。[2]

ATO工作的相对复杂程度以及执行所耗费的时间在不同学校

---

[1] National Center for Academic Achievement and Transfer. *An Academic Model of Transfer Education*. Washington D.C.: American Council on Education, 1990: 73-74.

[2] De Anza College. "Transfer Opportunities", accessed February 7, 2021, http://www.deanza.edu/transfercenter/.

有所不同，除了受制于其办公室工作人员的素质差异之外，各自学校的外部环境因素也产生了较为显著的影响，如同一区域范围内转学系统的统一与独立、当地居民对子女高等教育水平的期望程度等。如佛罗里达州、伊利诺伊州等地协商使用共同的课程编号系统，并且按照已达成共识的标准在这些州范围内的学校里转让课程学分；而在新泽西州等地，地方的社区学院直接与四年制大学单独协商可转让学分的课程管理制度，包括课程的名称、学时、内容、评价等。相比之下，前者在一定范围内统一管理转学课程，对于ATO工作人员与学生而言都是大有裨益的，不仅能提高管理效率、避免重复性工作与课程对等冲突，而且大大提升了转学成功率。伊利诺伊州的吉什沃基学院自20世纪90年代加入课程编号系统之后，转入北伊利诺伊大学的成功率超过80%；而同属于伊利诺伊州的欧克顿社区学院却采用独立运作的方式商讨转学协议，其转至北伊利诺伊大学的成功率便一直维持在50%左右。①

（二）转学衔接管理的职能内容

1. 传递四年制大学的转学信息

为了确保学生在成功转学之前完成通识教育与专业基础知识的学习，ATO首先需要解决社区学院与四年制大学高年级之间转学课程的学分衔接规则，部分课程在两所学校的可替代性修读课制度，以及副学士学位所修课程与转学协议所规定课程的一致性问题。这项工作是长期进行的，原因在于知识不断进步、课程内容不断更新、大学高年级的转学要求也在不断提升或细化。同一所社区学院所合作的不同大学关于转学标准不尽相同，甚至同一所大学对于有意向转入本校的多所社区学院也存在不同规定。

针对这些大学高年级部门所发布的转学信息不一致、不清晰的

---

① L. W. Bender. *Spotlot on the Transfer Function: National Study of State Policies and Practices*. Washington D. C.: American Association of Community and Junior Colleges, 1990: 52-53.

第三章 系统的要素：美国社区学院内部治理的主体与部门

现象，ATO应及时沟通与澄清，否则可能会出现学分不被认可、课程水平较低，甚至转学失败的状况。① 相关工作人员与对方学校协商好上述事宜之后，需要在社区学院内部发布转学分析报告，即以简单易懂、清晰准确的方式，编写项目的衔接协议、推荐转学的课程内容、描述对等性的学分要求以及告知允许转学的招生政策等。这种冗杂工作的效率在计算机出现之后得到了极大的提高，人们可以通过数据库、网页、邮件、电子公告栏等方式，及时获取所需信息。此外，社区学院需要与具有转学协议的四年制大学保持联系，通过坦诚地、密切地进行信息交流，稳固伙伴关系，若在转学过程中遇到了关于课程与学分的冲突，ATO便需要及时同对方学校电话协商或直接帮助学生申请符合条件的另一所大学等。

2. 监控外部社会环境的变化

对于社区学院而言，社会环境中的经济水平、资助政策、劳动力市场需求等方面的变化都会影响其转学职能的运行。接受大学高年级的学习训练需要具有一定的经济基础，这无疑是具有转学意向的学生所需要考虑的因素。从社区学院拿到副学士学位毕业之后，有的学生选择就业，而有的则选择升入四年制大学。后者不仅不能为家庭带来收入，而且需要更大的一笔资金。因此，ATO要保持对社会经济发展动向的关注，分析影响学生转学成功率的家庭经济能力，从而调整转学合作的项目与学校，比如当经济不景气的时候减少与收费较高的私立大学之间的合作。②

此外，国家的资助政策对于高等教育机构而言也具有重要影响，尤其体现在公立学校的入学率方面。为了实现教育领域的特殊战略目标，国家通常借助拨款与立法相结合的方式推动高等教育的改革发展。其中，一部分直接拨款给学校使用，另一部分则以奖学

---

① R. A. Cornesky. *Using Deming: Improving Quality in Colleges and Universities*. Madison: Magna Publications, 1990: 6-9.

② T. W. Fryer, J. C. Lovas. *Leadership in Governance: Creating Conditions for Successful Decision Making in the Community College*. San Francisco: Jossey-Bass, 1991: 85-86.

金、助学金等方式落实到每位学生手中。学生遵循政府的要求而获得资金，从而减轻了求学的经济负担，推动了转学需求增加。然而，政府的政策并不具有稳定性，需要 ATO 及时关注新政策的出台与已有政策的变化。① 另外，市场劳动力对人才需求也会影响到社区学院的转学事宜，主要表现在学科领域与学历层次方面。随着科技的进步与社会的发展，新的知识会出现，有些已有的知识则会被淘汰，而有些知识却反过来会被市场所重视。ATO 要能够及时看到市场的需求变化，及时调整转学项目中的课程内容，甚至改变可以申请转学项目的学科和专业。②

3. 注重根据反馈改进转学管理

正如上文所言，转学与衔接事务是持续性、动态性与长期性的工作，故社区学院不仅会帮助学生申请转学，而且十分注重从转学成功的案例中汲取反馈意见用来改进自身的转学管理事务。最常用的方法便是分析四年制大学的学生学习效果反馈，即 ATO 工作人员定期与合作的四年制大学针对上学年转入该校的学生状况进行交流，对包括教师评价、学习进度、课程成绩、课堂表现等方面的信息进行研究。有的大学会根据这些信息出台课程大纲建议，这在一定程度上主导了社区学院的课堂；或者形成学生状况分析报告，作为下一年度合作项目的参考，具有评估与问责的意义。ATO 也将这些信息反馈给教学管理机构与教师，促使他们根据大学的期待与建议进行具有针对性的课程改革。除了从四年制大学管理者那里获取反馈信息，社区学院也会自发地形成转学研究活动，对这些转学成功的学生进行追踪研究，包括分析学生的转学行为，计算转学率，评估转学成功学生的学业表现，调查、访谈学生的转学经历，

---

① L. Leslie. "Financial Management and Resource Allocation", in M. W. Peterson, L. A. Mets. *Key Resources on Higher Education Governance, Management, and Leadership: A Guide to the Literature.* San Francisco: Jossey-Bass, 1987: 30.

② R. W. Brightman. "Entrepreneurship in the Community College: Revenue Diversification", in J. L. Catanzaro, A. Arnold. *Alternative Funding Sources. New Directions for Community Colleges.* San Francisco: Jossey-Bass, 1989: 53 – 57.

第三章 系统的要素：美国社区学院内部治理的主体与部门

等等。这些反馈信息加深了社区学院对学生的进一步了解，并且能够作为成功案例被分享给在校学生，进而形成良好的校友文化。①

4. 创新转学衔接管理机制

为了提高转学衔接管理的效果，很多社区学院都在州的范围内开展了丰富的项目，如伊利诺伊州的"2+2+2衔接项目"（2+2+2 Articulation Program）、华盛顿州的"校园参观项目"（Campus Visits Program）、纽约州的"团体实地旅行项目"（Group Field Trip Program）、加利福尼亚州的"教师交流项目"（Faculty-to-Faculty Interactions Program）等。其中，"2+2+2衔接项目"通过连接高中、社区学院以及四年制大学高年级，共同呈现了自下而上的职业教育训练系统。该项目要求高中生走入社区学院的科学技术课堂中，做好入学准备，大学高年级的学生则指导社区学院学生做好转学准备，从而帮助学生提早规划与适应所要学习的专业技术领域。②"校园参观项目"邀请四年制大学的管理人员与教师代表参观社区学院的校舍、课堂、图书馆、实验室等环境，使相关人员通过与社区学院学生的面对面交流、对课堂教学的切身体会、对校园文化的直观感受，促进两所学校之间的转学合作，加深相互之间的信赖。③"团体实地旅行项目"包含了多种针对特定群体的特殊活动，如举办大学博览会帮助即将结束社区学院课程的学生体验四年制大学生活，举办实地调研时会有相同学科背景、来自不同学校的学生聚集在一起共同解决本学科问题，等等。"教师交流项目"鼓励四年制大学高年级的教师与社区学院的教师相互交流，帮助具有转学意向的学生共同制订教学目标、教学内容、教学方法与评价原则。

---

① L. W. Bender. *Spotlot on the Transfer Function: National Study of State Policies and Practices*. Washington D. C.: American Association of Community and Junior Colleges, 1990: 36.

② P. Kotler. "Transfer to Universities: 2+2+2 Articulation Program in Illinois", *College Higher Education*, 1993 (3): 14.

③ National Center for Academic Achievement and Transfer. *An Academic Model of Transfer Education*. Washington D. C.: American Council On Education, 1990: 52.

五、社区学院的学生服务部门

(一) 学生服务管理的基本情况

美国社区学院中负责学生服务项目的组织及其管理方式各不相同,主要指为进入社区学院的学生提供支持性的服务,在名称上最常使用的有"学生事务""学生人事服务"以及"学生发展服务"。虽然在表现形式上不能统一,但是社区学院都致力于提供以学生为本的服务理念,覆盖学术训练、经济援助、学业规划等领域。在此过程中,"指导和咨询"是最重要的学生服务方式,在初级学院时期便已经产生,20世纪30年代之后被纳入学生人事领域,而在50年代至70年代则独立成为专门的职业,80年代之后扩展到学生学习生活的各个方面,成了学校各项活动以及实现职能目标的基础。[①]

最早关于学生服务工作的官方文件是美国教育委员会于1937年发布的《学生人事观点》(*Student Personnel Point of View*),该文件详细阐述了作为新兴领域的学生事务管理所包含的哲学基础、服务计划和协调策略。[②] 该文件指出,教育活动不仅应该发展学生的智力,更应该培养学生的整体性、综合性和全面性,并且详细列出了23项学生服务内容,包括入学、迎新、咨询、住宿、就业等。与此同时,在当时进步主义思想的影响下,"以学生为中心"的理念渗透到了各级各类教育机构之中,强调基于人文和民主的原则开

[①] D. Tillery, W. L. Deegan. "The Evolution of Two-Year Colleges Through Four Generations", in W. L. Deegan, D. Tillery. *Renewing the American Community College: Priorities and Strategies for Effective Leadership*. San Francisco: Jossey-Bass, 1985: 63–65.

[②] G. L. Saddlemire, A. L. Rentz. *The Student Personnel Point of View*. Alexandria, Va.: American College Personnel Association, 1986: 20–21.

展学生管理活动。①

在这种状况下，社区学院开始重视学生服务活动，并且试图厘清其角色内涵、性质功能与路径策略等深层次内容，如学生服务机构是否应该遵循其传统角色来执行任务，即提供咨询、经济援助、就业安置和学术建议等专业服务？还是将目标进一步深化为"培养全面发展的人"？或者学生服务应该随时代的进步与学校的差异被赋予一些全新的任务？这方面的争论一直在持续，并未形成多所学校的统一认识，大多是各校根据自身情况而自主安排，从而导致在缺少监督与问责的前提下，学生服务的质量水平参差不齐。

（二）学生服务管理的职能内容

1. 学生服务的领导力素养

在任何项目的实施过程中，领导力都起到了重要作用，对于社区学院的学生服务项目而言也不例外。② 其中，校长在决定学生服务管理的有效性方面扮演着关键角色，负责筛选学生服务的负责人、设置学生服务的组织结构、规划学生服务的理念与内容。然而，很多社区学院的校长并不清楚学生服务的内涵本质，更不知道应如何将其渗透至学校的各项活动之中，故难以发挥学生服务促进学校发展的功能。他们大多没有付出足够的耐心、没有投入足够的人力，在缺少与学生交流、与多个部门协商的情况下，便联合其他高级管理人员从宏观上规定学生管理制度，为学生服务人员开展工作提供依据。

那么，除了传统上的预算经验、解决冲突能力和沟通技巧等方面之外，什么样的领导力才有利于学生服务管理活动？一般来说有

---

① W. L. Deegan. *The Management of Student Affairs Programs in Community Colleges: Revamping Process and Structure*. Washington D. C.：American Association of Community and Junior Colleges，1982：33 - 34.

② D. G. Creamer. "Changing Internal Conditions：Impact on Student Development"，in L. Deegan，T. O. Banion. *Perspectives on Student Development. New Directions for Community Colleges*. San Francisco：Jossey-Bass，1989：38.

以下六点：一是对本校学生服务管理的发展和变化具有深刻理解，不仅能为发展有效的学生服务项目提供实质性基础，而且有利于提升领导者作为专业人士的信誉；二是了解人力发展理论和组织发展理论，前者将解决学生需求与教学改进相联系，后者将管理学生事务与学校发展相联系；三是具有一定的研究能力，能基于学校的现实状况提出关于学生管理的迫切问题及其有效的应对办法；四是能够做出整体且高效的策划，既能够基于学生诉求制订服务计划，又能关注学校运行的整体效率；五是重视通识教育的目标，将学生事务也看作具有教育意义的活动，促进学生全面人格的养成；六是为学生服务计划提供远景，支撑工作者对教育、知识和学生的服务信念。①

2. 学生服务的组织模式

虽然没有一个统一的组织模式适用于所有的学生服务项目，但是在规划组织模式时，我们应该考虑如下基本要素：其一，有效性。效力问题应该是最优先要考虑的问题，要明确什么样的组织结构更有利于实现学校和学生的目标。学生服务工作者通常容易被过程和程序干扰，而忽略一定的期望和目标，殊不知没有目标导向的活动会降低组织的运行效率。其二，整合其他职能部门。学生服务应该和其他职能部门，特别是学术事务部门充分结合起来。正如有的学者所言，"学校管理面临的挑战是保持所有服务之间的平衡，并且与正式教学计划相协调"②。这要求社区学院学生服务项目的规划应充分考虑教学管理部门等多个部门的意见并与他们形成一定的合作。其三，信息交流畅通。学生服务管理面对的是学生各个方面的事宜，不仅需要从不同部门充分获取相关信息，而且应该将学生的状况及时反馈给教师、院系领导，甚至校长。有学者建议将学

---

① D. G. Creamer. "Changing Internal Conditions: Impact on Student Development", in L. Deegan, T. O. Banion. *Perspectives on Student Development. New Directions for Community Colleges.* San Francisco: Jossey-Bass, 1989: 39–40.

② A. M. Cohen, F. B. Brawer, C. B. Kisker. *The American Community College.* San Francisco: Jossey-Bass, 1989: 196.

生服务管理的领导人"置于学校最高管理层,直接向校长报告"[①]。其四,灵活与创新。学生管理活动的开展不能墨守成规,需要针对环境的突发状况与学生的个体差异灵活调整已有策略。在宏观目标的导向下,不断创新学生管理策略,从而既能实现效果又能保障效率。

3. 学生服务的目标理念

为了给学生提供具有包容性、支持性和有效性的服务,学校应明确规划学生服务管理的具体目标。在此过程中需要考虑的问题有:学校的目标是什么?学生的目标是什么?学生服务如何有助于实现学校的目标与学生的目标?在学校目标方面,学生服务部门应与学校其他部门合作,搜集校长对学生在校生活的期待、商业财务部门给予学生的支持及其相应要求、教学管理部门对学生学业表现的反馈等。[②] 这些信息有利于学生服务工作人员确立各项工作开展的学校环境与政策基础,从而制定符合学校整体发展方向的目标。在学生目标方面,学生服务部门需要加强与学生的沟通,有意识地观察学生的行为特征,认识到学生的主观能动性和个体差异性。对于学生而言,社区学院不仅能促进其智力发展,而且在课堂活动和与同伴交往的过程中,逐渐培养其自我情感、批判性思维、人际交往能力、价值观与人生观。他们对于学校的各项活动会产生自己的想法,对于自我人生的发展也会形成独特的观点。在此过程中,学生服务部门应该抓住学生的这些变化与需求,利用自身的工作便利对学生产生积极的影响。[③] 与此同时,学生服务部门还需要充当学校与学生之间相互交流的基础,将学生对于课程内容、学校管理、

---

① W. L. Deegan. *The Management of Student Affairs Programs in Community Colleges: Revamping Process and Structure*. Washington D. C.: American Association of Community and Junior Colleges, 1982: 29.

② A. W. Astin. *Achieving Educational Excellence: A Critical Assessment of Priorities and Practices in Higher Education*. San Francisco: Jossey-Bass, 1985: 42 – 43.

③ M. J. Barr, R. L. Albright. *New Futures for Student Affairs: Building a Vision for Professional Leadership and Practice*. San Francisco: Jossey-Bass, 1990: 69 – 71.

转学衔接、财政资助等方面的意见反馈给学校相关部门的决策制定者，同时引导学生理解学校的运行规则，自觉地将自己的目标与学校的目标相互融合。①

4. 学生服务的发展规划

当学校的使命确定之后，学生服务部门便会制定与此相符合的发展规划，一般包括长期目标（即5年）以及为实现这一目标而设计的年度目标。在这些目标的导向下，便会产生"规划方向"，为学生服务的各项事务提供参数。如佛罗里达社区学院于1985年制定了"规划方向"：①协作，所有项目的计划、实施与评估都必须与学校其他部门合作，尤其是教学管理部门；②学生参与，增加学生参与能够体现学校使命与目标的各项活动机会，鼓励他们与教师共同调整课程内容；③客户服务，提高活动的质量与效果，并且能够真正地解决学生问题，为其在校生活带来便利与积极意义。②这些方向确定了学生服务规划的制定标准、规划的实施目标以及规划的层次水平，对于佛罗里达社区学院这所大型的多校区学院而言，学生事务管理的效率得到了显著提高。

"规划方向"为学生服务部门提供了一般意义上的指导方针，在此基础上进行的"有效性规划"过程，主要包括制定年度优先目标及其得以实现的可能性指标。如佛罗里达社区学院为了帮助学生成功就业，于1990年制定了"就业安置服务规划"，包括搜寻工作岗位、准备简历、面试等内容的训练。该规划确定了两个年度优先目标，分别是：为毕业生提供求职技能训练，以及让学生对求职技能训练的服务感到满意。其中，针对第一个目标，该规划评估了两条有效信息：根据调查，至少90%需要就业援助的毕业生知道就业服务训练的存在，"求职帮助班"能够帮助90%的学生习得有效的求职

---

① A. W. Astin. *Achieving Educational Excellence: A Critical Assessmentof Priorities and Practices in Higher Education.* San Francisco: Jossey-Bass, 1985: 43.

② Florida Community College at Jacksonville. *Department of Student Affairs Annual Plan*: 1989 – 90. Jacksonville: Department of Student Affairs, Florida Community College, 1989: 101 – 104.

技能；针对第二个目标，在已经完成训练的毕业生中，至少有90%的人寻找到了合适的工作，并且对所接受的就业安置服务表示满意或更好。① 这个例子可以扩展到学生服务部门所提供的每一个项目和服务，通过说明有效性优先指标和评估成功实现目标的程度来加强学生对学校服务的满意度。

六、社区学院的院校研究部门

（一）院校研究管理的基本情况

社区学院的院校研究显示，虽然约3/4的学校均设有院校研究办公室，但是部门规模一般较小，大多仅由一名主任和一名秘书构成。② 在过去的20世纪里，美国社区学院的院校研究发展历程不像四年制大学那样具有前后连续性和结构完整性。③ 之所以如此，是因为社区学院更多地将自身定位在教学机构的角色，而很少关注任何类型的研究，包括院校研究。促进院校研究增长的一个主要因素是，在问责制日趋显著的背景下，联邦政府和州政府愈加重视定期发布关于所有高等教育机构的调查报告，而这需要包括社区学院在内的学校提供自身院校的相关数据。20世纪50年代初，随着社区学院的大规模扩张，教务主任或招生办公室关于学生入学和毕业状况的数据满足了政府的上述需求；而到了20世纪60年代，由于民权运动的兴起，联邦政府和州政府要求社区学院提供关于其所接受的财政援助、职业教育资金等方面的分析报告；20世纪80年

---

① Florida Community College at Jacksonville. *Department of Student Affairs Annual Plan*: 1989-90. Jacksonville: Department of Student Affairs, Florida Community College, 1989.

② M. C. Rowth. "Job Duties of Institutional Researchers in Southern Two-Year Colleges", *Community/Junior College Quarterly of Research and Practice*, 1990 (14): 35-44.

③ G. Neave. "Foundation or Roof? The Quantitative, Structural, and Institutional Dimensions in the Study of Higher Education", *European Journal of Education*, 1989 (3): 211-222.

系统论下美国社区学院内部治理体系研究

代,外部质量认证进一步要求社区学院提供充足的学校内部信息,以判断其是否达到最低认证水平。这一系列变化导致原有的简单"计数"活动逐渐被"评估""分析"和"解释"所取代,从而在对内部数据研究较为重视的学校里产生了"院校研究"的概念。[1]

与此同时,在社区学院的组织结构中,早期的机构研究部门多与负责学校规划、评估、预算以及拨款等的部门相互结合,而当前更多的是作为一个独立的职能部门存在。这其中的原因是:一方面,随着社区学院的不断发展,组织运行愈加复杂与多样化,不仅需要遵循州社区学院管理委员会和地方政府的正式规则,而且面对烦琐的日常事务常常会自发地决策出非正式规则;另一方面,学生群体中显著的个体差异、鲜明的个性特质以及个人背景的多元化(种族、肤色、文化)等因素不断否定着已有的学生传统认知。为此,院校研究能帮助社区了解学校在多大程度上践行了承诺,这些承诺就是:帮助学生成功就业、支持学生成功转学、令学生对自己的教育经历感到满意。[2]

尽管院校研究在社区学院中是一项内容广泛的职能,但它的历史相对较短,几乎没有系统的理论支撑其运作。在一定意义上,机构研究活动可以被看作一个自我反省的过程,但就如何彻底地审视自己、在哪些范围与多大程度上审视,以及他们如何有效地向自己和他人报告自我反思的内容等方面,存在着较大的差异。有些社区学院注重自我研究和分析,并愿意将其研究结果充分开放给学校内部以及学校外部的公众;而有些则几乎不参与任何反省,除非受到外部认证机构与政府法律的外在强制力量的要求,同时在研究结果公开方面做得也不够。实际上,院校研究在自我审视的过程中加强了社区学院对各个组成部分的深入了解,通过对数据的分析与解

---

[1] P. L. Dressel. *Institutional Research in the University: A Handbook*. San Francisco: Jossey-Bass, 1971: 48-52.

[2] M. F. Middaugh. *New Directions for Institutional Research*. San Francisco: Jossey-Bass, 1990: 17-20.

释，能够基于整个学校系统的视角看待不同部门的工作及其相互关系，从而得出全面的结果并提出迫切需要解决的问题。① 因此，很多学者鼓励社区学院对需要改进的领域进行定期的反省，鼓励社区学院的管理人员与教师在面对自身的工作时多采用非正式的决策，鼓励院校研究部门以最诚实、开放的态度正视学校运行过程中的失败与成功。②

除了支持联邦政府和州政府授权的报告之外，几乎所有院校研究活动的目标都指向于更多地了解自身，尽可能广泛地传播信息，以及在此基础上做出更客观的决定。当前，院校研究在传统功能的基础上有了进一步的延伸，如针对特定教育问题而探索因果关系的准实验研究，这为教育研究者提供了一定的基础，尤其体现在社区学院教师的在职博士学位论文之中。大多数社区学院教师在初次就业时并没有博士学位，而在接下来的博士学习生涯中可以通过院校研究部门来寻找资料以撰写博士学位论文。对于非本校教师的研究者而言，很多社区学院也是愿意公开其内部信息的，以支持相关领域的教育研究。据此，有的学者对院校研究的定义为：以经验化的方式描述学校的教育教学、行政管理等各项活动的总和，并且借助数据的收集与分析策略得出利于学校发展的决策。③

（二）院校研究管理的职能内容

1. 与校长保持适当交流

在大多数社区学院，院校研究部门日常工作所发挥的作用超出了联邦政府和州政府撰写报告的要求，这更多的是基于校长对搜集信息、分析数据以及结果公开的重视。如果院校研究部门与校长合

---

① C. R. Pace. *A Personal Retrospective on the Development of Institutional Research*. Louisville：The Publisher for Institutional Research, 1990：47－48.

② P. L. Dressel. *Institutional Research in the University：A Handbook*. Flordia：Holt, Rinehart and Winston, 1971：59.

③ M. F. Middaugh. *New Directions for Institutional Research*. San Francisco：Jossey-Bass, 1990：36.

系统论下美国社区学院内部治理体系研究

作,将分析得出的结果作为行政决策的基础从而为学校运作提供见解,同时校长以公开审慎的方式予以采纳,那么院校研究活动的有效性将得以提高。在此过程中,需要注意的事项有:其一,院校研究部门需要平衡对积极的成果与消极的问题的关注度,不能一味地着眼于暴露弱点等那些会让校长产生挫败情绪的信息,而应通过正面鼓励和负面反思的相互作用实现双赢。其二,院校研究部门提供给校长的数据一定要尽量保证准确无误,虽然这其中所包含的负面数据会让校长沮丧,甚至不利于接下来工作的继续开展,但是缺乏准确性会使院校研究的一切相关活动都变得毫无意义。其三,院校研究主任与校长之间的关系很微妙,既需要多沟通交流,又需要保持一定的距离。如果院校研究主任在一年内没有机会与校长进行实质性交谈,就不能准确掌握学校的规划目标与发展取向,从而削弱其服务学校行政决策的功能;但是,院校研究部门又需要在收集、分析和报告数据的过程中具有一定的自主空间,才能维持结果的公正与客观。[①]

2. 与教师寻求有效合作

一直以来,院校研究人员与教师之间的关系较为脆弱,对于很多社区学院而言,两者之间几乎不存在互动,甚至会出现教师向董事会提议撤销院校管理职能部门以减轻学校财政压力的事件。这表明,院校研究部门需要超越传统职能(为政府部门的报告提供学校数据),将自身定位在为包括教学在内的多个部门提供一定帮助并相互合作的新角色上。实际上,社区学院的院校研究部门与教师之间的相互合作对于双方都具有一定的积极意义。对于教师而言,通过与院校研究部门频繁地进行非正式沟通,以正式渠道获取该部门所制作的课堂状况记录、学习效果统计与就业趋势分析等资源,有助于提升自身的教学技能、调整知识学习重点以及完成学术论文研究(无论是基于自身研究兴趣的论文还是相关培训要求的论

[①] M. C. Rowth. "Job Duties of Institutional Researchers in Southern Two-Year Colleges", *Community/Junior College Quarterly of Research and Practice*, 1990 (14): 35 – 44.

第三章 系统的要素：美国社区学院内部治理的主体与部门

文）。相反，对于院校研究部门而言，教师基于学科专业视角对教学活动切身体会的反馈，以及作为与学生接触最为密切的学校工作人员所呈现的学生信息，能够促进该部门从潜在研究领域里明确目标、问题与优先事项。教师具有丰富的教学经验，其经常参加与其教学相关的研究活动，对相关问题的认识能够不拘泥于表面数据，且更具有洞察力，这些认识是院校研究办公室乃至整个学校行政管理的重要资源。在这种状况下，很多社区学院致力于与教师寻求合作，尤其体现在以学生、教学等为主题的研究议题中。他们与教师常常不需要通过合作项目或正式会议来进行官方讨论，而是直接到教师办公室咨询或者用电话沟通，从而将程序化的官僚主义的水平降低到最低限度。[①]

3. 了解学生的行为变化

关于学生学习生活的记录、统计与分析是院校研究部门的一项主要工作，如入学率、出勤率、就业率、转学率等。因此，该部门工作人员的最基本素质包括对学生行为的研究能力，这也是为何他们大多具有行为科学学位或接受过相关的人类行为学科训练的原因。在掌握这些知识的基础上，院校研究人员才能够理解与预测学生的行为，从而为校长的决策制定与公开讲话提供建议、为州政府立法部门提供可以信服的数据。由于当前教育环境之中，学生行为发生了很大变化，故院校研究人员在行为研究方面的能力愈加重要。相比于之前，社区学院学生多是半工半读，甚至常常出现休学与复学现象，这导致他们学业修读时长的平均时间超过 3 年。因此，原本接受了转学服务即能获得学士学位的 4 年时间，仅仅足够一些学生获得副学士学位。如果院校研究部门未能发现这一显著变化，那么在评估学生学业成功的过程中便会产生错误判断。此外，院校研究办公室里所有参与研究项目的工作人员都应该遵循美国心理协会所通过的人类研究伦理指南的要求，不仅要将研究结果反馈

---

① M. Peterson. *An Evolutionary Perspective in New Directions for Community College Research*. New York: Prager Publisher, 1985: 66 - 67.

给上级管理部门,而且要尽可能地让学生对整个研究有充分的了解与认可。①

小　　结

系统的组成要素指向于在整个社会环境之中,那些因为具有共同目标导向、能够相互协调互补而结合在一起的功能单元。对于社区学院内部治理系统而言,为了实现不同时期的职能目标,需要解决什么问题、应该设置哪些部门、由谁来承担部门的任务尤为重要。根据第三章内容的梳理,社区学院内部治理的主体主要有四类群体,分别是以校长为核心的行政人员、教师、教职员工以及学生。校长是内部治理的合法性主体,作为学校主要领导力,规划学校的发展目标与办学理念、筹集学校发展所需的物资经费等;作为各个部门的管理者,负责教职员工招聘与选拔的人事工作、学校内部不同利益群体冲突的调解工作、教师个人专业发展的协助工作等;作为校内外交流中介,负责定期向董事长与州政府汇报学校发展状况的工作、与社会公共部门的交流工作、校企合作的内容谈判与合同签订工作。终身轨教师是内部治理的学术性主体,借助集体谈判与学术评议会的渠道,参与到与自身教学相关的传统领域以及与学校发展相关的非传统领域之中。具体而言,包括:①教师生活福利方面,如薪资、保险、学术休假、病假、产假等;②教师工作管理方面,如校历、教师聘用、教职评审、裁员、调任程序等;③教学活动支持方面,如专业发展、教学时长、课程改革、教学设施、学生奖惩等;④学校发展规划方面,如经费预算、学校评估、行政管理人员的雇用、新职位的设置、校企合作等内部治理的各个方面。教职员工包含非终身轨教师以及提供基本后勤工作的服务人

---

① M. F. Middaugh. *The Nature and Scope of Institutional Development of Community College*. San Francisco: Jossey-Bass, 1990: 39 – 41.

第三章 系统的要素：美国社区学院内部治理的主体与部门

员，其很少参与到内部治理之中，仅在涉及与自身工作相关的事务（如工作标准、工作条件、工资报酬、考核评估等内容）时，与上级部门商讨自身的聘用合同，而当合同与实际出现显著差异时，才借助教职员工委员会或集体谈判的方式提出异议。但是，随着全球化与新自由主义思想在社区学院的渗透，社区学院趋于精简人员队伍、拓展职责范围，让更多的教职员工肩负与自身工作相关的管理事务，而不用听从于行政人员的规划与安排。学生在社区学院所发挥的作用较小，而这种状况相比于公立型四年制大学来说更为突出。相比于"传统学生"来说，他们常常存在学识不足、经济能力有限、种族身份特殊等特征。尽管如此，在相关法律的约束下，社区学院也在尝试建立学生参与的途径，通常包括成立学生自治组织、让学生代表参与校务部门工作与开设学生交流论坛。上述四类群体构成了内部治理的主体，并且借助于相应的职能部门参与到内部治理的过程中，从而形成了社区学院内部治理系统的组成元素。这些职能部门一般包括：商业财务部门、人事部门、教学管理部门、转学衔接部门、学生服务部门、院校研究部门。

第四章　系统的结构：美国社区学院内部治理的组织类型

从系统论的"结构"元素而言，社区学院内部治理表现出了一定特征的关系结构。关于这部分的讨论在目前的研究中已形成了不同观点，其中专门研究美国社区学院的学者爱德华·P.圣约翰（Edward P. St. John）根据商业组织研究领域的格雷纳理论（Greiner's Theory）与明茨伯格的组织结构理论提出了社区学院历史发展进程中的五种治理结构类型，即"简单型"组织的创造模式、"机械型"组织的指导模式、"委托型"组织的委托模式、"灵活型"组织的协调模式以及"使命型"组织的合作模式。

大学治理的本质正是为了更好地实现学校的使命与职能，故其内部治理的发展历程应着眼于不同时期学校的职能变迁。根据第一章内容的梳理，美国社区学院最早可追溯至19世纪中叶的私立初级学院，而本书中的公立社区学院自发轫以来，在教育职能方面先后经历了五个阶段的重大转变：19世纪末20世纪初的大学前两年预科教育的时期、"二战"前的转学教育职能时期、"二战"后至20世纪70年代之前以职业教育为主的时期、20世纪末侧重社区教育的时期、21世纪以来具备多种使命的综合时期。伴随着上述职能的转变，美国社区学院的内部治理也产生了较为显著的变化，形成了不同特征的发展阶段。如果将社区学院看作一个由不同群体构成的组织，那么外部环境的复杂多变所带来的结果是：组织内部的不确定性增加，不同群体之间的竞争加剧，职能定位也在快速变化。社区学院职能与目标的完成需要组织内部各个部门资源的协作，而哪个群体占主导地位，便会对社区学院这一组织的生存与发展、结构设计与绩效水平产生最大的影响力，故影响组织行为与组织效率的关键因素正是内部治理中占据主导地位的群体。

第四章 系统的结构：美国社区学院内部治理的组织类型

明茨伯格依据占据主导地位人群的不同将组织结构分为七种类型：以战略决策层为中心的简单型组织、以操作核心层为中心的专业型组织、以中间管理层为中心的分部型组织、以技术分析层为中心的机械型组织、以支持层为中心的灵活型组织、相互之间互为中心的使命型组织、相互之间缺少协调的政治型组织。① 根据文献的梳理，对于拥有100多年发展历程的社区学院组织而言，受不同时期政治、经济、文化等外部因素的影响，其内部治理表现出以下五个方面的特点：①所有教师所组成的战略决策层占学校组织中的主导地位，趋于"简单型"组织；②按照州社区学院委员会、董事会与校长的决策行事，具有科层结构的"机械型"组织；③行政人员的中间管理层占据主导地位，趋于委托代理的"分部型"组织；④以社区学院协会等外部社会力量组成的支持层占据主导地位，趋于企业制的"灵活型"组织；⑤不同主体共同参与学校决策，趋于"使命型"组织。

与此同时，格雷纳理论根据大量案例得出，个人行为主要受之前发生的事件与经验所决定，而"组织的未来与其说是由外部力量决定，倒不如说是由组织的历史所决定"，故提出从建立时长、规模、以前积累的基础、产业的变化以及面对变化时的适应性等因素来考量组织的结构类型。② 据此，爱德华的观点与视角同样适用于高等教育机构的研究，而社区学院相对于四年制大学而言，由于在短短100余年的时间里受到了内外部环境的交互作用的影响，取得了较大发展，表现出了较为明显的结构类型，分别是创造模式、指导模式、委托模式、协调模式以及合作模式。由此，爱德华在以明茨伯格的组织结构理论作为结构横线的基础上，将格雷纳理论作为历史纵线，聚焦于管理活动中的决策运行过程，分析社区学院历

---

① H. Mintzberg. *Organization and Governance in Higher Education*. Needham Heights: Simon & Schuster, 1991: 47–50.

② E. P. St. John. *Public Policy and College Management*. New York: Praeger Publishers, 1981: 50.

系统论下美国社区学院内部治理体系研究

史发展过程中关于决策运行的显著特征。

卡耐基高等教育委员认为，治理的核心内容是决策的结构与过程，而这是区别于管理和行政的要点。[①] 爱德华认为，社区学院的决策过程存在三个重要的角色，分别是决策的规划者、制定者以及实施者，如图4-1。规划者的主要任务是一边搜集学校外界来自政府、社区、就业市场以及相同类型的其他社区学院的有效信息，一边评估学校内部各项组织活动事项的实施状况，最终将校内外两方面的信息汇聚在一起，形成对于学校未来发展有利的决策建议及与其相应的数据支撑；制定者在依据规划者所提出的决策建议进行利弊考量的同时，分析学校发展的长期目标与短期目标，并且在此基础上将优先实现的目标反馈给规划者，在两者多次商讨之后形成具体的决策制定；实施者是将决策从理论走向实操的关键角色，其不仅要按照决策规定的方向与要求处理各项组织活动，而且要在直接面对学生的互动过程中，发现操作中的不足并获取学生们的体验感受，最终以决策建议与操作信息的方式反馈给制定者。[②] 一般意义上而言，三者之间的相互关系是各自独立且相互贯通的，即每种角色在安排相应人员专职负责的同时，又能基于决策运行的全局立场实现信息交流。

综上，在社区学校发展历程中，决策的规划者、制定者、实施者三个角色分别由明茨伯格所谓的哪类群体承担、三者之间呈现何种关系等这些问题的讨论形成了社区学院内部治理结构的五种类型：①创造模式。该模式多发生在组织诞生阶段，决策的规划者、组织者和实施者合并，没有明确的界限与分工，重点是创造产品和开拓市场。②指导模式。该模式中，规划者与制定者合并，远离实施者，由一位有能力的人担任主管，指导和命令组织的持续发展，

[①] Carnegie Foundation for the Advancement of Teaching. *Governance of Higher Education: Six Priortity Problem*. New York: Mcgraw-Hill, 1973: 25.

[②] E. P. St. John. *Public Policy and College Management*. New York: Praeger Publishers, 1981: 47-49.

第四章 系统的结构：美国社区学院内部治理的组织类型

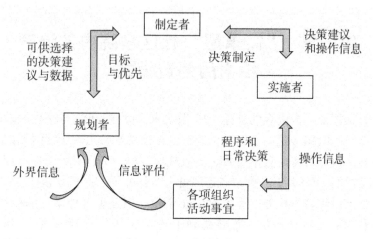

图 4-1 决策运行过程

资料来源：整理自 E. P. St. John. *Public Policy and College Management*. New York: Praeger Publishers. 1981：49-50。

是简单线型组织结构。③委托模式。该模式也是将规划者与制定者合并，但是加强与实施者的双向交流并将其分散为多个单位，即把职能任务委托给各自的专业管理部门，表现出分散的组织结构形式。④协调模式。该模式注重工作的专业分配与相互协调，即决策规划者、制定者和实施者各自独立行使专业权力，但相互之间在共同理念的引导下平衡工作内容，形成稳定的闭合圈，是典型的环型组织结构。⑤合作模式。该模式不仅将规划者从制定者的角色中分离出来，而且交由多个职能部门构成的实施者群体共同承担，以共享与民主的理念减轻科层管理中的官僚主义色彩，呈现扁平的组织结构。五种模式中相近的两者之间的相互转化都需要克服一定的危机才能实现结构变革，如创造模式与指导模式之间关于领导力、指导模式与委托模式之间关于自治、委托模式与协调模式之间关于控制、协调模式与合作模式之间关于官僚化的繁文缛节。

第一节 "简单型"社区学院内部治理结构的创造模式

根据第二章内容的阐述，19世纪末20世纪初的美国社区学院内部组织结构，趋向于简单型组织。该类型常常出现于组织创办的最初阶段，资源配置不完善、人数规模较小，部门层级简单且相互分工模糊。1892年，哈珀在芝加哥大学创办了"基础学院"，承担大学前两年教学任务并颁发副学士学位，引起了其他学校的效仿。加利福尼亚州立大学、布雷德利工艺学院分别于1892年与1896年，将各自四年学制的前两年设立为初级学院；之后，玛斯葛姆学院、德凯特浸会学院先后将各自四年学制的后两年取消，转型为只有一、二年级的初级学院。与此同时，社会私人团体也出现了创办初级学院的现象，如1896年的芝加哥路易斯学院，独立于大学之外。1901年，第一所公立初级学院——乔利埃特初级学院在伊利诺伊州建立，标志着连接中等教育与高等教育的机构的产生，并且促进了密歇根州东区初级学院与印第安纳州葛珊初级学院在中学的设立。[1]

这个时期的初级学院在内部治理方面表现为：①管理规模小、管理层级少；②没有形成统一规范的管理标准；③经费不独立；④管理主体单一集中。1901年，全美共8所初级学院，学生总数仅为100余名，平均每所学校招生不足13名。[2] 由于学生数量少、学校规模小，初级学院内部的管理活动较为简单直接，不存在分工明确的各类管理机构及其相互之间的复杂联系。在初级学院刚刚萌

---

[1] D. Thomas. *A Documentary History of the Junior College and Community Movement*. New York: Greenwood Press, 1986: 24-29.

[2] A. M. Cohen, B. B. Forence, C. B. Kisker. *The American Community College*. San Francisco: Jossey-Bass, 1977: 14.

第四章 系统的结构：美国社区学院内部治理的组织类型

芽的时期，对学生大学前两年基础知识的教授过程，未能形成统一规范的教学标准与课程内容，多是根据师资的配备教授相应的内容。在办学经费有限的状况下，这些师资多是来源于所在地区的中学，数量较少、流动性较强，常常是一边在中学任教，一边在初级学院兼职。学校没有独立的经费获取渠道，除了向学生收取部分学杂费外，主要还是依赖于所在的大学或者中学，依赖于州政府或者地方政府的财政拨款。所属大学或者中学管理部门经过讨论，任命一名教师担任校长，一边与其他教师一样负责初级学院部分课程内容的教学工作，一边与其他教师共同管理组织运行的一切事宜，从而在决策制定上快速精简，具有灵活性与创造性。

这类学校组织普遍使用的治理结构呈现创造模式的特征，即决策的规划者、制定者与实施者三者相互合并，没有明确分工界限，如图4-2所示。该模式指向于小型的社区学院，内部组织成员虽然负有不同的专业职能，但是在管理方面没有形成正式的、规范的权力分配结构，相互之间使用直接的、个人的、非正式的以及频繁的交流。学校不存在严格意义上的规划者、制定者与实施者的角色之分，而是共同完成设想—决策—评估—调整的简单线性过程，鼓励内部成员形成创新性观点，这些行为可能随时随地出现在餐桌上、汽车里、办公室中等场合。①

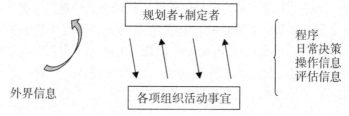

图4-2 创造模式的治理结构

资料来源：整理自 E. P. St. John. *Public Policy and College Management*. New York: Praeger Publishers, 1981: 51-53。

---

① E. P. St. John. *Public Policy and College Management*. New York: Praeger Publishers, 1981: 51.

一、瓦伦西亚初级学院东校区的治理结构

位于佛罗里达州的瓦伦西亚初级学院东校区（Valencia Junior College East Campus，VCCEC）是瓦伦西亚初级学院规模最小的一个校区，其内部治理趋向于创新模式。该学校创办于1944年，由1名校长与35名教职员工共同负责所有的学术规划与学生管理事务，以避免出现多层次的治理结构。[①] 他们在管理过程中使用PERT[②]系统共同商讨学校该完成什么任务以及何时完成，面对学校发展瓶颈自发地掀起头脑风暴，动员大家各抒己见，积极地邀请外界专家分享最新的教育发展理念与可行的教育改革经验。

这种模式的形成与其在创办之初所遭遇的经费困难状况有一定关系。1945年（学校开办的第二年）至1949年，州政府为每位社区学院学生提供的资助费用远远低于学校所花费的实际费用，并且随着后者的不断攀升而逐渐无法支持社区学院的正常运行。为此，VCCEC在入不敷出的状况下没有多余的资金聘请新教师，只能从瓦伦西亚初级学院的其他校区中借调教师。在当时，很多教师并不愿意从设施健全、资金充足、管理成熟的西校区（即瓦伦西亚初级学院本校区）离开，而少数志愿迁徙的教师都是对新校区建设怀有一定的抱负与期望的。他们勇敢、创新、无惧规则、善于打破科层、乐于分享、敢于挑战，自发地形成了"课程和教学发展中心"（the Curriculum and Instructional Development，CID）。正如CID的标语"未来的学校课程是传统和个性化的融合"那样，新校区的校园环境舒适而开放，所有的教职员工都怀有责任与情感并对未

[①] Valencia Community College East Campus. "The Profile of College", accessed February 13, 2021, https://www.uv.es/uvweb/universitat/ca/universitat/missio-visio-valors/missio-1285924490521.html.

[②] 一种软件系统名称。

第四章 系统的结构：美国社区学院内部治理的组织类型

来充满信心。①

VCCEC 的行政管理趋向于简单和畅通，不受学科和部门的限制，并且拒绝创建结构化的管理环境。人员组成有两部分，一位校长统筹学术与学生事务领域，35 名教职员工（分别有 27 名由另外的西校区调任而来，8 名从校外聘任而来）打破自身的学科属性而以学科交融的方式重新组成两个规模相近的管理小组。② 之所以要打破学科界限，是为了避免管理的分类与等级，尽可能地鼓励所有教职员工以平等的角色身份参与到学校建设的每项事务之中。因此，同一个小组的讨论可以形成基于不同学科立场与不同价值观念的协商，从而使得制定出来的决策能够得到大家的认可。在此过程中，校长与每位教职员工都具有三重身份：其一，自觉地在工作过程中，发现学校运行中的不足、提出有待解决的问题并探索可供采纳的有效策略，成为决策的规划者；其二，参与到学校大小事务的决策讨论之中，在管理小组的多方利益博弈之下达成共识，充当决策的制定者；其三，正是由于意识到决策对于解决特定问题的重要性、理解决策所蕴含的理念与目标，他们更能够将决策的内容落实到各自的工作中而避免因上传下达导致的信息误解，属于决策的实施者。③

二、瓦伦西亚初级学院开放校区的治理结构

瓦伦西亚初级学院原本只有一个校区，随着规模的扩大，于

---

① H. L. Hodgkinson. *Institutions in Transition: A Profile of Change in Higher Education*. New York: McGraw-hill, 1981: 63–68.

② Valencia Community College East Campus. "The Profile of College", accessed February 16, 2021, https://www.uv.es/uvweb/universitat/ca/universitat/missio-visio-valors/missio-1285924490521.html.

③ H. L. Hodgkinson. *Institutions in Transition: A Profile of Change in Higher Education*. New York: McGraw-hill, 1981: 69–71.

系统论下美国社区学院内部治理体系研究

1964年建立了上述的东校区以及本部的开放校区（Valencia Community College Open Campus，VCCOC）。如果说东校区的创立目的纯粹是扩大招生规模与提升该校在佛罗里达州的影响力，那么开放校区的成立则是为了充分满足"二战"之后人们对于补偿教育的需要。原本这种教育类型由于不能颁发副学士学位而没有引起瓦伦西亚初级学院的重视，相关事务仅由一个主任负责，没有专职教师。但是，以1973的"中东战争"为标志，美国社会状况面临着经济产业结构的调整，原有的对石油资源依赖型产业逐步转向以电子计算机为主的信息服务新型产业，而"二战"之后由于职业教育的门槛不断降低，导致从业人员大多不具备相关第三产业所需的知识技能，从而陷入了失业的境地。在这种背景下，瓦伦西亚开放社区学院作为专门进行企业员工在职培训、失业人员再就业教育和社区建设的业余教育中心，从原先的部门中独立了出来。

相比之下，该校区面对的学生背景较为多元化、处理的教学事务与学生事务也较为复杂，故在管理模式方面倾向于打破权威的、一成不变的规则，而采取创新的、灵活的策略。在建立之初，VCCOC虽然未能从州政府的拨款中获取足够的经费支持，但是其显著的社会服务性带来了可观的培训费用，从而有能力聘用所需学科的专业教师。1976—1977年，50名全职员工（包括1名校长、2名副校长）与8名兼职员工构成了最初意义上的教职员工队伍，但是他们的工作内容不仅限于课堂知识的教学，还很重视开发创新性的项目。①

这些项目包括与当地企业工厂商讨实习训练合作，在社区进行志愿者知识宣传，与科技馆、博物馆等公共部门协商开展参观教育活动，等等。为此，与项目相关的更多校外合作人员加入了该校区的工作队伍行列，这些人员可能是企业员工、工厂里的师傅、人力

---

① Valencia Community College Open Campus. "The Brief History of College Development", accessed February 18, 2121, https://www. VCCOC. es/uvweb/universitat/ca/universitat/missio-visio-valors/missio-1285924490521. html.

培训师、社区工作人员、居民、科技馆的讲解员等。他们都是在1～3周的时间内介入到一些短暂且密集的项目中的,故该校区的校长自豪地称,"我们不仅有58名校内工作人员,更有难以计数的校外临时员工"。在内部治理方面,教职员工拥有很大的空间与自主权,可以根据学生状况与课程需要而自行规划、制定与实施决策,但是同时也承担相应的责任。权责相随的管理方式令每位教职员工对各自的教学工作充满主人翁意识,会主动地探索能够吸引学生、容易被学生接受的教学方式,也会自觉地寻找学校外部较为适宜的合作方并与之协商具体细节。据统计,建校3年的时间里,VCCOC已经与80个不同的校外合作方实现了联合课程的开展,受到了约1.5万名校外人员的支持与协助。①

三、圣玛丽初级学院的治理结构（1933年之前）

位于马里兰州的圣玛丽初级学院可以追溯至1650年在英国成立的圣约瑟夫修女会,并且于18世纪伴随移民者迁徙的浪潮转移至美国,建立了许多医院、中学和两年制学院。其中,安妮（Anne）在担任圣玛丽医院护士训练项目负责人的时候,希望改革已有的教育模式并颁发相应的学位证书。1932年,安妮联合医院的其他工作人员向当地政府提交了一份计划书,要求开办一所医学健康领域的职业学校,以培养能够胜任医院各项工作的专业技术人才。第二年,该计划得到通过并收到了希尔家族基金会1.8万美元的办校经费支持。学校开办之初并没有取得很大的发展,直到1933年入学人数达到838人,才进行了学校管理的改革。②

---

① Valencia Community College Open Campus. "The Cooperation of Instruction", accessed February 18, 2021, https://www.VCCOC.es/uvweb/universitat/ca/universitat/cooperative/missio-1243378703.html.

② St. Mary's Junior College. "History", accessed February 18, 2021, https://www.stmaryak.school.nz/welcome-to-st-mary-s/smc-history.

系统论下美国社区学院内部治理体系研究

学校在成立的前10年里，并未按照权责界限建构正式的治理结构，也很少考虑长期目标与长期规划。最初建校的教职员工认为，应将全部的人力、物力与财力放在当前正在进行以及近期即将实施的工作中，如专业建设、教学改进、课程修订等，从而提升教育质量，获得认证机构的肯定。安妮校长所采用的"创新管理"方式，不存在教师与管理者的角色之分，即便是校长也要从事教学工作，而每位教师也要负责围绕着教育活动所开展的各项学校运行事务。那么，这些事务应该如何运作？教师们根据教育活动的短期规划设计了可以实现的诸多项目，并且围绕着具体的项目进行了有效管理，将管理建立在项目的基础上。比如，麻醉专业的增设会促使教师们共同商讨招多少学生、学生修读哪些课程、分别由哪些老师担任教学工作、如何解决相关课程的医疗器械问题、经费从哪里来等。在项目的引领下，管理团队就此形成，彼此之间没有上下级的命令与遵循，更多的是共同合作与协商。①

1934年，具有临床心理学博士学位的汤姆·舍勒（Tom Scheller）被聘为该校的副校长，他更加强调学校的革新、建立教师委员会制度，以及通过强有力的校外融资能力支持并鼓励所有的教职员工为学校发展做出努力。与此同时，"外行人董事会"应运而生，其一方面向学校传达自身行业的人才需求；另一方面为学校教师的各种创新项目提供可靠的资金，从经费上保障了创新管理模式的运行。在这种理念下，该校的教师踊跃地参与决策的规划、制定与实施，其聘用标准为"不要专注于自己的工作，而是能够快速胜任各种不同的角色，有效处理学校的各项事务"。②

---

① R. E. Helsabeck. *The Compound System: A Conceptual Framework for Effective Decision Making in Colleges*. University of California, Berkeley: CRDHE, 1979: 117–119.

② R. E. Helsabeck. *The Compound System: A Conceptual Framework for Effective Decision Making in Colleges*. University of California, Berkeley: CRDHE, 1979: 120–121.

第二节 "机械型"社区学院内部治理结构的指导模式

20世纪以来，初级学院得到了快速发展：首先，学校数量不断增加，由1900年的8所，增至1918年的140所、1930年的436所、1942年的624所；其次，招生规模显著扩大，由1900年平均每个学校13名学生，上升至1930年的平均170名、1940年的平均387名、1942年的平均504名。[①] 这些变化促使初级学院内部治理面临更加复杂的状况，如专业教师的聘任、招生录取的安排、课程内容的设置、经费物资的分配以及转学协议的制定等方面，原有的简单型组织管理难以负荷。此时的社区学院还未形成独立学区，仍处于中学学区的管辖范围之内，其行政管理机构由中学学区委员会兼任。自1921年加利福尼亚州从法律意义上赋予该州范围内的初级学院享有独立学区的权利，经过20余年的发展，全美所有的初级学院最终都脱离了中学的管理，成了独立的高等教育机构。[②] 在此之前，初级学院的内部治理带有中等教育的科层制特征，属于明茨伯格组织理论的"机械型"类别。

此时的美国正处于工业化进程之中，管理思想的新观点也影响到了社区学院的内部治理，如法国的亨利·法约尔所提出的一般管理理论、德国的马克斯·韦伯所提出的官僚制组织理论以及美国的弗雷德里克·温斯洛·泰勒所提出的科学管理理论。这些基本观点表现在这些方面：分工明确与权责明晰、非人格化与理性、工作运行的专业化与标准化、合法权威与等级制职位。基于这些思想，社

[①] A. M. Cohen, F. B. Brawer, C. B. Kisker. *The American Community College*. San Francisco: Jossey-Bass, 1977: 15.

[②] M. L. Zoglin. *Power and Politics in the Community College*. California: ETC Publications. 1957: 12-79.

系统论下美国社区学院内部治理体系研究

区学院的内部治理由校长及其董事会在中学学区委员会的合法性认可下，行使了自上而下的集权化管理，具体有以下四个特征：其一，与上个阶段不同，此时的校长从教师的角色群体中独立了出来，作为专门职务，是纯粹的学校管理者，对校内的大小事务处于绝对的权威地位，并且对学校的发展负有全部的责任；其二，在校长之下，各个职能部门各司其职，在内部治理过程中建立线性的管理层级，遵循标准化的流程规范、运用非人格化的正式交流，较少关心或参与整个学校组织的发展规划与目标使命；其三，在学校外部，校长需要对地方政府的中学学区委员会负责，而面对内部，则与其他群体之间保持命令与服从的关系，缺少相互的交流与协商，很少接受教师等操作群体的反馈意见；其四，经费大多由地方政府与州政府承担，因而需要履行政府的宏观调控政策、定期向其汇报学校状况并接受各种评估检查。

这类学校普遍使用的治理结构呈现指导模式的特征，即规划者与制定者合并，两者共同远离实施者，如图 4-3 所示。该模式中的权力分配出现了权威领导层，从宏观层次负责学校的规划与发展，并且在重大事务中具有最高决策权。相比之下，实施者承担了学校管理的日常具体事务，但并未形成结构化的管理层次，而更多地依赖于学校的院系学科。领导层不直接面对操作层面的事务，而是根据外界的输入信息与内部的反馈建议来制定决策，进而指导实施者的工作。合并体（规划者与制定者合并）和实施者两者之间的信息交流基于总结报告、数值预算与分数标准等准确数据，呈现出规范化、程序化的特征。[①]

---

① E. P. St. John. *Public Policy and College Management*. New York: Praeger Publishers, 1981: 53.

第四章 系统的结构：美国社区学院内部治理的组织类型

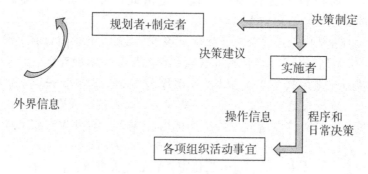

图 4-3 指导模式的治理结构

资料来源：整理自 E. P. St. John. *Public Policy and College Management*. New York: Praeger Publishers, 1981: 53。

一、圣玛丽初级学院的治理结构（1933年之后）

圣玛丽初级学院在1933年面临着管理模式的重大变革，入学人数的增加给学校管理带来了一定的压力。在多重项目的叠加作用下，几乎所有的教师都同时肩负着很多任务，而这些任务之间的关系并不是很紧密，从而导致教师的工作效率低下、教育质量下降。由此，该校安妮校长与汤姆副校长意识到了两点不足：其一，自建校以来优先考虑的短期项目固然具有现实意义，但是长期规划更有利于学校的整体发展；其二，以项目带动管理的方式造成了很多工作的重复进行，这在学生逐渐增多的情况下表现出了效率低下的特征。为此，该校建立了规划委员会专门负责为学校的长期发展做出宏观安排，根据行业市场对人才的诉求提出可供采纳的方案并汇报给校长；同时，原本仅分为普通教育与技术教育两类的学科结构被细化为多个院系，专门负责将校长的各项决策在本院系内付诸实践。在这种背景下，教师从决策规划者与制定者的角色中脱离出来，同时以校长为代表的管理力量由此产生并具有一定的权威性。①

治理结构上最显著的变化便是该校从 1933 年之前只有 1 名校长、1 名副校长、2 名院长（普通教育院长与技术教育院长）和众多教师演化为具有 1 名校长、4 名副校长、6 名系院长。② 其中，校长与副校长是规划委员会的主要成员，而每位院长则配备 2 名执行员与 1 名文员以落实学校层面的各项决策，教师仅负责教学任务。4 名副校长具有一定的分工，有专门负责学生事务的、有专门负责会计财政事务的、有专门负责教职员工人事管理的、有专门负责课程与教学的，但他们更多地承担着信息搜集、分析与汇报工作，而决策的规划与制定还是主要交由校长做出判断。在这种管理模式中，校长被赋予了关键的"指导角色"身份，从宏观上规划学校发展并指导各个院系加以落实，而各个院系自我管理的主动权较为薄弱，仅仅是遵循学校层面的决策指示。

这一现象出现的原因与教师角色的变化也有一定的关系：处于"创新模式"时期的教师承担项目开发、课程制定、计划实施等重要角色，而 20 世纪 30 年代之后这一功能被逐渐弱化并按照临床护理系、外科治疗系、内科治疗系、检验诊断系、护产科学系和继续教育系的学术结构划分而趋于各院统一管理，给教师留下的自主性空间很小。③ 一方面，很多专业的课程设计在前期的"创新模式"阶段已经初步成形，不需要教师进行大幅度的改革；另一方面，新项目的开发仅仅依靠教师已经难以奏效，需要耗费一定的时间反馈

---

① R. E. Helsabeck. *The Compound System: A Conceptual Framework for Effective Decision Making in Colleges*. University of California, Berkeley: CRDHE, 1979: 128.

② St. Mary's Junior College. "Deans", accessed February 19, 2021, https://www.stmaryak.school.nz/student-services/smc-deans.

③ St. Mary's Junior College. "Department", accessed February 20, 2021, https://www.stmaryak.school.nz/welcome-to-st-mary-s/slt/department/html.

第四章 系统的结构：美国社区学院内部治理的组织类型

给规划委员会并经由校长同意。① 在两者的共同作用下，教师在学校管理中的积极性显著降低，逐渐退出了与自身利益不存在直接关系的事务的管理，如图书馆借阅、学分修读、学杂费收取等。

二、门罗社区学院的治理结构（20世纪40年代之前）

门罗社区学院建立于1931年，是纽约州的第一所社区学院，隶属于纽约州立大学系统。自建校以来，该校先后仅有4位校长（平均每位任职时间都大于10年），其内部治理保留了纽约州立大学的管理特征，凸显了校长的权威地位，表现出指导模式的形态。20世纪30年代的纽约州立大学在经历了创新模式之后，还经历了治理结构的大调整，由校长、学术副校长与财务副校长组成高级管理办公室，承担学校所有重大决策的规划与制定工作。与此同时，各个院系在从事专业知识的教学与科研过程中，发现很多学生没有做好充足的知识准备，因此只能在一、二年级阶段对他们进行基础科研素养的加强。为此，纽约州立大学成立了门罗社区学院，专门为在该校就读的低年级学生提供文理科学、卫生科学、商科、管理等学科基本知识，并且提供一定的通识教育。正因为如此，门罗社区学院在成立之初，便沿袭了纽约州立大学的内部治理传统，由1位校长、1位财务副校长、1位学术副校长、1位发展副校长共同组成治理结构，负责决策的规划与实施。②

在上述4位管理人员的作用下，该社区学院的第一个长期规划（5年）于1930年产生，强调以转学教育为主要职能，详细规定了各系的课程门类组成、教学质量评估规定、转学标准与学分要求、

---

① R. E. Helsabeck. *The Compound System: A Conceptual Framework for Effective Decision Making in Colleges.* University of California, Berkeley: CRDHE, 1979: 131-134.

② H. L. Hodgkinson. *Institutions in Transition: A Profile of Change in Higher Education.* New York: McGraw-hill, 1981: 83-88.

系统论下美国社区学院内部治理体系研究

学位授予资格等。基于此，各系院长定期开展教师会议，共同商讨如何渐进地落实长期规划的内容，并且及时将各自的工作状况反馈给学校层级的管理人员。[①] 在此过程中，虽然以校长为代表的治理结构较为显著，而且与教职员工的相互交流、合作较少，更多地承担了学校总体规划与重大决策制定的工作，但是在院系层级方面，教师在一定范围内依然享有一定的决策讨论空间。也就是说，在学校规划的指导方向下，借助教师会议等方式，教师能够平等地参与到院系内部的管理工作中，讨论各项工作的实施办法与反馈意见。

然而，学校的指导由于脱离实际教学情境，有时未必能起到正向的作用，上述的长期规划所带来的意想不到的后果是入学人数的下降：1934年，学生录取规模从建校之初的816名缩至595名。[②] 这一现象引起了门罗社区学院两个方向的转变，分别是向社会筹集资金与职业教育的兴起。学生人数的下降不仅减少了学校所收取的学杂费，而且由地方政府与州政府给予的经费供给也相继被削减（因为经费是按照学生人数拨款的），对于联邦政府的暂时性补助支持也因人数标准不合格而无法获得。如《高等教育设施法修正法案》规定，按照社区学院招生的适龄学生总数占本地区所有青年总数的百分比予以不同程度的拨款，占比越高拨款金额越多，占比低于50%的则没有拨款。

由此，门罗社区学院一边积极拓展校外社会市场以筹集资金，一边有意识地改变单向度的转学教育职能而发展职业教育功能。[③] 1934—1935年，该学校成功筹集了372811美元，用于培养当时纽约城市建设所需的各类职业技术人才。其中，在丹弗斯基金会的倡

---

① Monroe Community College. "The MCC Foundation", accessed February 20, 2021, https://www.monroecc.edu/about-mcc/mcc-foundation/.
② Monroe Community College. "Inspiring since 1961", accessed February 20, 2021, https://www.monroecc.edu/about-mcc/history-mission/.
③ H. L. Hodgkinson. *Institutions in Transition: A Profile of Change in Higher Education*. New York: McGraw-hill, 1981: 89 - 90.

第四章 系统的结构：美国社区学院内部治理的组织类型

议下，学校专门成立了董事会 - 教职员工 - 管理部门的联合计划项目，由提供资助的外行人所组成的董事会监督教职员工的教学工作与管理部门的行政工作，以确保职业教育得到落实。1945 年，曾先后参与建立 3 所社区学院、时任门罗学院校长的勒罗伊·V. 古德博士（Leroy V. Good）发布了职业教育规划并重新调整了学校治理结构，新增专门负责职业教育的执行长，并且要求各个院系在保留转学教育职能的基础上大力发展职业教育、服务当地社区建设。为此，学校开办了多种教职员工实习项目、教职员工提升项目、咨询工作坊、职业图书馆、学科职业技能工作坊等，以帮助已有的教师适应学校职能的转变。

目前，门罗社区学院的主要管理者为 1 位校长、3 位副校长和 2 位主管。其中，学术副校长下设教务处主任、教学中学主任、学生事务主任与学生活动中心主任，发展副校长下设校外公共关系主任与校友会管理主任，财务副校长下设多位会计师，职业发展主管下设各个院系的职业发展主任，招生主管下设多位工作人员。学校在学术结构上分为 6 个院系，分别是教育系、艺术系、人文科学系、自然科学系、社会科学系以及商科系。①

三、加维兰学院的治理结构（20 世纪中叶之前）

位于加利福尼亚州的加维兰学院成立于 1933 年，原名是圣贝尼托县初级学院，由圣贝尼托县中学延长学制而形成。因此，加维兰学院在建立初期，保留了公共教育系统 K-12 教育的传统，注重校长的权威管理者角色，其内部治理呈现指导模式的特征。当时，该学校的治理结构由校长办公室、学生事务部门、学校发展部门、

---

① Monroe Community College. "MCC College Directory of Office", accessed February 21, 2021, https://www.monroecc.edu/about-mcc/offices-departments/.

商业财政部门组成，学术结构分为医药系、教育系与文理系。① 一直以来，该校注重加强体育训练，要求所有学生必修体育相关课程，并且鼓励他们参加各类大学生体育比赛项目，故在学生性别方面以男生居多。然而，随着"民主教育运动"的兴起，该校于1946年开始逐渐增加招收女性、黑人以及少数民族学生，5年的时间已经将学生规模扩大近3/5，学生总数中约有1400名来自不同文化背景的学生。与此同时，教师数量也增加了一倍，全职与兼职的比例由1∶3演变为1∶5，而兼职教师多是从其他院系、企业、医院等处临时聘请的教师。② 综上，学生规模的扩张、多元文化的学生背景、兼职教师比例的提高给学校管理带来了更多的复杂性因素。

在这种状况下，时任加维兰学院校长的拉尔夫·泰勒（Ralph Tyler）于1948专门聘请相关人员进行了一项治理结构的研究并得到如下结果：①为学校的长期发展制定明确的规划；②区分负有转学职能的部门、负有职业技术教育职能的部门以及负有继续教育职能的部门；③在校长办公室增设副校长的职务，分别负责对外交流工作、教学课程工作、人事管理工作以及学生管理工作；④根据已有的学科内容将学术结构进一步扩展至外语专业、自然地理专业、物理工程专业、生命科学专业、历史专业、心理专业、天文专业、体育专业、教育专业、新闻专业等；⑤为各系院长配备执行员，专门在教师之间进行决策传达、利益协商与意见反馈工作。③ 在这一总结报告的影响下，加维兰学院进行了全面结构改革，形成了由校长指导的多院系管理模式，成为当时加利福尼亚州社区学院规模较大的学校。这不仅为当地的四年制大学输送了大批学生，如加利福

---

① Gavilan College. "The Development of Administration", accessed February 21, 2021, http://www.gavilan.edu/admit/index/administration/33097776347.php.

② Gavilan College. "The Total Number in History", accessed February 21, 2021, http://www.gavilan.edu/number/history/33096340321.php.

③ H. Kaufman. *The Natural History of Human Organizations in Administration and Society*. New York: McGraw-Hill, 1991: 62-65.

第四章 系统的结构：美国社区学院内部治理的组织类型

尼亚州州立大学、加利福尼亚州大学、圣地亚哥州立大学、旧金山州立大学等，而且培养了大批技能人才，尤其是多元文化背景下多语种（法语、日语、西班牙语等）的工作人员。

整体而言，20世纪50年代之前的加维兰学院处于学校发展良好的状态，得益于指导性管理模式在当时的社会背景与学校状况下发挥了一定的积极作用。一方面，面对教师和学生都是数量多且结构复杂的情况，由学校层级的领导做出宏观规划并按照不同的职能部门分别管理，有助于提高管理效率；另一方面，专业学科的细分能够满足不同学生的求学诉求，从而扩大招生规模并在多元背景的学生群体之中做出学科趋同性归类。

第三节 "分部型"社区学院内部治理结构的委托模式

以"二战"为分界线，美国初级学院逐渐从中学学区中分离而出，并且以独立形态成为高等教育领域中的组成部分，其内部治理趋向于明茨伯格的"分部型"类别。这一时期，美国国内有两个标志性事件促进了其内部治理的转型：一是联邦政府颁布《退伍军人权利法案》，二是美国杜鲁门总统高等教育委员会发布《美国民主社会中的高等教育报告》。根据前文内容，自该法案颁布之后的10年时间里，联邦政府拨款共计55亿美元，资助了约800万名退伍军人接受社区学院的职业技术教育；[①] 该报告将"初级学院"更改为"社区学院"，并且划分为高等教育层次中的"民主"教育机构，由州政府出资创办、地方政府予以常规经费支持。这两个政策以立法与拨款相配套的方式，极大地推动了社区学院的迅猛发展、深化了教育民主化理念。在20世纪70年代左右，社区学院的总数已高达1091所、学生总数逾越247万人，平均每个州有20

---

① 参见王廷芳《美国高等教育史》，福建教育出版社1995年版，第152～153页。

系统论下美国社区学院内部治理体系研究

多所社区学院、平均每所学院有 2267 名学生。①

在这种背景下，由于社区学院的规模增大，原本以校长及其高级管理层为中心的"机械型"组织不再适用，而趋向于在保留一定程度的科层管理基础上，增加内部治理的层次，以保障被管理者的权利，加大与州立法机构、企业等外部力量的联系。这一管理方式的改变受到当时人本主义心理学的影响，尤其是美国心理学会主席亚伯拉罕·H.马斯洛（Abraham H. Maslow）所倡导的人类动机理论与自我实现理论。基于"整体"与"动力"的心理视角，马斯洛将人视为遵循从生理需求到自我实现需求的递增方向、超越"经纪人"范畴而最终实现精神需求满足的生命体。基于此，管理的主要价值在于关注被管理者的需求与动机，激发他们在工作中的最大潜能。因此，社区学院在内部治理方面的显著表现为：其一，校长等高级管理层的绝对控制权被削弱，一方面，以法人的身份与州地方的政府机构、社会企业、专业协会等外部力量相互联系，促进学校内外部的信息交流；另一方面，扮演"家长"的角色，视学校为各个群体紧密联系的"大家庭"，尊重被管理者的精神需求、注重权力下放与信息反馈。其二，各个部门的规模扩大、层级复杂、独立性很强，可以自主地制定决策，但同时需要承担相应的责任；它们相互之间很少依附，甚至为了争夺资源而发生竞争，容易造成工作的重复以及资源的浪费。其三，在拥有多个校区的大型社区学院数量不断增加的情况下，决策由校长授权给每个校区的负责人自主运行，利用人才培养标准与教学教务绩效等方式从学校整体的角度进行宏观控制。其四，学校组织稳定性较好、灵活性较差，依然具有科层制的特性，并且在此基础上扩大纵向分权，突出被管理者的主体地位。

这类学校组织普遍使用的治理结构呈现委托模式的特征，即规划者与制定者合并，实施者分化为多个功能主体，如图 4-4 所示。

---

① A. M. Cohen, F. B. Brawer, C. B. Kisker. *The American Community College*. San Francisco: Jossey-Bass, 1977: 15.

第四章 系统的结构：美国社区学院内部治理的组织类型

委托模式依然在纵向上采用权责分离的方式，由领导层把持学校规划与决策的权力；同时根据不同岗位职能的需求，委托相应的专业人员负责具体的实施，在横向上形成系统的、有序的组织治理结构。各个管理单位隶属于唯一的上级部门（即受委托的实施者），相互之间分工明确，缺乏交流，专注于程序化、标准化的工作内容。在这类学校中，专业化的管理团队独立于教师而存在，学术领域与管理领域的界限从模糊趋向清晰，以校长为核心的领导层成了学校事务管理的核心力量，具有一定的科层性。①

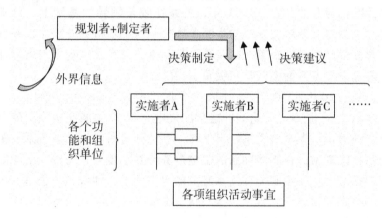

图 4-4 委托模式的治理结构

资料来源：整理自 E. P. St. John. *Public Policy and College Management*. New York：Praeger Publishers，1981：55。

一、加维兰学院的治理结构（20 世纪中叶之后）

上文论述的加维兰学院在指导式的内部治理结构基础上，根据

---

① E. P. St. John. *Public Policy and College Management*. New York：Praeger Publishers，1981：56.

系统论下美国社区学院内部治理体系研究

学校的发展状况不断革新自身管理体系，不仅建立起了愈加成熟、职能分工明确的行政管理体系，而且将教师从院系管理工作之中抽离了出来，聘用专业管理人员加以替代，从而表现出委托式内部治理模式的特征。这一系列转变过程中，具有标志性意义的事件有：①1949年，该校出现院校研究事项并交由规划办公室实施，主要从事学校各项数据统计与分析的工作，作为学校各项工作反思与规划的基础；②1950年，该校自上而下地建立起了学校职能部门的层级单位，起到了分工明确与权责明晰的效果，注重各项工作内容的标准化与专业化；③1951年，各系在院长领导的基础上，分别建立了两类行政单位——学生服务办公室与学术事务办公室，并且将学校管理的具体决策交由院系自行安排，仅在学校规划与质量评估等宏观决策方面由校长层级负责。①

到了20世纪50年代，加维兰学院已经具有22个职能部门、8个系以及39个专业。这些职能部门之中有16个隶属于院系，分别负责外语系、人文科学系、自然科学系、社会科学系、教育系、医药系、体育系、在职培训系的学生事务与教学事务；另外6个职能部门是在已有校级职能部门基础上的重新调整，即校长办公室、规划办公室、财务办公室、衔接与转学办公室、人事办公室以及学生事务办公室。②

这一时期学校的治理结构趋于以下四个方面的特征：其一，原本学校的教职员工以教学岗为主，即便是校长与副校长也多是从具有成熟教学经验的教师群体中选拔而出的，而20世纪80年代之后，教师参与管理的功能逐渐弱化，而通过招聘大量从事专业管理岗位的行政人员来加以替代，如具有会计学相关学位的财务部门工作人员、具有管理学学科背景的人事办公室工作人员、具有心理学

---

① H. Kaufman. *The Natural History of Human Organizations in Administration and Society*. New York: McGraw-Hill, 1991: 67–70.

② Gavilan College. "The Development of Administration", accessed February 23, 2021, http://www.gavilan.edu/admit/index/administration/33097776347.php.

第四章 系统的结构：美国社区学院内部治理的组织类型

基础的学生服务办公室工作人员等。其二，校长以及副校长依然是学校重大决策的规划者与制定者，但是注重来自不同职能部门与院系的建议与反馈，强调借助例行会议、工作汇报等方式促进不同层级管理者之间的有效沟通。例如，加维兰学院每周举行一次全校职能部门会议、每学期校长到各个院系检查工作状况的次数不少于一次、校长办公室设置邮箱供职能部门的基层工作人员与教师反馈信息。其三，基层管理工作人员作为决策的实施者，相互之间缺乏一定的联系，这一部分原因在于学校规模较大，使得各项工作内容复杂繁忙而导致他们无暇交流；另一部分原因在于工作的专业化与精细化促使他们大多集中在自身的专业领域，而很少考虑其他部门的工作内容乃至学校的整体运行。其四，行政管理人员与教师之间的关系较为复杂，前者的权力来自学校组织的赋予，而后者的权力源于自身对知识的掌握，两者之间常常会有分歧，但是随着兼职教师比例的上升，教师常常成为被雇用以及被管理的角色。[1]

二、瓦伦西亚初级学院西校区的治理结构（20世纪60年代）

瓦伦西亚初级学院西校区（Valencia Community College West Campus，VCCWC）位于佛罗里达州奥兰多城市的郊区，创办于1927年，是瓦伦西亚初级学院建校最早的一个校区。目前，该校平均每年有5万名学生注册入学，为学生提供了丰富的学科课程，能够进行转学教育和职业教育，所颁发的副学士学位数量位于全美第二，其甚至在2005年获得了学士学位颁发资格。[2] 该学校在创办之初就确定了"以学生为本"的理念，与当地高中、大学以及

---

[1] H. Kaufman. *The Natural History of Human Organizations in Administration and Society*. New York: McGraw-Hill, 1991: 72–80.

[2] Valencia Community College West Campus. "The Brief Understanding of College", accessed February 23, 2021, https://www.uv.es/college/missio-visio-valors/history/15336578077.html.

系统论下美国社区学院内部治理体系研究

企业加强联系,努力实现"所有学生都取得成功"的教育目标,故受到了当地以及周边城市很多学生的欢迎。随着学生总数的上升,瓦伦西亚初级学院于1944年与1964年先后成立了瓦伦西亚初级学院东校区以及开放校区,并于1967年进行了管理制度调整,进一步强化了委托式内部治理结构。①

1956年,瓦伦西亚初级学院西校区收到了120万美元的资助,并且被要求在5年之内实现如下目标:其一,强化学校各项工作的问责水平,建立人事目标与评估系统,根据工作标准与实际表现的差异决定教职员工的薪资待遇等;其二,各个院系都建立了学习实验室,配有轮流值班的教师去指导学生将课堂上的知识进行操作实践,深化学习效果;其三,在学校管理层级设有项目征集中心,鼓励处于决策实践者角色的教职员工开发新项目并在获得同意后收到相应的经费支持;其四,建立课程教学发展中心,一方面为教师提供经验交流的平台,另一方面帮助教师持续进行教学能力的提升;其五,安排相应人员负责学生记录系统的运行,保存每位学生的在校信息,包括入学背景、专业学科、课程学分、奖惩状况以及毕业去向等;其六,在上一目标的基础上实施学生追踪项目,统计已经毕业学生的学业发展水平或者所从事的职业及其层次,作为学校发展规划的基础数据之一;其七,安排相应部门负责社区资源识别工作,即调查适龄学生人口及类别、就业市场的人才技能需求、具有合作意愿的企业项目等,保持与当地及周边社区之间的联系;其八,规定内部治理的各项工作流程,以目标为导向明确各个部门的职能分工与相互之间的隶属关系;其九,建立信息传播渠道,包括自上而下的决策命令与自下而上的实操反馈;其十,设置项目规划与预算部门,分析与评估各个部门的工作开支与使用情况。②

---

① J. V. Baldridge, T. E. Deal. *Managing Change in Educational Organizations by Objects*. New York: McGraw-hill, 1997: 61.

② J. V. Baldridge, T. E. Deal. *Managing Change in Educational Organizations by Objects*. New York: McGraw-hill, 1997: 63 – 68.

第四章 系统的结构：美国社区学院内部治理的组织类型

在上述十大目标的指引下，瓦伦西亚初级学院西校区在几年时间内不断地强化学术部门（即院系）的行政职能，将学校内部治理转向正规化、系统化与规范化。在上述资助项目结束的那一年，该校将很多职能委托给院系自主承担，使其具备教学单位与行政单位相互糅合的身份，形成了校级加院系级合作管理的方式。其中，校长办公室包括1位校长和负责不同工作的专业人员（财务总监、人事总监、学生事务总监、学术总监、社区总监）；3个院系（科学系、公共服务与商业管理系、艺术与体育教育系）各设置2名院长分别负责学生事务与学术事务，并且建立了结构完善的学院管理机制，包括独立的财务预算部门、人事部门、学生服务部门、课程教学发展中心、社区资源识别部门。各学院中5个部门的主要负责人会定期参加学校职能会议，向校长反馈工作的最新进展并接受校长办公室相应专业人员的评估与建议。[1]

之所以淡化以校长为中心的校级管理部门的权威决策身份，而委托院系内部成立专业部门实施管理，其根本原因在于，该校学生人口基数较大，每个学院之间存在较大的差异性。1965年，该校学生总数为3万人，平均每个院系1万人，仅有约51%是白人，还有约一半学生是西班牙裔、非洲裔或亚裔等。为了高效管理数量庞大、结构组成复杂的学生，学校将管理权力由学校过渡到院系，从而避免了工作的冗杂与重复。与此同时，三大学科彼此之间的相关性较低，如科学系多倾向于普遍教育，下设人类学、历史学、数学、物理学、政治学、生物学；公共服务与商业管理系则侧重职业教育，下设会计、护理、建筑结构技术、计算机技术、数字媒体技术、房地产；艺术与体育教育系多向社区开设，下设音乐、绘图与设计、戏剧、体育、法语、教育。[2] 各自独立的管理模式便于院系

---

[1] Valencia Community College West Campus. "The Administration Departments", accessed February 23, 2021, https://www.uv.es/college/admins-/1503398077/orgain/37.html.

[2] J. V. Baldridge, T. E. Deal. *Managing Change in Educational Organizations by Objects*. New York: McGraw-hill, 1997: 70–73.

在学校宏观规划的基础上,按照自身的教育目标与课程内容进行决策实施,以提高各项工作的效率与质量。

三、南内华达社区学院的治理结构(20世纪下半叶)

位于内华达州拉斯维加斯的南内华达社区学院创办于1971年,其发展较为迅速,目前已成为内华达州最大的公立高等教育机构,每年为2万多名学生提供100多个职业项目,具有3个校区与20个学术研究中心。该校在创办之初便表现出了一定的发展潜力,一方面为内华达州的适龄青年提供了副学士学位教育,另一方面由于毗邻拉斯维加斯而受到了许多具有学习意愿的在职人员的青睐。他们利用工作之余来校接受继续教育或商务培训,注重的不是学位证书而是专业人员的指导与自身技能的提高。为此,该校于1974年开始实行导师制,为每位学生配备学习指导教师,帮助他们合理规划学习进程、及时掌握课堂上难以理解的知识点、正确使用实验室操作设备等。这一变革在使学生学习质量提升的同时,也加重了学校的经济负担、增加了教师的数量。一时间,为了实现1∶25的导师学生比例,学校招聘了大量的兼职导师。[①]

1976—1978年,该校陆续申请了AIDP(一个资助项目的名称)200万美元的资助来缓解经济压力,并且被要求调整内部治理结构:①重组校长办公室,由校长与4位副校长所组成,分别是管理校友、体育、信息与合作等事务的发展副校长,管理财务、物资采购、奖助学金、工资等事务的财政副校长,管理人事、实验机械设备、课程等事务的教学副校长,管理招生、毕业、学分等事务的

---

① J. V. Baldrige, M. L. Tierney. *New Approaches to Management: Creating Practical System of Management Information and Manaagement by Objectives*. San Francisco: Jossey-Bass, 1999: 47-49.

第四章 系统的结构：美国社区学院内部治理的组织类型

学生服务副校长；① ②在学校层面建立专门的管理部门并聘请相关人员负责，这些部门包括教职员工管理部门、学术发展部门、就业指导部门、学生服务部门、规划与评估部门、信息管理部门、院校研究部门；② ③在12个院系的基础上另设研究中心，分别是促进教师教学技能提升的教师教育中心、推进学校与企业联合培训的商业合作中心、开展学生社团建设的学生活动中心以及申请导师辅助学习的导师指导中心。

按照上述委托式治理结构改革之后，南内华达社区学院的各项工作有序开展，学校规模也在稳步增长，到了1980年，已经有将近10000名在校学生、3000多名教职员工。此时，虽然学校在管理手册上明确规定各个学院内部的教学活动与管理活动需要显著分开，但是在正式管理组织之外也相继成立了学校参议院与学院学术委员会。学校参议院由教师与学生代表、校长与4位副校长、各个管理部门负责人共同组成，针对教师与学生提出的管理建议而进行会议讨论。学院学术委员会则专门针对各项教学活动，允许所有教师表达自身的实践反馈意见，并且有资格对最后的决策进行投票。这两个机构建立的起因正是20世纪70年代末学生骚乱事件的频繁发生与兼职教师不满情绪的产生，其建立促成了师生初步尝试对强大行政管理机构进行制衡的观念的实践。③

---

① College of Southern Nevada. "Our History of Administration Development", accessed February 23, 2021, https://www.csn.edu/administration/html/1/his-/55409100772/.

② College of Southern Nevada. "Departments of Administration", accessed February 24, 2021, https://www.csn.edu/depar-/administration/html/1/34338879983/.

③ J. V. Baldrige, M. L. Tierney. *New Approaches to Management: Creating Practical System of Management Information and Manaagement by Objectives*. San Francisco: Jossey-Bass, 1999: 51–52.

第四节 "灵活型"社区学院内部治理结构的协调模式

中东战争爆发之后,美国经济遭遇困境、失业问题较为严重、社会阶级矛盾激化,不仅推动了民权运动的兴起,而且也促进了社区学院的发展,那段时期被称为社区学院内部治理的"灵活型"时代。"灵活型"组织强调在科层管理的基础上,克服其原有的灵活性不足、稳定性较强的特征,从外部支持系统中引进各种群体的协助,快速且精准地应对各种突发性、暂时性以及个别性的事项。① 这种管理方式一般发生在权力分布去中心化、标准化工作运行受到挑战、内外部环境密切联系的组织之中。相比于20世纪五六十年代,这个时期的美国社区学院一方面面对经济产业结构的调整,着力培养社会第三产业发展所需的、以电子计算机为主的信息服务人才,不断加强与外部企业的合作联系,以缓解失业问题;另一方面,受到民权运动的影响,教师等群体在科层制体系中意识到了自身所具有的权利,进而寻求外部工会组织的力量加以保障,从而摆脱已有的权力机构、革新标准化的工作规范。

其标志性事件是《职业教育法》的颁布,该法案从法律层面要求维护社区学院内部所有教职员工的权利,并且借用企业工会的理念产生了社区学院的教师工会组织,行使集体谈判的权力。② 在美国社区学院的管理中,州或地方政府除非有专门性的法律授权,通常并不具备谈判主体的资格,而是交由校长及其所在的董事会,就学校内部治理的事项与相应的工会进行协商,并且最终产生在一

---

① H. Mintzberg. *Structure in Fives*: *Designing Effective Organizations*. New York: Prentice-Hall Incorporation, 1983: 23-29.

② J. Kooiman. *Governance and Governability*: *Using Complexity*, *Dynamaics and Diversity*. London: Sage Booker, 1993: 74.

第四章 系统的结构：美国社区学院内部治理的组织类型

定时间范围内具有法律效应的集体谈判协议。在实用主义哲学的影响下，工会组织以积极的服务意识、优异的服务水平以及多元的服务职能，受到了社区学院的认可并迅速发展起来，如国家教育协会、美国教师联盟等。据统计，1974年，全美具备谈判资格并在社区学院设立行使部门的工会组织有150个。[1] 这些工会组织是独立于政府与学校的第三方组织，经费来源于教师缴纳的会费，主要职责是为其会员提供代理诉讼，表现出市场化消费行为的特征。一旦教师等群体对学校内部治理的安排存有争议，便可以借助工会组织的力量参与到决策的制定之中，而不必拘泥于既定的标准化结果。但是这种外部支持力量的参与并非常规化的管理方式，仅仅发生在与内部群体利益相关的事项中，用于解决突发性与个别性的问题。因此，该时期社区学校的内部治理逐渐弱化了校长的"家长式"代理职能，引入了第三方的专业代理机构，表现出了基于不同群体权益的博弈过程，然而最终的决策权依然掌握在管理层手中。[2]

这类学校组织普遍使用的治理结构呈现了协调模式的特征，即决策者承担领导权力，实施者分散为多个部门，规划者专门接受外部影响与内部反馈，三者形成循环闭合圈，如图4-5所示。协调模式在委托模式的基础上保留了专业分工的优势，并试图克服科层管理中程序烦琐、职能冗杂与事务冲突的不足，一方面将实施层面中庞大的治理结构进行功能合并，保持不同部门的交流与协调；另一方面将规划者从制定者的角色中分离出来，分析来自外部环境的诉求与管理工作者的反馈，从而在整体上建立起评估-分析、建议-决策、实施-评估的循环治理系统。[3]

---

[1] J. S. Levin, S. Kater. *Understanding Community Colleges*. Oxfordshire: Taylor & Francis, 2013: 235.

[2] M. L. Zoglin. *Power and Politics in the Community College*. California: ETC Publications, 1957: 12-79.

[3] E. P. St. John. *Public Policy and College Management*. New York: Praeger Publishers. 1981: 58.

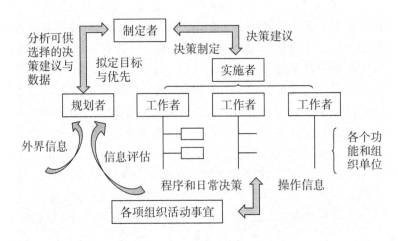

图 4-5　协调模式的治理结构

资料来源：整理自 E. P. St. John. *Public Policy and College Management*. New York: Praeger Publishers, 1981: 56。

一、南内华达社区学院的治理结构（20世纪末 21 世纪初）

经过 20 世纪下半叶的发展，南内华达社区学院已经形成了较大的人员规模与丰富的学科体系，在内部治理方面逐渐从委托式管理趋向于协调式管理。两者之间的显著区别在于决策的规划者、制定者与实施者各自独立，并且相互之间保持双向流通，注重以评估与协调来替代问责。

在决策规划层面，该校在原有的 4 个研究中心（教师教育中心、商业合作中心、学生活动中心以及导师指导中心）的基础上于 1989 年增设了 8 个研究中心（人力资源中心、基础建设中心、校园文化中心、课程规划中心、薪资福利中心、预算筹资中心、后勤服务中心、图书借阅中心），于 1997 年又增设了 8 个研究中心（计算机服务中心、心理咨询中心、预防暴力中心、招生录取中

第四章 系统的结构：美国社区学院内部治理的组织类型

心、学生就业中心、转学衔接中心、国际学生中心、跨校交流中心），最终形成了由 20 个研究中心所组成，覆盖师资、学生、教学、财务、校园生活、校内外合作等多方面的决策规划职能部门。[①]

这些研究中心的工作人员多是从本校或其他相似院校中那些具有成熟的行政管理经验或教育教学经验的教职员工群体中选拔出来的，故年龄偏大、背景多元化、善于沟通是他们显著的特征。他们一方面通过游说学校外部的社会专业组织（如美国社区学院协会），与其他院校保持密切交流；另一方面深入本校各个院系和各个部门，获取来自决策实施者的反馈信息，从而制定适用于学校未来发展的决策规划报告。在高级管理部门的例行会议上，校长等人根据报告中所提出的问题与可供选择的方案进行讨论，通过与相关行政管理部门的主要负责人进行协商，最终确定决策的内容目标与实施细则。在此过程中，决策的制定需要在会议中获得大部分人的同意（包括校长、副校长、相关行政管理部门的主要负责人），以避免出现指导式治理结构中校长"一人独大"的局面。为此，研究中心主任需要充分证实决策的必要性、合理性与预期结果，支持者需要详细说明决策与本部门工作的适合性，反对者也应明确指出决策对本部门工作的不利影响与所产生的实施障碍。[②]

在决策实施层面，南内华达社区学院在原有的 7 个职能部门（教职员工管理部门、学术发展部门、就业指导部门、学生服务部门、规划与评估部门、信息管理部门、院校研究部门）的基础上，重新调整为发展部门、财政部门、学术部门、学生服务部门 4 个职

[①] College of Southern Nevada. "Our Administration Organizations", accessed February 25, 2021, https://www.csn.edu/administration/html/1/337/.

[②] J. V. Baladrige, M. L. Tierney. *New Approaches to Management: Creating Practical System of Management Information and Manaagement by Objectives*. San Francisco: Jossey-Bass, 1999: 31-39.

能部门。① 每个职能部门下设不同工作内容的办公室单元,如财务部门分为教职员工薪资单元、校园设施购买单元、学生奖助学金单元、公费外出报销单元、保险业务单元等。② 为了应对日益复杂的管理状况,并且避免工作的冗杂与重复,一方面,学校拓展了职能部门的功能及其数量;另一方面,学校将具有相似工作性质的不同部门加以合并,从而在保证工作精细到位的基础上加强相互之间的协调与交流。如财务部门执行长根据学校例行会议上发布的相关决策开展部门活动,不仅促使各个办公室单元的工作人员领会并熟悉整体工作内容,也能在此基础上开展自身的工作,而且实现了不同办公室单元就各自工作中的衔接与重复部分进行有效沟通。③

此外,在具体的管理工作中,最显著的改变是学术指导活动与合作教育活动。学术指导活动的管理在成立初期由学校级别的行政管理部门负责,由于该部门工作人员不具备相关学科背景,难以在大量的学生与导师群体之间进行有效配对,导致学术指导的效果参差不一。经过调整之后,各个院系都设置了学术指导中心,在开学之前要求教师提供本学期可以指导的学科领域及其指导计划,并且以此给新入学的学生分配指导教师。每学期末,教师与学生都有权力更换各自的搭档,但必须说明详细原因,经过系主任同意之后方能重新配对。如此一来,学校一方面将学术指导活动从行政管理部门转移到院系学术结构之中,提高指导效果、避免工作冗杂;另一方面注重实施过程的反馈,呈现系主任、导师与学生三者之间的协调。

合作教育原本交由各个院系自行展开,根据自身的学科优势与

---

① College of Southern Nevada. "Institutional Equity & Title IX," accessed February 21, 2021, https://www.csn.edu/institutional-equity/7892133/html/.

② College of Southern Nevada. "Finance and Administration Division", accessed February 25, 2021, https://www.csn.edu/finance/7893221/html/user.

③ J. V. Baladrige, M. L. Tierney. *New Approaches to Management: Creating Practical System of Management Information and Management by Objectives*. San Francisco: Jossey-Bass, 1999: 42.

第四章　系统的结构：美国社区学院内部治理的组织类型

外部企业需求自发地建立合作，依据相互之间达成的协议安排学生实习。然而，在实施的过程中却产生了诸多难以统一的问题，尤其体现在学分评定方面，如不同学院的合作项目虽然具有不同的性质、耗费了不同的时长与精力，但是都给予相同学分，或者相似性质与时长的合作项目在不同学院却被认定了不同的学分。经过调整之后，学校专门设置合作教育部门，与各个院系主任共同厘定学分认证标准等其他合作细则，安排专业人员审核各院系申报的合作项目材料，并且最终交由负责合作教育职能的发展副校长做出决策。[1]

二、瓦伦西亚初级学院的治理结构（20世纪下半叶）

正如上文所述，瓦伦西亚初级学院在发展进程中先后成立了西校区、东校区与开放校区。在此后的半个世纪中，3个校区之间相互独立管理，各自都取得了较大的发展，成了佛罗里达州较为出名的高等教育机构。为了进一步扩大学校的竞争力，瓦伦西亚初级学院于1997—1998年先后创办了奥西奥拉校区（Valencia Community College Osceola Campus）与冬季公园校区（Valencia Community College Winter Park Campus），并且在20世纪90年代开始逐渐收回分校区的管理权，最终形成了5个校区统一管理的瓦伦西亚初级学院。自此，该校成了佛罗里达州28所社区学院中的第三大学校，每年在读学生约5万人左右（包括在开放校区接受在线学习的学生），与数百家企业建立了合作教育关系，如佛罗里达州医院、洛克希德马丁公司、美国银行、奥兰多海洋世界、美国环球影

---

[1] J. V. Baladrige, M. L. Tierney. *New Approaches to Management: Creating Practical System of Management Information and Management by Objectives*. San Francisco: Jossey-Bass, 1999: 43－45.

系统论下美国社区学院内部治理体系研究

城等。①

面对多校区的内部治理，瓦伦西亚初级学院采取的治理结构趋向于协调模式，具体表现在如下五个方面：其一，在学校总体层面设置三类平行机构，分别是由校长与5所分校校长所组成的决策制定系统，由分别负责5个校区的人事管理、商业事务、设施与发展规划、教学服务的4个执行长及其下设的行政管理部门所组成的决策实施系统，由学校事务顾问委员会、教职员工代表大会、学生代表大会等学校评议组织所组成的决策规划系统。② 其二，三个系统相互制衡且相互促进，前者体现在任何决策的生效都必须经由三个系统的同时参与和支持，后者则表现在决策制定需要借助决策规划系统提供的数据信息与建议方案、决策实施系统又基于决策制定系统所商讨的目标与策略而开展日常工作、决策规划系统则根据各组织活动事项实施过程中的信息评估与反馈而进行分析。③ 其三，4个校长所管辖领域内分别下设行政管理的四类职能部门，分别是隶属于人事管理的教师部门、学生部门、行政员工部门，隶属于商业事务的社区资源部门、商业合作部门、技能实习部门，隶属于设施与发展规划的资源发展部门、院校研究部门、项目规划与预算部门，隶属于教学服务的课程规划部门、学术发展部门。④ 其四，四类职能部门在学校层面上实施统一管理，而不是在分校区层面逐一管理，另外，在下设的各个部门办公室分别设立各校区负责人，将本部门的职责落实在各个校区的实际工作之中，从而形成各个校区

---

① Valencia Community College. "The Brief History of VCC", accessed February 18, 2021, http://valenciacollege.edu/2123507/html/administration.

② Valencia Community College. "The Administration Organization of VCC", accessed February 19, 2021, http://valenciacollege.edu/2123539/htmladministration/vice-president/1/3.

③ R. G. Heydinger, D. M. Norris. *Cooperative Computing: A Process Perspective on Planning and Implementation*. Princeton, N. J.: Educom, 1994: 137-138.

④ Valencia Community College. "Various Department of Administration", accessed February 19, 2021, http://valenciacollege.edu/2123556/html/administration/vice-president/1/department/effective/7.

平行且完善的行政管理体系，如教师部门既隶属于学校层面的人事管理副校长管辖，又作为组成部分之一构成分校区各自的行政管理系统。其五，学校事务顾问委员会由5个校区各院系的系主任、具有一定学校管理与教学经验的专业人士以及外界利益相关人员共同组成，与教职员工代表大会、学生代表大会共同承担决策规划的任务。①

瓦伦西亚初级学院的内部治理模式既加强了学校的统一管理与资源协调，又保证了各个部门在不同分校区之间的平行交流，适用于在相近地区具有多个校区的学校。在20世纪90年代末申请AIDP资助的时候，该校拒绝对方以分校区为单位分别进行拨款并在校园内部各自设立CID中心（资助拨款管理中心），正如该校前校长所言，"这应该被看作一个松散且耦合的单位，因为所有工作人员都在致力于建设协调的系统"。因此，AIDP给学校统一拨款与并制定了规定，同时设立了唯一一所CID中心轮流安置于5个校区的校园中。② 不可否认的是，这种结构在无形之中存在一定的弊端，其中最显著的便是会议数量的增加，导致很多工作人员为了实现协调而忙于周旋在不同群体中以获取信息、讨论信息、评估信息与反馈信息。

三、门罗社区学院的治理结构（20世纪80年代之后）

前文所述的门罗社区学院经历了1973年的职能目标调整与治理结构改革之后，大力发展职业教育，在10年的时间里入学率增加了约71%，成了纽约州发展最快的社区学院。1976—1992年，

---

① R. G. Heydinger, D. M. Norris. *Cooperative Computing: A Process Perspective on Planning and Implementation*. Princeton, N.J.: Educom, 1994: 139-142.

② R. G. Heydinger, D. M. Norris. *Cooperative Computing: A Process Perspective on Planning and Implementation*. Princeton, N.J.: Educom, 1994: 153-154.

系统论下美国社区学院内部治理体系研究

该校先后建立了布莱顿校区、城中校区与达蒙城校区，为当地青年提供了更加丰富的职业课程内容。① 不仅如此，该校还尝试与外部组织建立教育合作，开展特定项目的入职培养、继续教育等短期培训活动，如1974年在纽约斯科茨维尔路4.9万平方英尺②的公共安全培训设施中对该地区的首批应急人员进行全面入职培训等。到了20世纪80年代中期，全球化趋势初具雏形，而对于门罗社区学院来说，最大的影响便是学生群体的非传统化特征日益显著，表现在学生的多元文化背景、强烈的平权意识与民主诉求、对网络信息的依赖、对教师权威地位的挑战、以个人为中心的心理等。为此，该校于1991年在各个校区建立了学生关怀中心，专门向有特殊需求的学生提供一对一的帮扶与支持。③

综上，随着学校校区的增多、职能的复杂化以及学生类型的多样化，门罗社区学院落在了历史的转折点，在内部治理结构方面逐步从委托模式转变为协调模式。这个过程中的关键性事件便是1988年发布了《建设社区：对新世纪的展望》报告。该报告认为，"社区就是学院的校园"，呼吁社区学院承担起服务居民需求、促进社区发展以及最重要的引领社区风气的责任。在此背景下，门罗社区学院持续进行职能结构的调整，注重在治理过程中引入更多外部诉求信息，加强学校内外部之间的合作交流，从而突显自身的办学特色。

具体而言，这一时期门罗社区学院内部治理模式与瓦伦西亚初级学院分校区的统一管理模式不同，其实行的是3个校区之间的协调管理，在校级层面设有承担决策规划的校务委员会、承担决策制定的校长与副校长，以及承担决策实施的执行长，在分校区层面则设有执行长领导下的各个行政管理部门及各院系职能部门。

---

① Monroe Community College. "The MCC Foundation", accessed February 18, 2021, https://www.monroecc.edu/about-mcc/mcc-foundation/.

② 1平方英尺=0.0929平方米。

③ H. L. Hodgkinson. *Institutions inTransition: A Profile of Change in Higher Education*. New York: McGraw-hill, 1981: 89.

第四章　系统的结构：美国社区学院内部治理的组织类型

校务委员会由 12 名委员组成，包括 1 名校监、1 名校长、1 名院系主任、1 名教师、1 名学生以及 7 名校外代表。其中，校监由德高望重的政要名流或知名学者担任，院系主任从 4 个校区的各个院系中推选而出，校外代表由当地社区各个行业的人士组成。该委员会的职责是：①任命并监督校长的行为；②参与规划学校发展战略，制定符合法律规定与社区期望的政策；③评估学校管理成效与教学实施状况；④批准学校的重要事项与活动。上述各项职能经由校务委员会下设的校长遴选委员会、学术委员会、审计委员会、财务委员会等部门实行。①

3 位副校长的职能及其下属部门分别为：其一，学生服务副校长主要负责改善学生生活、促进教学质量提高，下属部门为学位中心、学术评估中心、实习学习中心、学分认证中心等；其二，项目发展副校长主要负责协调各院系专业与社区经济发展项目之间的合作，下属部门为学术预算办公室、教学与创新中心、教职员工工作负荷办公室以及院系合作办公室等；其三，教学服务副校长主要负责建设教学基础设施、开发与维护信息网络设备，下属部门为在线学习中心、图书服务中心、学习资源中心、校园环境中心等。②

3 位执行长分别主管各个分校，而每个分校则按照专业的相关性进行划分：一是布莱顿校区的人文社会科学专业，包含人类学/历史/政治/社会学、心理学、英语/哲学、视觉和表演艺术、世界语言文化；二是城中校区的商业与社区发展专业，包含工商管理/经济学、教育/人类服务、法律、社区发展；三是达蒙城校区的"STEM（Science、Technology、Engineering、Mathematics，科学、技术、工程、数学）与健康"相关专业，包含生物、化学/地质、工程学/物理、数学、健康与体育、护理。同时，每所分校在一定

---

① Monroe Community College. "The Function of Council in MCC", accessed February 20, 2021, https://www.monroecc.edu/about-mcc/mcc-council/117292/2002,html.

② H. L. Hodgkinson. *Institutions in Transition: A Profile of Change in Higher Education*. New York: McGraw-hill, 1981: 91–92.

程度上具有独立的行政管理体系，与相似院系组成的学术结构体系相互平行运行。

这些行政管理体系包括负责校园安全、停车、师生健康的安全部门，复杂财务分析、薪资发放、教材购买、校园建设的预算管理部门，负责计算机设备、网络教学、网页维护、打印的技术服务部门，负责教学质量评估的问责评估部门。[①]

第五节 "使命型"社区学院内部治理结构的合作模式

20世纪80年代之后，受《大学和学院治理宣言》中共同治理理念的影响，社区学院内部治理开始缓慢地步入"共同治理时代"。为何说是"缓慢地步入"？实际上，早在1966年，美国大学教授联合会便已出台上述宣言并在综合型大学中进行了相应的变革，却并未在社区学院形成即时性的影响。一直到1988年，加利福尼亚州社区学院委员会率先颁布"AB 1725"法案，并在第五章明确规定该州社区学院应践行"共同治理"的理念，以保障教职员工与学生享有参与学校内部治理的合法权益。[②] 这22年滞后的产生原因是社区学院以教学服务为主、教师队伍的学历层次一般，难以像科研重镇中的研究型大学一样，形成强大的学术权威力量去制衡行政管理。然而，随着社区学院规模的扩大与经费的紧张，一系列利益争端开始产生，而工会的产生并没有减少学校管理层与教职员工间的矛盾，反而时常出现法律纠纷。为此，相关负责人员逐渐意识到学校内部不同主体的利益是多样化和复杂化的，与其在决

[①] H. L. Hodgkinson. *Institutions in Transition: A Profile of Change in Higher Education*. New York: McGraw-hill, 1981: 93-94.

[②] California Community College Council. "AB 1725", accessed February 21, 2021, http://www.asccc.org/LocalSenates/AB1725.htm.

第四章　系统的结构：美国社区学院内部治理的组织类型

策制定之后消耗大量精力与金钱去维权，不如在决策形成之前便吸收他们的意见进行协商，从而提高治理的效率与效果。

另外，这个时期社区学院的职能较为多元化，包含转学教育、职业技能教育、一般教育、补偿教育和社区教育。这些职能的同时并进提升了社区学院内部治理的复杂性，既需要与更多大学签订便捷高效的转学协议，又需要推进利于学生就业的校企合作，以及需要为社区居民开展日常生活服务与继续教育培训。因此，来自政府部门、市场企业、社区居民、教职员工、学生及家长等不同主体的诉求有所增加，并且以利益相关者的身份介入校长及其行政管理系统的权力行使过程中。在这种情况下，社区学院内部治理趋向于相互之间互为中心、互为依存、互为制衡的使命型类别。

目前，各州社区学院正在趋向于这种组织管理模式，加利福尼亚州社区学院尤其具有代表性：其一，由家长、居民、教师、学生按照3∶1∶1∶0.5的比例构成学区委员会，参与其管辖范围内社区学院内部重大事项的商讨，如目标规划、学科增设、课程安排、经费预算、师资聘用等。[①] 其二，董事会领导下的校长负责制，受到学术评议会与咨询理事会的牵制，在三者联合决议下才能通过学校日常决策。[②] 其三，内部治理系统注重外部信息的输入，不仅关注市场的发展方向，也更加侧重家长、纳税人的需求，具有"服务社区""消费主义"的长远考量。

这类学校组织普遍使用的治理结构呈现合作模式的特征，即决策的规划者与实施者合并为一个共享群体，与制定者保持双向交流，呈现扁平结构，如图4-6所示。合作模式将决策规划的权力交由实施者群体共同参与行使，而制定者仅仅负责决策讨论的发起任务以及相互合作的协调任务。这些实施者群体由不同职能管理部

---

① The Board of California Community College District. "Community College's Academic Board", accessed February 21, 2021, http://www.bcccd.edu/2013/stml/htm.

② California Community College Chancellor Office. "Decision-making", accessed February 21, 2021, http://www.cccco.edu/.

门的工作人员与代表不同利益需求的相关人员组成，以团体的方式面对学校各组织活动事项，从而践行"共同治理"的理念。这类学校既重视外部力量的影响（如当地居民的期望、企业的需求），亦注重保障内部不同主体的权利，减少管理的程序、加速信息的反馈、提升工作的效率。①

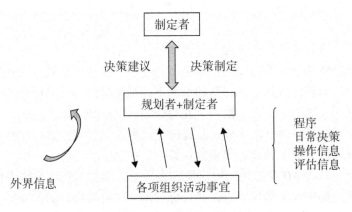

图 4-6 合作模式的治理结构

资料来源：整理自 E. P. St. John. *Public Policy and College Management*. New York：Praeger Publishers, 1981：54。

相对而言，加利福尼亚州社区学院的内部治理较为趋向于合作模式，表现在董事会领导下的行政系统与学术系统共同负责，社区、学生以及家长共同参与的治理特征。加利福尼亚州教育法以法

---

① R. C. Richardson Jr. *Reforming College Governance*：*New Directions for Community Collrgrs*，No.10. San Francisco：Jossey-Bass, 1975：41-46。

第四章 系统的结构：美国社区学院内部治理的组织类型

律条文的形式赋予社区学院教职员工与学生的治理参与权。① 1988年，加利福尼亚州州政府颁布的"AB 1725"法案明确规定，社区学院属于加利福尼亚州高等教育系统的组成部分，其管理任务交由全州范围内的理事会、学区董事会以及各个学校的内部治理机构相互合作承担。当时，加利福尼亚州社区学院理事会负责协调全州72个学区内的106所社区学院，并且为其制定州一级的宏观政策，如资源分配、发展规划、标准评定等，不涉及学校的具体管理事项。② 因此，学区董事会（即前文所述的地方董事会）是干涉学校内部治理的重要力量。除了形成一定的行政管理部门之外，加利福尼亚社区学院还设立了学术委员会与学院基金会（Foundation of California Community College，FCCC），从而实现不同利益相关者的共享治理。其中，学术委员会由本学区范围内社区学院的优秀教师组成，分为学术评议会、教学活动委员会、学生事务委员会、校外实习委员会等，在与课程相关的事务方面享有主要的管理权，在其他事务方面也具有一定的参与权。学院基金会作为非营利的民间组织由社区居民、家长以及银行工作人员等社会人士组成，主要承担校园建设、设备购买、商业合作等校内外的交流项目。

上文提及的加维兰社区学院自1988年加利福尼亚州颁布"AB 1725"法案后，便陆续改革内部治理制度，允许学术委员会、学院基金会以及学区行政管理机构参与其中，并且建立了自身特色鲜

---

① Barclays Official California Code of Regulations Currentness. "Community College Standards", accessed February 21, 2021, https://govt.westlaw.com/calregs/Document/I49A33D60D48411DEBC02831C6D6C108E?viewType=FullText&listSource=Search&originationContext=Search+Result&transitionType=SearchItem&contextData=(sc.Search)&navigationPath=Search%2fv1%2fresults%2fnavigation%2fi0ad7140a00000175cc0cf4d18e96e06c%3fNav%3dREGULATION_PUBLICVIEW%26fragmentIdentifier%3dI49A33D60D48411DEBC02831C6D6C108E%26startIndex%3d41%26transitionType%3dSearchItem%26contextData%3d%2528sc.Default%2529%26originationContext%3dSearch%2520Result&list=REGULATION_PUBLICVIEW&rank=51&t_querytext=Shared+Governance.

② J. E. Aderson. "The Process of California's Community Colleges Towards Shared Governance", *The Jounal of Higher Education*, 2001 (2): 48-50.

明的治理结构。"AB 1725"法案规定，为了在所有的社区学院践行"共同治理"的理念，凡是行政管理系统的工作人员，都要弱化自身的主导性地位，设法鼓励其他利益相关者以合作的方式参与其中。这一主张的基本前提是"以专业地位自居的行政管理者并不能保证学校系统运行的有效性，许多问题如果不经过实际体验就无法触及其内在的根本矛盾。相比之下，具有长期工作经验的实践者掌握了大量事实性信息，有助于决策的规划者与制定者取得工作进展，不加以利用便会浪费宝贵的资源"[①]。为此，包括加维兰社区学院在内的加利福尼亚州很多社区学院都进行了内部治理结构的改革，以"服务社区""保障权利"为主旨，形成了多方力量相互制衡、相互促进的合作式治理模式。

　　加维兰社区学院最鲜明的特色是拓展了决策的制定者，即将原来由学校高级行政管理部门把持的决策制定权力延伸至社区学院的大多数利益相关者。具体而言，该校于1991年先后在校长办公室设立了两个委员会，分别是负责课程、教学、学生、评估等事宜的指导委员会，负责财政资源和设备、技术、人力资本发展的支持委员会。[②] 这两个委员会的成员都是经过投票选举选出的，由行政专业人员、教师代表、学生代表组成，协助校长及其办公室制定重大决策。由此可见，该学校的管理模式弱化了校长等权威领导者的主导地位，而将更多的内部治理主体与外部利益相关者纳入其中，形成了相互之间合作与共享的关系。与此同时，在管理的职能角色方面，该学校将决策的规划者与实施者合并，统一交由各个院系独立承担，而每个院系都设置了行政办公室与学术办公室，前者由行政专业人员组成，后者由教师队伍组成。他们一方面贯彻落实高级管理部门制定的决策内容，指导职责范围内的各项工作的运行；另一

---

　　① J. E. Aderson. "The Process of California's Community Colleges Towards Shared Governance", *The Jounal of Higher Education*, 2001（2）：51-54.

　　② Gavilan College. "Shared Governance Iniate the Development", accessed February 23, 2021, http://www.gavilan.edu/admit/index/shared governance/faculty&studente.etc/construct/802997/1991.php.

第四章 系统的结构：美国社区学院内部治理的组织类型

方面根据实践中的反馈信息形成决策建议，在院系例行会议上公开讨论，并且最终在行政办公室和学术办公室的支持下形成决策规划。①

小　结

系统论的核心观点在于整体的功能大于各个部分之和，故在分析社区学院内部治理系统时应该采用整体性视角，而不能进行简单的剖析。为此，本章集中论述了各个组成职能部门元素之间的相互关系，基于商业组织研究领域的格雷纳理论与明茨伯格的组织结构理论，按照决策规划者、制定者与实施者三种角色的分配组合方式，提出了社区学院历史发展进程中的五种治理结构类型，即"简单型"组织的创造模式、"机械型"组织的指导模式、"分部型"组织的委托模式、"灵活型"组织的协调模式以及"使命型"组织的合作模式。

其中，20世纪初的社区学院多由以校长为首的全体教师作为战略决策层，占据学校组织中的主导地位，趋于"简单型"组织。该时期的创造模式指决策的规划者、组织者和实施者相互合并，没有明确的界限与分工，重点是创造产品和开拓市场，以瓦伦西亚初级学院东校区、瓦伦西亚初级学院开放校区以及圣玛丽初级学院（1933年之前）为例。20世纪中叶，社区学院通常按照州社区学院委员会、董事会与校长的决策行事，是具有科层结构的"机械型"组织模式。该时期的指导模式中，规划者与制定者合并，共同远离实施者，也是简单线型组织结构，以圣玛丽初级学院（1933年之后）、门罗社区学院（20世纪40年代之前）、加维兰学院（20世纪中叶）为例。20世纪下半叶之后，社区学院通常由行

---

① J. E. Aderson. "The Process of California's Community Colleges towards Shared Governance", *The Jounal of Higher Education*, 2001 (2)：50-51.

系统论下美国社区学院内部治理体系研究

政人员的中间管理层占据主导地位,趋于委托代理的"分部型"组织模式。该时期的委托模式中,规划者与制定者合并,但是加强了与实施者的双向交流并将其分散为多个单位,即把职能任务委托给各自的专业管理部门,表现出分散的组织结构模式,以加维兰学院(20世纪中叶之后)、瓦伦西亚初级学院西校区(20世纪60年代)、南内华达社区学院(20世纪下半叶)为例。20世纪末,社区学院注重外部社会力量的介入,以社区学院协会等组成的支持层占据主导地位,趋于企业制的"灵活型"组织管理模式。该时期的协调模式中,决策者承担领导任务,实施者分散为多个部门,规划者专门接收外部影响与内部反馈,三者形成循环闭合圈,是典型的环型组织结构模式,以南内华达社区学院(20世纪末21世纪初)、瓦伦西亚学院(20世纪下半叶)、门罗社区学院(1988年之后)为例。20世纪末,不同主体共同参与学校决策,趋于"使命型"组织模式。该时期的合作模式中,不仅将规划者从制定者的角色中分离出来,而且将其任务交由多个职能部门所构成的实施者群体共同承担,以"共享与民主"的理念减轻科层管理中的官僚主义色彩,呈现出扁平的组织结构模式,以加维兰社区学院(1988年之后)为例。

第五章　系统的运行：美国社区学院内部治理的实施机制

根据卡耐基高等教育委员会的定义，对于教育而言，治理区别于行政与管理的显著特征在于"做出决策的结构与过程"[1]，即不同利益的多方主体基于学校共同的发展目标，在静态层次上所做出的制度结构安排，以及在动态层次上对具体事务的决策过程。上一章着重分析了治理的内部结构安排，本章则着眼于系统论的"运行"元素，探讨美国社区学院在日常决策运行的过程中，不同的内部主体遵循治理结构的安排所呈现出的一般性规律。治理运行强调治理结构中每个组织成员都是决策的参与者，相互之间的协调作用形成广泛的、长期的、整体的治理准则，最终达到社区学院组织的目的。[2] 根据上文的分析，尽管美国公立社区学院种类多样、治理结构复杂，但是总体上体现出了治理运行的五个基本准则。本章第一节的内容分别是：计划过程、制定过程、实施过程、回应过程以及交流过程。与此同时，为了能够更深入地探究学校内部治理的运行过程，决策的主体与权限，沟通的媒介与策略，以及不同主体之间的相互交流关系，本章将在第二节选取二手文献的案例访谈资料加以分析。

---

[1] Carnegie Foundation for the Advancement of Teaching. *Government of Higher Education: Six Priority Problem*. New York: Mcgraw-Hill, 1973: 31-35.

[2] W. F. Thomas, C. L. John. *Creating Conditions for Successful Decision Making in the Community College*. San Francisco: Jossey-Bass Publishers, 1991: XI.

第一节　社区学院决策运行的一般环节

一、决策运行的计划过程

计划是学校组织不断适应内部竞争与外部压力的动态过程，尤其体现在财务预算与项目发展方面，包含指向的目标、相关的要求、所需的资源以及排列的优先顺序等元素。[①] 其中，"内部竞争"是指学校内部的不同部门与不同利益单位对有限资源的竞争，"外部压力"则是日益增加的税收促使公众对学校的发展与运行成效更为关注的压力。在两者的相互作用下，社区学院的计划过程趋于复杂：学校内部各个组织部门在治理运行过程中会产生多种寻求实现的目标，并且由此确定各项工作的具体要求；当已有的资源条件难以满足所有工作要求的时候，其便会权衡各方利益、制定优先标准，从而形成实现各项目标的优先顺序。

位于加利福尼亚州的优胜美地社区学院学区，于 1979 年开始制定学区范围内的综合计划。校长与董事会在每年 8 月召开研讨会，基于该学区范围内社区学院的使命与目标，制定下一学年的学校发展计划，包括调整学费收取标准、新增教育教学项目、拟定教师聘用指标等方面。为了使得计划具有系统性与结构性，该学区将所有工作按照功能分为 35～40 个规划单元，几乎涵盖了社区学院内部治理过程中所有的事项。这些计划单元会在每年研讨会召开之前的固定时间内收到来自政府、社区居民等给予的计划建议及其预测分析，并且以此为参考在考量成本的前提下制定优先事项。经过商讨并确定之后的计划草案会被转移至所在学区的 3 所社区学院，分别是莫德斯托初级学院、哥伦比亚学院以及优胜美地社区学院。

[①] R. Birnbaum. *How Colleges Work: The Cybernetics of Academic Organization and Leadership*. San Francisco: Jossey-Bass Publishers, 1988: 12–14.

第五章　系统的运行：美国社区学院内部治理的实施机制

每所学校的校长、副校长、董事会等会在12月之前，根据自身财务状况筛选或采纳单元计划的内容，从而形成3份提议，重新调整计划的优先事项与详细内容。一般而言，提议的支出总额比收入预测总额高出5%～10%，而这部分多出的支出经费由学区拨款供给。之后，3份提议在学区一级合并为单独的预算草案，在1月至5月期间，交由各学校校长、商业财务部门执行长、工会代表、教职员工代表等组成的预算审查委员会进行最终定夺。[①]

这种计划过程具有如下特征：其一，计划基于学校的使命与目标，充分考虑学校自身的价值理念与发展逻辑；其二，计划的内容导向于行动，包含前提条件、时间范畴以及行动方案，具有很强的操作性；其三，学校纵向上不同层次的权力部门与学校横向上不同分工的职能部门，以多种方式与程度参与到计划的过程中，会耗费一定的时间；其四，计划的内容通常涵盖学校范围的整体工作，需要多个职能部门协力合作，如专业结构或学科结构的调整会联合教学管理部门、学生服务部门、人事管理部门等职能部门的共同行动；其五，计划自产生到决定至少需要一年的时间，经过多个部门的考量，以一定的开放性接受批判信息。

二、决策运行的制定过程

决策的制定基于权力的赋予，包含环境、准备以及结构等元素。[②] 组织内外部环境中存在的许多因素决定了决策制定的可能性，其中，最常见的外部影响因素是所在地区的政治主张与经济支持，最常见的内部影响因素则是受托的董事会。前者如州政府的法律条文（加利福尼亚州治理委员会有650多项针对社区学院的规

[①] R. Birnbaum. *How Colleges Work: The Cybernetics of Academic Organization and Leadership*. San Francisco: Jossey-Bass Publishers, 1988: 16-23.

[②] W. F. Thomans, C. L. John. *Creating Conditions for Successful Decision Making in the Community College*. San Francisco: Jossey-Bass Publishers, 1991: 63.

定，以及伊利诺伊州有275项、俄勒冈州有200项、佛罗里达州有125项、得克萨斯州有110项、马萨诸塞州有35项、俄亥俄州有35项等①）限制了决策制定的主体与内容。在俄亥俄州，社区学院的重大财务决定需要提交给所在学区的选举人进行投票；在纽约州，许多社区学院必须获得县立法机构的批准才能向社会筹集办学资金；在宾夕法尼亚州，除了1963年被授权独立运作的社区学院之外，仍然有较多的社区学院隶属于州立大学的分支部门，难以自主地做出决策。② 除了这些外部影响因素之外，来自受托董事会的内部影响因素也对决策的制定起到了关键作用。董事会独立于政府部门对社会福利问责，表现出一定的自治性；其行事的灵活性使得社区学院能很好地适应外部环境的变化；所提供的宽松的意识形态环境，给予了教学一定的学术自由；资金来源的多元化，促使社区学院容易接受新项目。这些特征为社区学院的决策制定创造了良好的条件，但同时要求社区学院重大决策的制定需要每位董事会成员的参与，即董事会个人成员的决策权力无效。

　　除了受到学校内外部环境各种因素的影响之外，决策的有效性在很大程度上取决于制定者的个人经验、能力，以及相关信息获取的充分性，以确保能够全面考虑决策制定的条件与所面临的风险，即准备的过程。这一过程受到两个因素的影响，分别是信息数据与个人品质。现代信息产业的来临促使决策趋向于理性判断与数据分析，包括使用信息化管理系统、产生一系列管理数据、搜集筛选有效数据、解释数据所反映的现象等。在准备工作中，准确、完整的信息有助于制定者衡量决策的复杂性，并且对可能产生的结果做出预判与行动。然而，仅仅依靠信息制定的决策未必是妥当的，还需要个人能力的介入，如是否授予一位教员终身职位的决策准备，不

---

① A. M. Cohen, F. B. Brawer, C. B. Kisker. *The American Community College*. San Francisco: Jossey-Bass, 1982: 127-128.

② W. F. Thomas, C. L. John. *Creating Conditions for Successful Decision Making in the Community College*. San Francisco: Jossey-Bass Publishers, 1991: 73.

第五章 系统的运行：美国社区学院内部治理的实施机制

仅要考量各种外在评定条件，而且要征求身边同事对其个人学术品格的评价。之所以要如此，是由于尽管信息搜集十分完整与准确，但是总有可能忽略少数信息或者产生自相矛盾的信息，从而不能反映真实情况。因此，在准备过程中，制定者应基于数据信息却不止于数据信息，充分发挥自身的能力做出有效的决策。

各个社区学院的决策制定结构有所不同，如纽约州的门罗社区学院的决策制定任务主要由学术治理委员会负责，加利福尼亚州的圣莫尼卡学院的决策制定任务由学术委员会主席、教职员工选举的代表与学生代表、州政府委任的校长三方面承担，肯塔基州的杰弗逊社区学院的决策制定任务由校长以及6位各个学院的院长共同负责，等等。之所以会出现不同的决策制定结构，主要受到以下三个因素的影响：①社区学院本身独特的历史文化传统；②社区学院所面临的问题与需要达到的目标；③主要管理者的个性与喜好。如上文提及的门罗社区学院在20世纪70年代改革之后，由内部治理的指导结构转变为协调结构，逐渐将决策的规划者与制定者分离，并且建立了专门的学术治理委员会负责决策的制定过程；圣莫尼卡学院遵循加利福尼亚州对共同治理的要求，注重不同利益相关者对学校重大决策事项的参与，尤其是教职员工与学生的参与；相比之下，杰弗逊社区学院一直以来都保持行政领导对决策制定的绝对权力，突出校长及各学院院长的重要治理角色任务。

三、决策运行的实施过程

决策计划为决策制定提供了可供选择的方案，而决策制定为决策实施提供了明确的方向与轮廓。这对大多数社区学院而言，都具有明确的行动导向，正如加利福尼亚州平谷学院在学校使命中的描述："当地社区的任何公共机构组织中都有我们的身影，协会、教堂、工厂、企业、俱乐部等。凡是人们有需求，我们就会以充沛的热情行动起来。"这种行动理念通常指社区学院对当地社区、就业市场和学生需求的快速回应，这为其赢得了开发与实施项目迅速的

系统论下美国社区学院内部治理体系研究

良好声誉。但是，这也招致了一些批判的观点，如"两年制学院急于将培养出来的学生投入到工厂和商店，急于将课程紧贴外界市场需求。它们开展大量的成人教育和补充教育，完全迷失了学术的追求与理念"。尽管关于这个问题存在不同观点，却表明了社区学院决策实施所带来的两种结果：一是学生获得了知识与学历，二是投入了时间、金钱与精力的管理者及其教职员工收到了回报。①

为此，社区学院需要获得有效的管理和正确的决策。那么，什么是正确的决策呢？比如，在教师薪酬方面，"正确的决策"似乎是指确保本校教师的待遇相比于其他同类学校更具有竞争性。在董事会、教师谈判代表、薪酬委员会等职能部门对这一决策达成协议之后，便将该协议落实到决策的实施过程，具体包括：修改全新工资标准、核算教师各项工资、生成准确的工资支票等。这种从决策制定中产生的行动，易于操作、预测与评估。但是，并非所有内部治理的事项都可以运用这种简洁清晰的实施方式。比如，在教育公平方面，"正确的决策"可以是增加少数族裔学生转学到四年制大学的人数。为此，校长应该召集所有教职员工开会，以说服他们接受这一决策吗？是否应该成立关于少数族裔学生转学的新项目？是否应该基于人口统计学对本校少数族裔人口进行调查？这些问题意味着该决策难以形成类似于"教师薪酬"问题的简洁清晰处理方式。

基于上述两点分析，学校面对内部治理运行中不同决策的实施过程，需要灵活有效地使用"松散系统"（Loosely Coupled System）与"紧密系统"（Tightly Coupled System）。② 前者是指在管理活动中，决策规划者与制定者将大部分的实施空间让渡给决策实施者，以保留其充分的灵活性与自主性。在社区学院的日常内部治理中，

---

① P. Selznick. *Leadership in Administration*. Berkeley: University of California Press, 1957: 23-25.

② R. Birnbaum. *How Colleges Work: The Cybernetics of Academic Organization and Leadership*. San Francisco: Jossey-Bass Publishers, 1988: 25.

采用"松散系统"的事项涉及培养目标、入学人数、课程安排、教学方法等方面。这类事项具有多元的判断标准与丰富的创造可能,故使用方向性、概括性、宏观性的决策实施。后者是指由决策规划者与制定者详细规定具体行动标准,充分地将决策理念转化为可操作的实施步骤。社区学院在内部治理中,常常采用"紧密系统"使学校运行秩序井然有序,如涉及薪资协商、课时安排、正式会议和财务报销等方面时。由于这类事项的执行时间要求较为紧迫,容易产生利益纠纷与责任推卸,故使用具体的、规定的决策实施。[1]

四、决策运行的回应过程

相比于其他教育组织,社区学院对于外界的诉求与变化所做出的回应较为敏捷与及时,很大程度上是由于社区学院的"服务"使命使其呈现出了企业运行的特色。乔治·沃恩(George Vaughan)通过调研发现,近86%的校长隶属于一个或者多个当地俱乐部。他们将社区看作学校的校园,根据人们的需求与反馈,动员教师与管理者调整工作内容。[2] 为此,很多社区学院重视董事会人员的任命,以促使其更好地承担学校内外部交流的媒介作用;甚至建立商业资讯委员会(Advistory Boards of Business)或监察系统,专门进行市场信息的搜集工作。[3]

不同于前面的决策实施,这里的回应强调非命令式的需求满足、非预期性的情况发生以及动态的相互过程。因此,前者多是指向于日常决策,如学生出勤考察、学费缴纳、教职员工医保、校园基础建设等;而后者则常常是指向于关键决策,如政府教育经费的

---

[1] F. Thomas, C. L. John. *Creating Conditions for Successful Decision Making in the Community College*. San Francisco: Jossey-Bass Publishers, 1991: 93-94.

[2] V. George. "The Meaning of Good Presidential Leadership: A Frame Analysis", *Review of Higher Education*, 1989 (12): 107-123.

[3] J. M. Burns. *Leadership*. New York: McGraw-Hill Publishers, 1974: 36-39.

调整对学校财政的影响、新兴产业的兴起对专业设置的影响、自然灾害对教学秩序的影响等。① 肯塔基州杰弗逊社区学院曾经发生经费决策回应事件。作为一所公立性质的社区学院，长期以来，该校的办学经费都是来自地方政府的税收，除了日常学生的学杂费几乎没有任何社会资金来源。20世纪70年代，该校向地方政府上报的教育预算并没有得到完全通过，在次年收到的实际经费低于上一年度的预算水平。为此，该校及时做出反应，实施了两项措施：一是分析每项经费使用项目的具体情况，分别以1%、2%、3%的间隔顺序削减这些项目的经费；二是从各个项目的教职员工团体中选出代表并组成小组，对地方政府的相关部门进行游说，甚至动员学生、家长以及社会团体的力量向州长提出联名申请。杰弗逊社区学院的案例表明，面对外界环境产生的突发影响，社区学院需要及时做出应急反应。

五、决策运行的交流过程

决策交流贯穿于前述四个过程环节之中，是治理得以运行的关键元素，受到交流媒介与交流中间人的影响，可能出现难以预料的前后变化。为此，在社区学院内部治理情境中，有效的决策交流包含了以下特征，分别是：全面充分、多元渠道、清楚明晰、真实可信。②

全面充分是指在决策制定之前需要尽可能多地收集来自组织内外部的相应信息，甚至可能使信息变得重复与冗杂。但是，这种重复与冗杂对于社区学院内部治理而言具有一定的意义：一方面，很多决策并不是指向一位工作者的，而是涉及不同部门的多位工作人

---

① W. F. Thomas, C. L. John. *Creating Conditions for Successful Decision Making in the Community College*. San Francisco: Jossey-Bass Publishers, 1991: 105 – 106.

② R. Birnbaum. *How Colleges Work: The Cybernetics of Academic Organization and Leadership*. San Francisco: Jossey-Bass Publishers, 1988: 44 – 46.

第五章　系统的运行：美国社区学院内部治理的实施机制

员，需要被多次重复提及以确保所有相关工作人员都能把握决策要求；另一方面，虽然很多社区学院并未真正践行"共同治理"的理念，但是在当前的治理改革趋势下，越强调董事会、行政管理部门以及教师对决策的共同参与，越难以避免频繁的交流。上文提及的杰弗逊社区学院为了实现决策信息的充分交流，由校长罗纳德·霍法斯（Ronald Horvath）于1988年牵头建立了"八人组"。该小组的另外7名成员包括2个校区的负责人、职能部门的负责人、教师代表以及学生代表等。他们每隔一周召开行政员工会议、每月举行一次全校教师会议与学生服务会议。虽然会议程序的烦琐以及信息传达的重复程度令很多工作人员抱怨，但是罗纳德校长仍坚持实行这项政策并使用备忘录记录会议的详细内容。

　　在了解全面充分的信息的基础上，学校还需要通过不同的渠道将其传播至组织内部各个部门。常用的渠道包括印刷品（备忘录、出版物、海报等）、谈话（常规会议、非正式交谈等）、电子通信设备（邮件、电话、校内电子工作平台等）。得克萨斯州圣安东尼奥学院[1]的校长约瑟夫·扎尔斯基（Joseph Zagorski）指出，为了确保信息能够准确传达，学校在信息方面强调公开，主要包括以下四个方面：①董事会的会议议程及其相应的支撑材料都在会议结束之后被复制并递交给相应职能部门、教师代表和学生代表；②各个职能部门和委员会的会议记录都必须公开在各自的网站上；③校长与学术委员会每周举行一次非正规会议，允许任何有兴趣的教师旁听以及提问；④董事会成员在校园里举行走访活动，听取教职员工对各自工作的反馈意见。佛罗里达州的迈阿密达德学院在常规的印刷与谈话渠道基础上，开发并使用了语音邮件系统，允许发起者与接受者非同步对话，从而提高了学校内部组织沟通的准确性、及时性和灵活性。

　　此外，在交流过程中，信息内容若是准确清晰的，便有助于交

---

[1]　W. F. Thomas, C. L. John. *Creating Conditions for Successful Decision Making in the Community College*. San Francisco: Jossey-Bass Publishers, 1991: 127.

流者的理解，以避免信息传达错误。但是，社区学院在内部治理的实际运行过程中，总是难以避免出现信息模糊的现象，如一份表意不清的备忘录、一份含糊不清的电话留言、一份令人困惑的演示文稿等都会对理解产生障碍。

第二节 社区学院决策运行的案例分析

正如前文所述，系统论研究的是系统的整体、系统的功能和其中所包含元素之间的相互作用。美国学者圣吉·鲍威尔（Senge Powell）将其称为"循环闭合"，即不断发现"外在力量是如何与系统内部的行为相互关联的"。[①] 在此过程中，沟通和治理是推动系统运行的关键因素，是组织文化的一部分。[②]毕业于美国明尼苏达州瓦尔登湖大学教育与领导学院的露西亚·托尔基亚-汤普森（Lucia Torchia-Thompson），在其博士论文中围绕着社区学院内部治理的运行进行了个案研究。该研究选择了一些宾夕法尼亚州费城社区学院的样本人员进行了深度访谈。

他们分别来自上述第四章第一节的四类内部治理主体：行政人员、教师、学生与教职员工。其之所以选择费城社区学院，是由于该校在人口特征、课程结构以及治理系统等方面都具有一定的代表性，类似于美国许多社区学院的基本状况。这四类群体的工作人员皆是治理体系中的重要利益相关者：来自行政部门的人员有6名，用字母A和数字表示，包括1名校长、1名副校长、1名部门主管和3名职能部门的普通工作人员；教师有5名，用字母F和数字表示，覆盖了该校所开设的5个专业，年龄分布在25—50岁，男性

[①] P. Senge. *The Fifth Discipline: The Art and Practice of the Learning Organization*. New York, NY: Doubledayenge, 2006: 159.

[②] W. Tierney, J. Minor. "A Cultural Perspective on Communication and Governance", *New Directions for Higher Education*, 2004: 85.

第五章 系统的运行：美国社区学院内部治理的实施机制

2 名、女性 3 名；教职员工有 8 名，用字母 SF 和数字表示，有负责实验室的技术人员、负责图书借阅的工作人员、负责校园安全的保安以及 5 名兼职教师；学生有 3 名，用字母 ST 和数字表示。（见表 5-1）

表 5-1 访谈对象一览表

访谈对象	类别	职务
A1	行政人员	校长
A2	行政人员	副校长
A3	行政人员	财务部门主管
A4	行政人员	财务部门职员
A5	行政人员	人事部门职员
A6	行政人员	学生服务部门职员
F7	全职教师	继续教育学院
F8	教师	医学院全职教师（学术委员会成员）
F9	教师	计算机学院全职教师（学术委员会成员）
F10	教师	商学院全职教师
F11	教师	建筑学院全职教师
SF12	教职员工	医学实验室
SF13	教职员工	图书馆
SF14	教职员工	学校安全保障办公室
SF15	教职员工	继续教育学院兼职教师（教职工委员会成员）
SF16	教职员工	医学院兼职教师（教职工委员会成员）
SF17	教职员工	计算机学院兼职教师
SF18	教职员工	商学院兼职教师
SF19	教职员工	建筑学院兼职教师

续表 5–1

访谈对象	类别	职务
ST20	学生	非学位继续教育
ST21	学生	学位转学教育（学术委员会成员）
ST22	学生	学位职业教育

资料来源：整理自 L. Torchia-Thompson. "Communication within the Context of Community College Governance", PhD diss., Walden University, 2013: 32。

为了能够更深入地探究社区学院内部治理的运行过程，本书选取了汤普森的部分访谈资料，着重回答以下四个问题：谁来运行决策？如何运行决策？运行的效果如何？三类群体相互之间是何种关系？

一、决策运行的主体与权限

社区学院的决策运行所涉及的一些问题分别是：决策是怎么产生的？谁参与到了决策运行的过程中？他们参与到了决策运行的哪些环节？参与的程度如何？对这一系列问题的探究，有助于明确社区学院内部治理运行的决策主体与权限，从而回答"是什么"的问题。

（一）决策权力限制在特定范围

访谈资料的结果显示，行政管理人员、教师和教职员工关于访谈问题呈现出了较为一致的答案——决策权力是能够被享有的，但只存在于特定范围内。具体的访谈结果如下。

（1）教师们觉得自己的决定权只存在于教室里。根据高等教育系统中"学术自由"的基本理念，教师普遍认为自己当前的工作体验可以自由地决定如何进行教学和何时开展教学。因此，社区学院的教学时间表、校历、课程安排、课程内容、教学设施以及教学场所等方面都属于教师能够参与决策运行的领域。然而，除了教

第五章 系统的运行：美国社区学院内部治理的实施机制

学之外的决策，很少有教师能够参与其中，仅有具有学术委员会身份的教师能够参与到学校重大决策的讨论中。有代表性的样本如下：

> 我自己安排办公时间，自己做决定，完全不考虑其他方面。但是做决定的内容仅限于选课，以及一定程度上的排班和准备我们课堂教学的内容等与我个人工作时间有关的基本行政管理内容。（受访者 F10）①

> 我自己做的决定包括课堂决定和评分决定。我们在这方面的能力是完全独立的。在学院的管理方面，我们不做出决定或提出建议。我们只负责与我们自己教学相关的项目和课程。（受访者 F11）②

> 教学上的事务在每月一次的例行学术委员会会议上进行充分讨论，很少受到行政部门的干扰。通常情况下，副校长会参加我们的会议进行答疑，但是仅限于参加，很少给予建议或指令。比如，上周我们讨论护理课程的改革，当涉及器材购买的时候会向在场的行政人员询问下一学年学校的经费预算状况。（受访者 F8）③

> 2010—2012年，我们的学术委员会有6人，我很荣幸是其中之一，有资格代表大家参加学校的重要会议。会议开始的前一周，我们会收到来自校长办公室的通知、会议主题与相关资料。在会议进行的过程中，我们尝试着参与他们激烈的讨论，发表之前准备的建议，但是这种机会很难得，多数情况下

---

① L. Torchia-Thompson. "Communication within the Context of Community College Governance", PhD diss., Walden University, 2013: 70.

② L. Torchia-Thompson. "Communication within the Context of Community College Governance", PhD diss., Walden University, 2013: 71-26.

③ L. Torchia-Thompson. "Communication within the Context of Community College Governance", PhD diss., Walden University, 2013: 83-84.

只是会议的见证者，留存在会议纪要里。(受访者 F9)①

（2）相比之下，教职员工似乎更相信他们是在自己所擅长的专业领域内做决定，即如何开展工作，开展什么工作。但是，这一权限的基本前提是获得学校相关领导部门的知晓与批准，否则会影响教职员工的雇用资格与雇用酬劳。对于自身专业范围之外的学校事务，他们缺乏关心。正如下文所言：

> 当我入职这一工作时，我们部门刚刚更换了计算机管理系统。我的主管领导对我工作的熟悉程度还不如我的电脑。主管只是知道我的大方向在做什么，涉及具体细节则会说："好吧，这是需要做的事情。你自己弄清楚该怎么做，然后你让我知道就行。"于是，我找到了最适合我的方法。（受访者 SF17)②
>
> 在签订聘用合同的时候，相关人事部门已经告知我工作的内容与标准，而我需要做的就是按照他们的要求办事。但是，当我发现方案执行之后实际面临的瓶颈或者有更好的行事方式的时候，我的上级主管部门应该是会很愿意听我的想法的。我们工作的理念是"不要贸然采取行动"。（受访者 SF14）③
>
> 学校的事务自然会有人管理，我的任务是维护实验室的日常使用，确保实验安全。（受访者 SF12）④
>
> 教职工委员会都是由工作年龄较长、熟悉学校日常运转程

---

① L. Torchia-Thompson. "Communication within the Context of Community College Governance", PhD diss., Walden University, 2013: 88-91.

② L. Torchia-Thompson. "Communication within the Context of Community College Governance", PhD diss., Walden University, 2013: 91-92.

③ L. Torchia-Thompson. "Communication within the Context of Community College Governance", PhD diss., Walden University, 2013: 93-95.

④ L. Torchia-Thompson. "Communication within the Context of Community College Governance", PhD diss., Walden University, 2013: 96.

第五章 系统的运行：美国社区学院内部治理的实施机制

序的教师担任。现在学校聘任了很多短期教师，他们对学校没有形成依赖感，不愿意为了学校的发展耽误时间，更愿意多带几节课。（受访者SF15）①

（3）行政管理人员认为，他们没有任何独立的决策权。即便是高级行政人员也无法擅自做出决定，而是要经由部门讨论达成共识。非高级行政人员则表示，在主要问题上，他们听从上级部门的工作安排；在具体问题上，他们会听从同事的意见，以打消自己对决策的疑虑。

  决策需要经历一定的过程，不能够个人独断。规划部门会搜集充足的数据材料证明问题的合理性，并且给予2～3个解决方案的备选建议。我们在每周的校务会议上共同讨论这些问题并达成关于决策的一致意见。（受访者A1）②
  我没有权力自己制定政策。这是不可能的。有时候，在和学生打交道时，我可以自己做些许决定。然而，前提是我一定要与（有关的）教师取得联系，询问他们的判断。（受访者A6）③
  我真的觉得我没有自己做过任何决定，因为我非常依赖给我安排工作的领导的意见。我常常和其他人一起做决定和制定政策。是的，我是一个善于协作的人。（受访者A5）④

---

① L. Torchia-Thompson. "Communication within the Context of Community College Governance", PhD diss., Walden University, 2013：97-100.
② L. Torchia-Thompson. "Communication within the Context of Community College Governance", PhD diss., Walden University, 2013：101-103.
③ L. Torchia-Thompson. "Communication within the Context of Community College Governance" PhD diss., Walden University, 2013：107-109.
④ L. Torchia-Thompson. "Communication within the Context of Community College Governance", PhD diss., Walden University, 2013：109-112.

（二）决策过程自上而下

当被要求描述学院的决策运行体系时，几乎每个受访者都知道如何做出决定和制定政策，一致地肯定决策过程中自上而下的性质。

> 我认为决策的运行有很多不同的层次。有些决策是从管理部门向下级实施部门流动的，基本上是让我们知道我们需要做什么或要完成什么任务。有些决策来自教职员工，并且通过所谓的指挥链向上流动，使政策发生变化，但这种情况出现得很少。（受访者 SF18）[1]

> 政策由学校董事会提出，然后商讨出一致意见之后，传递至校长。另外一些政策，由学术委员会传递至教务长办公室，再由教务长传递给校长。后者政策不仅涉及学术事务，还涉及学生校园生活的各种事务。（受访者 A2）[2]

有些受访者也指出，社区学院的内部治理制度欢迎自下而上的决策，鼓励教师与教职员工根据自身的实际工作经验做出反馈。然而，实际情况是，这些反馈通常很难被完全采纳，只能被视为建议，而政策的制定权被牢牢地掌握在制度的顶层。来自行政人员的观点是：

> 我最大的不满是在这个校园里缺乏沟通。你可以登录 AN-GEL 系统（该校公布政策的内部网站系统）去阅读这些决策，但是，还是会对一些事情存在不清楚的状况。我觉得我们只知

---

[1] L. Torchia-Thompson. "Communication within the Context of Community College Governance", PhD diss., Walden University, 2013: 113-117.

[2] L. Torchia-Thompson. "Communication within the Context of Community College Governance", PhD diss., Walden University, 2013: 118-122.

第五章 系统的运行：美国社区学院内部治理的实施机制

道对自己而言必要的事情，并不是学校所有的事情。当校长和我们交流的时候，我会觉得相关话题很神秘。（受访者 A5）①

很多信息我都是从分管我工作的副校长口中得知的。副校长在参加高级管理人员会议之后，会给我们部门集中开会，介绍当前进行的决策并安排我们的工作任务发展方向。但是，与我们自身工作不相关的决策我们就很难及时获取。有时学校的一些政策变化了，而我们都不知道，还在坚持着之前的认识，自信地以为自己对这个政策理解透彻了。这部分与自身工作不是直接相关的信息，没有渠道自上而下地传递给我们，因为管理者认为，"你们没有理由知道，做好自己的工作吧"！（受访者 A4）②

其他受访者教师与教职员工也表达了同样的观点：

好多决策都是在行政管理层面做出的，我们都是决策实施以后才知道的，甚至当没有触及相关问题时一直都是不知道的。（受访者 F11）③

我也在努力地搜集教师们平时的不满，并且以此分析出问题的关键与解决办法。在每周一次的校务会议上，我们学术委员会会将这些信息如实传递给行政部门领导。我觉得他们在认真听了，但是碍于其他外部因素（如财务、人力等），不能直接采纳我们的建议。（受访者 F8）④

---

① L. Torchia-Thompson. "Communication within the Context of Community College Governance", PhD diss., Walden University, 2013：123 – 129.
② L. Torchia-Thompson. "Communication within the Context of Community College Governance", PhD diss., Walden University, 2013：130 – 134.
③ L. Torchia-Thompson. "Communication within the Context of Community College Governance", PhD diss., Walden University, 2013：135 – 139.
④ L. Torchia-Thompson. "Communication within the Context of Community College Governance", PhD diss., Walden University, 2013：140 – 141.

> 我相信很多决定都是由高层做出的,有时候会传达给我们,有时则不用。我认为,如果治理委员会足够强硬,便应该让高层多听到我们的声音,至少是那些优秀教师对于决策的观点。我不认为我们得到了理应知晓的信息,同时这些信息也未必能反映出我们的喜好或观点。高层没有让人联系我们,突然之间就付诸行动制定决策了。(受访者 SF17)[①]

二、决策运行的媒介与策略

社区学院内部治理系统中是借助何种媒介与策略来实现决策信息的发出与接收的?许多受访者都指出,决策信息经过会议讨论之后,主要借助电子邮件和学校管理系统(如 ANGEL 系统)两种方式实现正式交流。除此之外,非正式交流也被人们无意识地加以运用,如办公室同事之间的商讨、教师休息室的聊天、走廊的交谈等。

(一)信息接收者没有阅读

> 学校工作人员之中有可能会有一部分人没有阅读校园电子邮件的习惯,会出现接受并阅读邮件不及时、不规律的情况,以及粗略浏览的情况。所以,学校的电子邮件系统具有实践上的隐患。(受访者 A2)。[②]

> 我认为所有决策都应该是通过沟通决定的,但是这些沟通并不是面向所有人的,只是面向小群体交流,而小群体之外的

[①] L. Torchia-Thompson. "Communication within the Context of Community College Governance", PhD diss., Walden University, 2013:142-147.

[②] L. Torchia-Thompson. "Communication within the Context of Community College Governance", PhD diss., Walden University, 2013:148-153.

第五章 系统的运行：美国社区学院内部治理的实施机制

人却没有渠道进行相关交流。（受访者 SF14）①

我在学校邮件系统里发出决策信息的时候，会特别注意添加阅读请求，甚至感叹号等表示"重要"的标志。因为我很清楚同事们并没有看他们自己的邮件的习惯。即便如此，邮件发送出去之后依然经常没有任何回应。我坐在办公室电脑设备面前疑惑"这是怎么回事"，因为明明看到有些人已经点击了已读回执。（受访者 A3）②

从制度上而言，信息交流的缺乏是显而易见的，但是在运行环节中，信息的中断现象也较为明显，尤其出现在非面对面交流时信息接受者并未阅读信息的情况下。

有些来自人力资源部门的政策信息，通过邮件或者教员手册传递；学术方面的政策信息通过电子邮件传递；来自副校长、职能领导的政策信息则通过会议或者口头命令的方式得以传递。在这些传递渠道之中，发邮件存在一定的信息中断的风险：作为接受者可以选择打开邮件或忽略邮件，可以选择略读一下或者懒得去看。（受访者 A5）③

电子邮件是一种流行的交流方式，但正如前面所提到的，并不是每个人都会经常阅读他们的电子邮件。绝大多数受访者表示，他们不会确认收到信息，除非被明确要求对邮件中所提出的问题进行回答或被征求意见。相比于自下而上的信息传递与同一层级的信息传递，大多数自上而下的决策都是通过电子邮件来传递的。有些情

---

① L. Torchia-Thompson. "Communication within the Context of Community College Governance", PhD diss., Walden University, 2013: 154–159.
② L. Torchia-Thompson. "Communication within the Context of Community College Governance", PhD diss., Walden University, 2013: 160–163.
③ L. Torchia-Thompson. "Communication within the Context of Community College Governance", PhD diss., Walden University, 2013: 164–167.

况下，这些电子邮件会包含附件或要求收件人到 ANGEL 系统里查看附件。此外，受访者大多表示，发件人从不直接要求回复其邮件，而收件人在未被要求答复的情况下也从不回复。

相关数据显示，这 3 组人的感觉是相似的：无论是教师、管理者还是教职员工，都不会在收到并阅读信息之后，主动地回复邮件内容。受访者 A1、A4、A5、A6、F7、F10、F11、SF12、SF15、SF16、SF17、SF18 表示，他们不仅不回复，也不会发送已读回执；而受访者 A2、A3、F8、F9、SF13、SF14、SF19 则表示，他们会发送已读回执表明收到信息。除了电子邮件，另一种典型的交流方式是面对面交流，不管是正式的还是非正式的。非正式交流通常发生在走廊或有人恰好路过办公室时。一些受访者指出，他们会通过阅读会议议程或者会议记录来掌握信息。每个人都提到了名称为 ANGEL 的学校网络管理系统。该系统需要持有合格的用户名和密码才能访问，不同访问者的身份所拥有的访问权限也不尽相同。虽然大多数人承认，该系统是非常好的数据库，但是都表示并不喜欢使用它进行沟通。其原因有三点：①人们并不能够时刻登录该系统等待接受新决策，尤其在非工作日时间更不愿意打开；②受到权限的限制，接收人只能看到一定内容的信息，容易导致理解不清；③网络化的信息传递使人们丧失了面对面商榷的机会，接受者沦为"被命令的机器"，难以燃起工作的热情。

（二）信息交流是分层系统

由于种种原因，"共同治理"的理念很难被落实到社区学院内部治理的各个环节之中，不可否认的是，有些政策必须在管理高层那里制定。但是，对于这些无法做到"共同治理"的决策，也理应确保其能被所有工作人员以及学生共享。然而，实际情况是，信息交流的方式并不能够满足上述两点要求。

> 我相信很多决策都是在高层那里决定的，有时他们会将其

第五章　系统的运行：美国社区学院内部治理的实施机制

传递给其他人，有时则不然。(SF16)①

  学校的信息交流基本上分为两种，分别是从学术人员到业务人员的流动以及从业务人员到学术人员的流动。这两种都不能反映出决策的真实需求，仅仅是依靠少数人所组成的学术人员高层群体或业务管理人员高层群体来运行。所以，信息交流并不是一个协作的系统，而是从一个权力层级移动到下一个权力层级的分层过程。(受访者F9)②

此外，学校里有些事情是永远没有进行沟通的，相应的决策就这么直接形成并实施了，整个制定的过程没有丝毫透明度。

  工作中，我经常遇到有些决策是不清楚的，如为什么要做、为了达成什么目标等，我只是得到命令，被通知什么是必须要做的。当我疑惑地去同校长等高层领导交流的时候，我感觉到他们的回答有所保留、不够坦诚。(受访者A5)③
  在有些情况下，某些决策会被调整与改变，但我们从未听说过。为此，我常会惊讶于决策的真实状况与自身所了解的状况之间的差距，以及我在偶然间发现这一差距后，感叹"哦，那不再是真的了""已经变了，但我没有理由会知道的"。(受访者SF18)④

---

① L. Torchia-Thompson. "Communication within the Context of Community College Governance", PhD diss., Walden University, 2013：168 – 170.
② L. Torchia-Thompson. "Communication within the Context of Community College Governance", PhD diss., Walden University, 2013：170 – 173.
③ L. Torchia-Thompson. "Communication within the Context of Community College Governance", PhD diss., Walden University, 2013：174 – 178.
④ L. Torchia-Thompson. "Communication within the Context of Community College Governance", PhD diss., Walden University, 2013：179 – 181.

三、决策运行的沟通与关系

社区学院内部治理体系在运行的过程中体现出了什么样的沟通关系？这种人际关系是否促进了决策的传递？针对这一问题，大多数受访者认为，学校的治理体系所呈现的是一个自上而下的沟通关系，这意味着来自高级别管理者的指令会渗透到下级其他部门。

（一）自上而下的沟通关系

在管理者提出决策、制定决策以及最终宣布决策的过程中，没有讨论，不存在自下向上或对等（横向）传递信息的机会。与此同时，在上层高级管理者所发出的信息没有收到反馈的情况下，上下级之间的沟通会产生中断，从而强化这种自上而下的、具有隔阂的、缺少信任与情感的人际关系。

> 我与其他社区学院的工作人员有过关于这一问题的沟通，大家都认为，相互之间没有足够的沟通，习惯了秉公办事，缺少情感的因素。发布信息的人不管你是否点击已读回执或者是否给予反馈或者是否理睬，都会默认为"我已经把信息给了你，你应该是知道这一决策的并应以此开展工作"。与此同时，接受信息的人并不愿意主动寻求信息、求证信息或者修正信息，因为他们认为，"我为什么要着急？ANGEL 系统里迟早会发布关于这一工作的决策，部门领导人自然会在某一天清晨开会传达这一决策"。实际上，发布信息的人可以进一步与接受者交流与商榷，而接受信息的人也可以进一步探求决策的细节，然而人类的本性在于保持现状。（受访者 A3）[1]

---

[1] L. Torchia-Thompson. "Communication within the Context of Community College Governance", PhD diss., Walden University, 2013: 182-184.

第五章 系统的运行:美国社区学院内部治理的实施机制

大多数受访者同意在决策运行的过程中建立一个适当的程序,并且制定相互之间需共同遵循的基本原则。他们大都知道自己在治理过程中的角色,知道自己所处的位置,知道学校对他们工作的期望,也知道如何去完成他们的目标和摆在面前的工作。

> 好吧,我的角色是确保完成学校安排的工作任务。(受访者A4)[①]
>
> 我明白自己在学校各项工作之中的地位与作用,但是我的领导和其他同事未必有我自己那么清楚。如果建立共同的沟通准则与程序,对于我工作的有效开展和别人更准确地认识我的工作都会大有裨益。(受访者SF12)[②]
>
> 我不认为自己在学校里有多么重要,但我会尽可能地接受并完成来自其他成员的信息。(受访者F10)[③]

(二)三个群体之间的交际关系

关于管理者、教师和教职员工这三个群体之间是否存在一定的交际关系的问题,有4位受访者谈到了从教师到行政部门的交流(自下而上),2位受访者谈到了从行政部门到教师的沟通(自上而下),2位受访者谈到了从行政部门到学生的沟通(自上而下),3位受访者谈到了从教职员工到行政部门的沟通(自下而上),3位受访者谈到了相同部门(教师,或者行政部门)之间的横向沟通。结果表明:

(1)教师作为学术力量与行政部门作为管理力量之间存在一

[①] L. Torchia-Thompson. "Communication within the Context of Community College Governance", PhD diss., Walden University, 2013:185-189.

[②] L. Torchia-Thompson. "Communication within the Context of Community College Governance", PhD diss., Walden University, 2013:190-192.

[③] L. Torchia-Thompson. "Communication within the Context of Community College Governance", PhD diss., Walden University, 2013:193-195.

定的交流障碍，主要体现在信息传递迟缓、信息沟通模式刻板以及缺乏信息协商。

> 我理解管理者有自己的工作必须要完成，每次给我发来的信息多是规章制度。我们很少进行详细的攀谈，他们更多的是通知我学校最新制定的教育教学相关政策，或者是需要我向学校提供的教学与学生数据。但是，当我进一步希望了解这些政策或者心存疑惑的时候，管理者似乎也说不出个所以然，更不能解决我的问题。另外，我的上课信息与学生数据上交之后，通常很少会有下文，至少应该让我知道你使用我的工作信息做了什么以及得出了什么结果。（受访者F7）①

> 当我上课发现学生很难在上午的时间段集中精力进行实验的时候，我觉得有必要将其调整到另外一个时间段。但是，这一举措要确保其他教师的上课安排不受到影响。为此，我找到相关管理部门的工作人员，得到的反馈却是这一教学时间表需要在本学期内执行，无法改变。我很生气地向他解释这种安排所带来的学习效果不佳，但似乎起不到什么作用。（受访者F10）②

> 对于教师们的工作，我没有实际参与进去，所以不明白教学活动相关事项；对于高级管理者的决策，我更没有参与制定与讨论的经历，所以只能承担信息传递者与实施者的角色。（受访者A4）③

不可否认的是，教师是教学的专家、课堂的主人，而提高教育质量是我们学校运行的基本目的。为此，我很愿意倾听教

---

① L. Torchia-Thompson. "Communication within the Context of Community College Governance", PhD diss., Walden University, 2013: 196–199.

② L. Torchia-Thompson. "Communication within the Context of Community College Governance", PhD diss., Walden University, 2013: 200–203.

③ L. Torchia-Thompson. "Communication within the Context of Community College Governance", PhD diss., Walden University, 2013: 204–207.

第五章 系统的运行：美国社区学院内部治理的实施机制

师的观点、反馈与建议。但是，他们的考量更多的是基于自身的教学工作，很少能够站到学校教育的整体视角乃至学校运行的整体视角去思考问题。比如，教师希望使用机器设备进行操作训练，但是经费问题如何解决？怎么说服企业提供实际操练的机会？学生的安全怎么保障？（受访者 A1）[①]

（2）相对于教师与学生而言，教职员工与行政部门之间的交流更为紧密，呈现出命令与服从的关系。

> ANGEL 系统会在每周一更新图书馆最新的工作安排，这是我们工作得以开展的依据。整理书架、修缮旧书、打扫卫生等，这就是我们的工作内容。行政部门的工作人员会告知我们工作的细则，大多数情况下还是通过 ANGEL 系统来传达学校的决策。（受访者 SF13）[②]
>
> 我很乐意与教师、与学生打交道，这是我工作服务的对象。可惜的是，接触得最多的还是行政部门的管理人员。他们布置任务、监督工作，直接决定了我的去与留。我感觉教师和学生都在忙着自己的事情，所以没有人愿意与我沟通。（受访者 SF14）[③]

（3）行政部门与学生的沟通面临着理性与情感之间的矛盾、原则与理解之间的冲突。

> 相比于学生，我更愿与教师沟通。教师大多会自觉地消化

[①] L. Torchia-Thompson. "Communication within the Context of Community College Governance", PhD diss., Walden University, 2013：208－211.

[②] L. Torchia-Thompson. "Communication within the Context of Community College Governance", PhD diss., Walden University, 2013：212－215.

[③] L. Torchia-Thompson. "Communication within the Context of Community College Governance", PhD diss., Walden University, 2013：216－219.

决策的内容，并且自觉付诸行动（尽管中途可能会有牢骚），但是学生的情况千差万别，总是会以各种各样的理由回复你。比如为了安排学生去企业实习，他们缺勤的理由很多：通勤困难、灰尘过敏、校外兼职等。更令人疲惫的是，很多学生在不知道政策内容的情况下便擅自行动，或者因不愿意打开学生管理手册查阅相关规定而导致行动错误。当然，这种情况并不是在所有学生身上都会出现，但是只要有那么几个学生这样，便会使我们的工作面临理性与感性的矛盾。他们的理由是可以理解的，他们的失误有时也是难以避免的，但是应由谁来承担产生相应后果的责任？如果我足够理性，那么承担责任的便是学生；如果我足够感性，那么承担责任的便是我。（受访者A6）[1]

（4）无论是在教师之间，还是在行政部门之间，相同身份的横向交流都较为频繁，而且对于决策的实施都起到了重要推动作用。

每当 ANGEL 系统发布决策的时候，我们都会利用课间时间在教师休息室畅所欲言，表达对于决策的推测与观点。除非我们有机会参与到行政部门的会议讨论中，否则大部分日常决策都是通过口头表述、纸质文件、邮件或者电子通信系统等方式让我们被动接受的。这会造成我们对于决策的疑惑、混乱，甚至抱怨。于是，大家都会不约而同地进行交流，通常是在校舍里偶遇、在食堂里就餐等各个场景中。（受访者F8）[2]

我猜测决策的制定者都未曾预料到决策实施后可能遇到的

---

[1] L. Torchia-Thompson. "Communication within the Context of Community College Governance", PhD diss., Walden University, 2013: 220-224.

[2] L. Torchia-Thompson. "Communication within the Context of Community College Governance", PhD diss., Walden University, 2013: 225-229.

各种状况。所以，这给我们的工作带来了挑战性和自主空间。当校长办公室传来新的文件，规定了最新的决策内容和实施计划时，我们部门通常会立即开会，解读决策并分配工作。但是在执行的时候，会遇到很多在文件中没有规定的细节，也会收到来自教师与学生的一些反馈。这个时候我们很少选择向上级部门汇报，因为这会浪费很多时间和精力，而上级部门只关心宏观方向与最终结果。因此，我们部门的同事会相互交流，共同商量如何在不违背文件规定的基础上克服这些障碍。（受访者A5）

（三）决策运行的总体特征

（1）在谁来运行决策的问题上，三类群体普遍认为"决策权力非常有限"。教师们觉得自己的决定权只存在于教室里，教职员工认为在上级部门同意的前提下能够在自己专业领域内做决定，行政管理人员（非高层管理人员）则认为自己没有任何独立的决策权。

（2）决策的运行显著地体现出了自上而下的运行准则。虽然在决策计划阶段，三类群体代表被允许参与并提出建议，但决策的最终制定取决于校长和董事会。学校文件明确规定，任何决策信息都需发送给所有的利益相关者，但教师与教职员工并不认为这种情况经常发生，而常常在他们做错事情触犯了规定之后才被告知。

（3）决策的运行媒介与策略主要有正式和非正式两种方式。两者广泛地存在于行政人员群体、教师群体以及教职员工群体的相互沟通以及群体内部沟通之中，正式方式包括会议、电子邮件和ANGEL系统，非正式方式则多存在于在教师休息室、走廊等学校场所中面对面地接触。

（4）媒介的交流效果在正式沟通方面，ANGEL系统被广泛使用，有时尽管系统显示消息发送成功，但发送者并没有严格要求对方进行确认，故没有证据表明接受者查看并理解了信息内容；在非正式沟通方面，发送者则通过在学校各种场所面对面地发问、观察肢体语言等方式，确定信息被知晓与理解。相比之下，正式沟通在很多时候存在一定的障碍，而非正式沟通则被三类群体所乐于接受。

（5）在内部治理运行过程中三类群体的沟通关系方面，教师作为学术力量与行政部门作为管理力量之间存在一定的交流障碍，主要体现在信息传递迟缓、信息沟通模式刻板以及缺乏信息协商。教职员工与行政部门之间的交流更为紧密，呈现出命令与服从的关系。行政部门与学生的沟通面临着理性与情感之间的矛盾、原则与理解之间的冲突。此外，无论是在教师之间，还是行政部门之间，相同身份的横向交流都较为频繁，而且对于决策的实施起到了重要推动作用。

小　　结

根据系统论的动态性原则与有序性原则，社区学院内部治理系统依托于各个职能部门及其相互之间的关系结构，呈现出一定规律的决策运行与信息交流过程。总体而言，社区学院内部治理在运行中呈现出计划过程、制定过程、实施过程、回应过程以及交流过程。此外，根据汤普森对宾夕法尼亚州费城社区学院所进行的个案研究，本章第二节提取部分访谈资料并发现：行政人员、教师与教职员工都表示自己享有一定的决策权，但是仅限于特定的专业范围之中；整个决策运行呈现自上而下的方向，即以校长为首的高级行政人员处于决策的核心地位，其他三类群体难以发挥实质性的影响；决策的运行媒介主要有正式和非正式两种方式，前者包括会议、电子邮件和 ANGEL 系统，后者多存在于日常面对面的接触中；正式沟通的 ANGEL 系统被广泛使用，但是存在接收信息后不回复的问题，而非正式沟通方面则是很好的补充措施；内部治理主体的交流关系方面较为复杂，教师作为学术力量与行政人员作为管

第五章 系统的运行：美国社区学院内部治理的实施机制

理力量之间存在一定的交流障碍，教职员工与行政人员之间的交流呈现出命令与服从的关系，而行政部门与学生的沟通则面临多重矛盾。

第六章　美国社区学院内部治理体系历史变迁的结论与启示

一、美国社区学院内部治理体系历史变迁的结论

本书基于贝塔朗菲的一般系统论，将社区学院内部治理体系看作蕴含了五个部分的系统。

第一个部分是功能，即社区学院内部治理体系指向于一定的功能。在系统论的整体性原则下，系统的各个组成部分不仅具有各自的功能，而且需要借助相互联系的结构形成整体的新的功能，表现出"整体大于部分之和"的特征。这一整体功能即社区学院自身的职能目标定位，其从宏观上决定了学校内部各项治理活动的实施方向，是内部治理体系的基础。

第二个部分是环境，即社区学院内部治理体系处于一定的外部社会环境之中，受到多方面外部因素的影响。在系统论的环境适应性原则指导下，系统内外部之间存在物质、能量和信息等属性的交换，以维持系统的动态平衡，而且其稳定性与功能的发挥受到了外界环境条件变化的影响。这些环境条件对于社区学院而言，来自文化层面、政府层面、社会层面等。

第三个部分是要素，即社区学院内部治理体系包含多个相互作用的要素。在相互联系性原则的指导下，系统内部的各个组成要素并非单独存在的，而是相互之间通过有效合作形成了共同协商与作用的网络联结。这种联结由不同的内部治理主体搭建而成，通过各自的治理途径发挥作用，形成关系密切的、平等的诸多职能部门。

第四个部分是结构，即社区学院内部治理体系存在结合方式的差异，表现出不同治理单位在地位与功能方面的秩序性。在系统论

第六章 美国社区学院内部治理体系历史变迁的结论与启示

的有序性原则指导下，系统内部中的某一系统不仅由多个下一级的子系统所组成，而且其作为组成元素，隶属于上一级更大的系统。以此类推，社区学院内部治理系统中存在不同子系统所构成的结构秩序，相对而言可以分为决策的计划者、制定者与实施者三个子系统。

第五个部分是运行，即社区学院内部治理体系表现出了一定的运行秩序。根据系统论的动态性原则，系统不仅在不断地适应外界环境以进行内外部之间物质、能量与信息的交换，还通过内部各个组成要素之间的协调与交流，实现系统的运行并表现出一定的规律，从而保证产出决策、输出产品以及达成功能。

上述五个部分构成了社区学院内部治理体系的整体样貌：社区学院内部治理的整体职能目标（系统功能）作为基础牵引着整个系统的发展方向，而外部影响因素（系统环境）则决定了其职能定位的条件限制，与此同时，内部组成元素（系统要素）是发挥社区学院内部治理活动效用的基本载体，其借助内部组织制度（系统结构）与内部决策过程（系统运行）实现系统的整体性功能。基于这五个部分，本书主要得出了以下五点结论。

（一）美国社区学院内部治理体系的整体目标经历了渐进式的发展并最终趋于综合性教育

根据第一章内容的梳理，美国社区学院最早可追溯至19世纪中叶的私立初级学院，而本书中所讨论的公立社区学院自发轫以来，在教育职能方面先后经历了五个阶段的重大转变：①19世纪末20世纪初，以大学前两年预科教育为主的时期；②"二战"前，以转学教育职能为主的时期；③"二战"后至20世纪70年代之前，以职业教育为主的时期；④20世纪末，以社区建设所开展的教育为主的时期；⑤21世纪以来，包含转学教育、职业教育、继续教育、补偿教育和社区教育的综合性时期。

其中，转学教育职能是指帮助高中毕业生在两年制学院修读转学标准所要求的学分，使其借助学分互认等方式顺利进入四年制学院继续深造的职能。其作用包括：向公民普及高等教育、践行教育民主化理念、为大学开设低水平的通识教育课程。职业教育职能是指帮助没有继续深造意愿的学生，获得从事工商业领域某种职业或生产劳动所必需的知识与技能，并且向学生颁发相应的应用科学副学士学位（亦称"协士学位"）的职能，其最大的作用在于促进人的发展与社会的进步。继续教育职能是指帮助已经参加工作的社会成员更新与提高已有的知识技能，或者帮助他们学习新的知识技能的职能，是终身教育系统的组成部分，其作用是推进个体的自我发展与社会进步相统一，追求符合人性、完善人格的和谐生活。补偿教育（亦称"发展性教育"）职能是指帮助由于种族歧视、家庭贫穷、身体残疾、父母离异、文化变迁等各种外在原因而处境不利的儿童，重新接受良好教育、改变自身处境的职能，其作用包括：减少教育失败的学生比例、避免社会中不利处境群体的恶性循环、以行动贯彻教育公平理念、加大对落后地区基础教育的重视。社区教育职能是指帮助社区居民普及有利于生活的科学知识与技能，为社区企业提供利于有发展的专业技术与人才，通过开展各种启蒙文娱活动、短期培训以及研讨会等来促进社区、学校和家庭之间教育一体化的职能。

这些职能的产生与发展并不是短期形成的，都是在美国历史发展的进程中，因受到经济、文化、政治、人口等多方面因素的长期相互作用而形成的。本书第一章的职能变迁与第二章的外部环境中已经对这些客观因素进行了详细论述，此处不再赘述，但是除此之外，社区学院自身的主观因素也对职能目标的渐进发展发挥了一定的作用。这些主观因素具体如下。

（1）注重根据自身条件与需求，学习国外的优秀经验。这一点尤其体现在社区学院的发展初期，一批留学归来的学者效仿德国创办开展预科教育的初级学院，又在之后效仿英国给初级学院的学生颁发副学士学位。假如没有德国学识扎实的文科中学、没有英国达勒姆大学的物理学副学士学位作为先例，那么美国初级学院的创设可能会是另一番景象。然而，正如有学者所言，"美国在教育改

第六章 美国社区学院内部治理体系历史变迁的结论与启示

革过程中不只是进口商,还是创造者"①。美国对他人的借鉴不是照单全收的,而是在遵循本国国情的基础上进行创造性的调整,比如开拓社区学院的职业教育功能与社区教育功能,反映了美国的"教育民主"理念与"实用教育"理念,而这与德国文科中学的精英教育性质背道而驰。

(2) 注重社会各界人士的社会责任感与办学积极性。尽管"个人主义"是美国文化的标签,但是多元民族的移民背景造就了美国人对组织力量的重视、对投身所在地区建设的热情、对平等接受教育的希望。很多家庭将教育看作改变社会地位与生活状况的阶梯,因而不惜耗费金钱帮助创办学校。在社区学院的职能变迁历程中,地方政府、社区居民与企业团体都付出了较多的财力,而联邦政府与州政府所起到的作用在一定程度上相形见绌,甚至在社区学院创办初期,还对社区学院的发展抱着放任不管的态度。

(3) 注重教育的服务性,及时根据社区与市场需求改变教育方向。社区学院立足于社区,又反馈于社区,两者之间的关系一直都是较为紧密的。不像四年制大学所具有的学术性与权威性,社区学院将建设社区作为一切行动的出发点,通过开放图书馆等学校设施、加强与当地企业之间的合作、满足居民生活需求,成为具有良好灵活性、实用性与服务性的社会公共组织。

从上述分析可知,社区学院职能目标的渐进式发展既属必然,又具有偶然性。每种职能的产生都萌芽于特殊的时代背景,在各种内外部因素的相互作用下逐渐酝酿出来,并且随着社区学院的发展进程不断得以完善,体现出渐进式的发展轨迹。21世纪的美国社区学院,根据学校本身所面临的问题以及未来社会发展的挑战,在原有五大职能的基础上不断开拓创新,形成了富有崭新时代意义的综合性教育职能。

这种崭新的意义,表现在社区学院加强了与四年制大学之间的

---

① S. E. Frost. *Historical and Philiosophical Foundations of Western Education*. London: Charles E. Merrill Publishing Company, 1996: 390.

合作关系，采取了灵活且多元的方式促进两者之间的转学衔接，如在原有纸质转学合作协议的基础上，开展了丰富多样的非正式沟通、面对面考核、数据共享与分析、合作项目评价等活动，从而打破了僵硬的标准、探索了新型校际互动模式。其之所以要进行这样的改变，是因为当前社会对从业者素质的要求在不断提升：2018年的调查显示，美国近70%的工作岗位对员工学历的最低要求为大学本科，即拥有学士学位。但实际情况是，每年依然有很多适龄学生因自身能力不足、教育资源有限等原因，被四年制大学拒之门外，而社区学院则成了他们弥补遗憾的契机。为此，各个州的社区学院不仅重视转学职能，而且通过区域联合形成了更大范围的课程兼容与学分互认机制，凭借各类质量认证结果拓展了合作学校与合作方式，从而帮助学生提高了转学成功率。在职业教育方面，面对当前企业对具有前瞻性、创新力与高水平专业技能人才的追求，社区学院一方面注重开设广泛的学术课程，培养学生在具备专业技能的基础上还具有扎实的基础知识；另一方面打通高中、社区学院与大学三者之间的课堂壁垒，设置多种项目帮助社区学院的准入学生在高中阶段便开始修读专业课程、帮助准毕业生有机会进入四年制大学的"高深知识"课堂以获得专业能力的提升。不仅如此，为了把握职业发展的方向标，社区学院积极根据社会需求调查结果与专业人士的研讨报告，判断未来几年的行业走向与人才需求，从而及时调整专业设置与课程结构。在此背景下，社区学院的职业教育充满了活力与竞争力，不仅改变了人们对两年制副学士学位的轻视态度，而且以高效率和高质量逐渐受到了就业单位的青睐。此外，在联合国教科文组织所提出的"终身教育"理念、"全民教育"理念以及"全纳教育"理念的影响下，继续教育、补偿教育与社区教育也在21世纪受到了社区学院的持续关注，强调学校应发挥自身独特价值，关心社会民生问题，缓解经济发展压力。

第六章 美国社区学院内部治理体系历史变迁的结论与启示

（二）美国社区学院内部治理体系的外部影响因素来自文化环境、政府环境与社会环境

根据本书第二章内容的梳理，社区学院的外部环境中存在多种错综复杂的影响因素，借助系统内外部的交流与传递对其内部治理施加着影响。其中，文化、政府以及社会这三个维度是社区学院发展进程中较为重要的外部环境。

从文化维度而言，美国200多年的历史轨迹中，沉淀了该民族独特的思维方式、价值观念、行为规范、理论观点等被共同认可的意识形态，其凝结在物质之中却又游离于物质之外，是人们对客观世界的主观认识与经验升华。对于社区学院而言，有三种文化形式的因素影响了其内部治理系统，具体如下：①美国所追求的民族精神与人生价值，尤其体现在对"民主""平等""自由"人格的向往，注重"实用""经验""行动"的人生信条，勇于"质疑""冒险""创新"地建设新生活，以及对"包容""合作""效率"等品质的崇尚。这些文化因素根植于美国人的头脑中，作为无形的外部力量渗透在社区学院内部治理系统之中。②现代教育管理思想大多来源于企业管理理论，而社区学院内部治理的思想与实践则受到了现代教育管理思想的影响，如科学管理思想、人际关系学说、社会系统论、权变理论、松散联结理论、开放系统思想、垃圾箱理论、政治模型以及科层管理思想等。其中，以科学管理思想、民主管理思想以及科层管理思想对社区学院内部治理的影响最大。③"为社区发展而服务"理念，是社区学院赖以运行的根本出发点，并且以此规定其应面向所有社区居民并为美好生活做准备、成为促进当地经济发展及其居民活动的中心、为本地有深造需求的学生开设大学基础课程。

从政府维度而言，联邦政府对社区学院及其内部治理系统的影响借助其下设的行政机构、立法机构与司法机构来实现，主要采取的形式包括法案的颁布、经费的投入以及法院案例的判决。除非涉及种族、女性、残障等人权问题，联邦政府几乎不干涉社区学院治

理的议题。相比之下，州政府对社区学院及其内部治理系统的影响稍大，主要借助五类部门实施管理，分别是：州教育委员会、州高等教育委员会、州协调委员会、州社区学院委员会以及州立大学董事会。它们规定社区学院各项重大事务的政策法规、审核批准州内社区学院的改革方案、提供州内社区学院的财政经费等。然而，在社区学院初创时期，上述的联邦政府与州政府皆不关心其发展，而是全部交托由地方政府负责。由于其权力合法性源于公民的认可与让渡，故地方政府表现出较强的服务性质，以地方董事会为载体影响社区学院。董事会一方面代表多个利益群体规划教育教学内容、评估人才培养质量，另一方面将当地的社会期望与企业需求反馈给学校组织内部，是连接社区学院与外部环境的重要枢纽，也是社区学院的最高权力与决策机构。

从社会维度而言，美国的社会团体组织数量较多、力量强大，作为政府管理的有力补充，是社区学院内部治理的重要外部力量。概括而言，分为以下三类：①以 AACC 为代表的发展协会，着眼于社区学院教育事业整体发展，通过出版学术刊物、开展调研项目、举办交流会议等方式，参与到其会员学校的内部治理之中；②以六大认证协会为代表的第三方认证机构，着眼于社区学院教育质量评估，通过开展公开透明、科学严格的认证活动，影响其办学资质、改革方向、联邦政府与社会基金会资助水平，以及学生报考状况等；③以凯洛格基金会为代表的基金会组织，着眼于社区学院的公共福利属性，以经费资助项目的方式影响其内部治理过程。

（三）美国社区学院内部治理体系的组成要素是行政管理人员、教师、教职员工与学生所参与的各个职能部门

根据第三章内容的梳理，社区学院内部治理的主体主要有四类群体，分别是以校长为核心的行政人员、教师、教职员工以及学生。

其中，第一类群体（校长）是学校内部治理的重要组成要素，由校内的教师、教职员工与学生等不同群体的代表推选而出，并且

第六章 美国社区学院内部治理体系历史变迁的结论与启示

最终通过董事会的严格筛选而取得聘任。一方面,校长与各级职能部门的行政人员基于合法性治理主体的身份科学使用权力,共同处理学校的诸多事务;另一方面,其在宏观层次合理配置各项资源、调解不同利益群体的冲突,并且将自己作为学校的象征与外部环境进行交流。

第二类群体(教师)也在一定程度上参与到了社区学院的内部治理之中。由于社区学院教师群体组成的复杂性,出现了一类具有终身轨的全职教师与一类不具有终身轨的全职或兼职教师。前者基于专业性治理主体的身份,在教师与学校利益存在冲突的时候进行集体谈判,在一般情况下借助学术评议会的方式参与到内部治理中,并且以此成为能够制约以校长为中心的行政管理人员的重要力量。然而,虽然学界与政界都在强调教师参与治理的重要性,但是社区学院中的教师所涉入的领域多是传统的教学事务,如决定课程内容、设置或取消学科、学位要求设定、评估教学工作、教师聘用、教师各级别与类别的薪资、休假、各学科教师相对规模、教师专业发展等。

第三类群体(教职员工),指包含上述非终身轨教师在内,以及提供基本后勤工作的服务人员,如实验室技术人员、图书收纳员、保安、保洁等,而数量最多的便是上述的非终身轨全职教师。他们将自己视为社区学院"企业"里纯粹的雇员,借助教职工委员会协调劳资合作关系,使用集体谈判维护受雇者的劳动权利。

第四类群体(学生)在社区学院中所表现的趋同特征在于面临生计问题,需要借助社区学院克服个人生活方面的发展瓶颈。因此,一方面,这些学生对学校所给予的经济利益诉求较多;另一方面,其又因常常外出兼职而难以持续在学校参与治理。尽管如此,社区学院的学生还是通过成立学生自治组织、学生代表参与校务部门与开设学生交流论坛的方式在一定程度上参与内部治理。

上述这些治理主体所发挥的作用落实在各个行政职能部门的协调工作之中,并且成了组成内部治理体系的基本元素。这些组织部门一般包括:商业财务部门、人事部门、教学管理部门、转学衔接

系统论下美国社区学院内部治理体系研究

部门、学生服务部门、院校研究部门。

其中,商业财务部门旨在提高学校绩效、控制办学成本和对资源进行良好管理,是校长决策规划的重要顾问。该部门的职责是:评估学校及各个项目与部门的有效性;寻求校外的合作与创业,通过提供服务获取额外收入;对校内已有资源进行合理分配,以实现最大限度的利用价值;申请联邦政府与州政府的拨款并以此影响学校政策。人事部门一般要求工作人员拥有公共管理、人力资源或工商管理的学术背景,主要承担人事档案记录、员工招聘、平权行动、与其他部门的联系、处理员工抱怨五个方面的事务,有助于避免因教职员工的利益受损而产生问题和法律纠纷。教学管理部门一般由具有多年优秀教学经验的教师所组成,负责所有与教学相关的事务,具体包括:按照认证机构出台的标准而评估本校课程内容、应对外界需求变化而及时调整教学目标、构建合理有效的课程体系、运用教学服务于社区发展、在教学中宣扬多元文化。转学衔接部门,既要帮助学生从社区学院修得所需课程学分,成功转入四年制大学,又要在同一州或同一地区范围内的不同层次学校间建成畅通有序的连接系统。因此,该部门要求工作人员熟悉四年制大学环境,能够进行良好的沟通与表达,对于不同学科具有一定的知识储备和跨学科能力等。该部门的职责是:传递四年制大学的转学信息,监控外部社会环境中资助政策、劳动力市场需求等方面的变化,收集转学成功学生的学习效果反馈,探索转学衔接管理的创新机制,等等。学生服务部门基于以学生为本的服务理念,覆盖学术训练、经济援助、学业规划等领域,要求工作人员对本校学生服务管理的发展和变化拥有深刻理解,了解人力发展理论和组织发展理论,具有一定的研究能力,能够做出整体且高效的策划,重视通识教育的目标,等等。该部门的职责是:①与学校其他部门合作,搜集各方面群体对学生的反馈信息;②加强与学生的沟通,认识到学生的主观能动性和个体差异性;③充当学校与学生之间相互交流的平台;④处理学生在校生活中的各种事务。院校研究部门是指以调研的方式描述学校的教育教学、行政管理等各项活动的总和,并且

第六章 美国社区学院内部治理体系历史变迁的结论与启示

借助数据的收集与分析策略得出利于学校发展的决策的部门。该部门的职责是：为联邦政府和州政府撰写报告提供数据信息，为校长制定相关政策搜集信息与分析数据，为教师提供学生各项情况的统计信息，记录学生的行为变化，等等。

（四）美国社区学院内部治理体系的组织结构分为创造模式、指导模式、委托模式、协调模式以及合作模式

在第四章中，基于决策规划者、制定者与实施者三种角色的分配组合关系，社区学院内部治理的组织结构分为创造模式、指导模式、委托模式、协调模式以及合作模式。

其中，创造模式指决策的规划者、组织者和实施者相互合并，没有明确的界限与分工，重点是创造产品和开拓市场。以瓦伦西亚初级学院东校区、瓦伦西亚初级学院开放校区以及圣玛丽初级学院（1973年之前）为例，该结构模式指向于小型的社区学院，内部组织成员虽然负有不同的专业职能，但是在管理方面未形成正式的、规范的权力分配结构，相互之间使用直接的、个人的、非正式的以及频繁的交流模式。决策的过程呈现直线式的线性关系：设想—决策—评估—调整，鼓励内部成员的创新性观点，这些观点可能随时随地发生在午餐场所、汽车、办公室等地方。

在指导模式中，规划者与制定者合并，共同远离实施者，也是简单线型组织结构。以圣玛丽初级学院（1973年之后）、门罗社区学院、加维兰学院（20世纪70年代之前）为例，该结构模式的权力分配出现了二分式分级，由权威领导层从宏观层次负责学校的规划与发展，并且在重大事务中掌握最高决策权。相比之下，实施者承担学校管理的日常具体事务，但未形成结构化的管理层次，而更多地依赖于学校的院系学科。两者之间的信息交流基于总结报告、数值预算与分数标准等准确数据，呈现出规范化、程序化的特征。

在委托模式中，规划者与制定者合并，但是加强与实施者的双向交流并将其分散为多个单位，即把职能任务委托给各自的专业管理部门，表现出分散的组织结构。以加维兰学院（20世纪70年代

之后)、瓦伦西亚初级学院西校区(20世纪下半叶)、南内华达社区学院(20世纪下半叶)为例,该结构模式依然在纵向上采用权责分离的方式,由领导层把持学校规划与决策的权力;然而却根据不同岗位职能的需求,委托相应的专业人员负责具体的实施,在横向上形成系统的、有序的组织治理结构。各个管理单位隶属于唯一的上级部门(即受委托的实施者),相互之间分工明确,缺乏交流,专注于程序化、标准化的工作内容,具有一定的科层性。

在协调模式中,决策者承担领导权力,实施者分散为多个部门,规划者专门接受外部影响与内部反馈,三者形成循环闭合圈,是典型的环型组织结构。以南内华达社区学院(20世纪末21世纪初)、瓦伦西亚初级学院(20世纪末21世纪初)、门罗社区学院(1988年之后)为例,该结构模式在委托模式的基础上保留了专业分工的优势,并且试图克服科层管理中的程序烦琐、职能冗杂与事务冲突等不足,一方面,将实施层面中庞大的治理结构进行功能合并,保持不同部门的交流与协调;另一方面,将规划者从制定者的角色中分离出来,分析来自外部环境的诉求与管理工作者的反馈,从而在整体上建立起评估-分析、建议-决策、实施-评估的循环治理系统。

在合作模式中,规划者不仅从制定者的角色中分离了出来,而且职责被交由多个职能部门构成的实施者群体共同承担,以"共享与民主"的理念减轻科层管理中的官僚主义色彩,呈现出扁平的组织结构。以加利福尼亚州加维兰学院(1988年之后)为例,该结构模式既重视外部力量的影响,亦注重保障内部不同主体的权利,以及减少管理的程序、加速信息的反馈、提升工作的效率。由不同职能管理部门的工作人员与代表不同利益需求的相关人员所组成的实施者群体,以团体的方式面对着学校各项组织活动事务,从而践行"共同治理"的理念。

以上五种模式,既具有各自不同的组织结构与管理特征,又存在一定的相互联系,常常伴随着社区学院的发展历程而呈现方向性的转化现象。如瓦伦西亚初级学院的东校区与开放校区在20世纪

第六章 美国社区学院内部治理体系历史变迁的结论与启示

中叶建校之初,属于治理结构的创造模式,在 20 世纪末经历了三大校区的合并之后则呈现治理结构的协调模式;圣玛丽初级学院以 1973 年为界限,先后表现出创造模式与指导模式的内部治理结构;门罗社区学院以 1988 年为界限,先后表现出指导模式与协调模式的内部治理结构;20 世纪 80 年代,加维兰学院在治理结构方面趋于从指导模式向委托模式转变;南内华达社区学院在 20 世纪末,经历了从委托模式到协调模式的转变。一般而言,治理结构模式的变化呈现出以下特征:①单向度性,即社区学院的内部治理发展遵循从创造模式向合作模式的方向,而很少逆向演变;②不均衡性,即不同社区学院在每种治理结构模式的表现程度与持续时间不尽相同;③相近性,即社区学院内部治理结构的转变发生在两种相近模式之间,需要打破一定的危机才能实现结构变革,如创造模式与指导模式之间关于领导力、指导模式与委托模式之间关于自治、委托模式与协调模式之间关于控制、协调模式与合作模式之间关于官僚化的繁文缛节。

(五)美国社区学院内部治理体系的决策运行包括计划、制定、实施、回应与交流过程

在第五章中,如果将社区学院内部治理看作整体的系统,那么从动态性与有序性的原则而言,该系统在治理各种日常事务与突发事务中表现出了一定的运行机制,分别是计划过程、制定过程、实施过程、回应过程以及交流过程,具体如下:①决策计划过程,是学校组织不断适应内部竞争与外部压力的动态过程,尤其体现在财务预算与项目发展方面,包含社区学院内部治理所指向的目标、相关的要求、所需的资源以及排列的优先顺序等元素。②决策制定过程,分为环境分析、资源准备以及结构选择,即在权力赋予的前提下,选择合理的职能结构,分析社区学院内外部环境,判断决策的条件与风险。③决策实施过程,对于容易产生利益纠纷的事务采用"紧密系统",由决策规划者与制定者详细规定具体行动标准,充分地将决策理念转化为可操作的实施步骤;对于具有多元判断标准

与丰富创造可能的事务则采用"松散系统",将大部分的决策规划与制定的空间让渡给决策实施者,以保留其充分的灵活性与自主性。④决策回应过程,强调非命令式的需求满足、非预期性的情况发生以及动态的相互交流过程。⑤决策交流过程,贯穿于上述四个环节之中,是治理得以运行的关键元素,受到交流媒介与交流中间人的影响。

二、美国社区学院内部治理体系历史变迁的启示

社区学院是美国高等教育发展历史中的重要创举,以开放的门槛、多元的职能、优质的服务,受到了一定的认可与称赞,推动了美国高等教育大众化与民主化的进程、加快了经济建设与社会发展的步伐。曾任卡耐基高等教育委员会主席的美国教育家克拉克·克尔(Clark Kerr),用"20世纪美国高等教育的伟大革新"来评价社区学院创建的重要意义。然而,美国社区学院经过100余年的发展,也逐渐暴露出了诸多问题,比如教学质量不足、学生辍学率高、教育经费短缺、师资流动性强等。因此,在看待美国社区学院内部治理经验的时候,应秉持着客观的立场,既剖析美国经验中的一般规律,又辩证地看待其中存在的问题。

(一)拓展高等职业教育的办学职能,推进其与当地其他类型学校之间的相互交流与合作

经过100余年的发展,目前的美国社区学院包含了"转学教育、职业教育、继续教育、补偿教育和社区教育,具有多元化、综合性的办学职能"。得益于这一职能定位,社区学院内部治理作为一个开放性的系统表现出了以下三方面特征:

(1)注重与高中阶段的密切联系。社区学院在创建初期即被视为"高中教育阶段的延续",很多资源与支持都源于高中,如师资、经费、教室等。随着社区学院取得独立地位并日益发展为美国

第六章 美国社区学院内部治理体系历史变迁的结论与启示

高等教育系统中的重要组成部分,两者之间的天然关系不仅没有被削弱,反而愈加受到重视。20世纪70年代,美国纽约州率先推行"双学分课程"项目,即高中生可以按照规定选修相应的社区学院课程,并且获得在高中毕业升入社区学院之后依然能够使用的转入学分,从而促进社区学院与高中之间的衔接。这一项目被各州广泛采用,仅2002—2003年度,便有71%的美国高中实施了双学分课程模式,极大地激发了高中生的学习热情、提高了高中阶段的综合教育质量。

(2)注重与四年制大学的合作关系。早在19世纪末,芝加哥大学校长威廉·林恩·哈珀便设立了"基础学院",以分担"高级学院"的教学压力,充当预科教育的角色;之后又在乔利埃特中学添设了第13、第14年级,并且许诺其毕业生可以进入芝加哥大学的"高级学院"继续深造。虽然,此后社区学院的发展逐渐根植于高中,但是转学职能始终是其重要的标签,促使其不断地加强与四年制大学的合作。除了沿袭一直以来社区学院所普遍使用的"标准化转学协议"之外,新型校际互动模式、新型学分转化制度也在不断地处于改革探索之中。前者指加强两类学校在管理人员之间的非正式交流、拓展合同模式基础上的新型互动模式,如人员交流、宣讲活动、数据共享等,从而将原有书面化与正式化的转学关系变为灵活化与多元化的关系。后者指为了确保课程内容兼容、教育教学不重复、学分对等互认,很多地区在州层面,甚至跨州层面,联合签署了"全面学制衔接协议",详细规范并共同使用了课程的大纲、学分、评估制度等。

(3)注重与当地社区的交流服务。"服务社区、建设社区",一直是美国社区学院的根本宗旨。在经济大萧条与两次世界大战期间,社区学院发挥了"为纳税人提高生活质量""为战争前线培养大量的中等技术人才"的作用;在战后趋向于关注社区居民的日常生活需求,主张"社区学院理应成为本地区文化服务的中心";在金融危机背景下,积极开发为工作后表现较差的成人所提供的补偿教育;面对以信息技术为主的第三次产业革命,社区学院担当起

"为社区的经济生产力发展与文化水平提高而培训所需的人才"的任务,注重为企业输送技能人才而设置的专业教育;21世纪,社区学院被赋予了一般教育与终身教育的意义,不仅为当地适龄青年就业提供了技能训练,而且为其长期发展提供了广阔的基础知识和创新性思维。综上,社区学院整合社区内的各类资源,形成服务社区的教育网络,为社区居民提供终身学习的平台,为当地企业输送技术支持与人才储备,是教育社会化的有力表现。

(二)加强高等职业教育的外部环境建设,革新管理理念、转变政府职能并发挥社会第三方组织的积极作用

美国社区学院并非孤立存在的,作为开放性的系统,其内部治理受到来自文化、政府与社会三个方面因素的影响。其中,其深化以人为本、服务社区建设的治理理念,完善政府统筹、各部门协调、以董事会为中心的治理结构,强化社会第三方监管与督导的治理机制,具有一定的借鉴意义。

(1)在文化层面,社区学院管理突出"以人为本"与"服务社区建设"的理念。"以人为本"要求关注内部不同利益主体的个性需求与人生价值,将人看作学校管理的重要资源,而并非只是完成任务的工具。为此,在内部治理过程中,学校应认识到教师与学生的能动作用,既重视保障教师的工资福利与精神自尊,合理满足学生的教育需求与心理特征,也要发挥教师与学生对学校事务管理的积极作用,激发教师"教的热情"与学生"学的动力"。与此同时,领导者应将学校的办学目标渗透至内部管理机制之中,促使内部全体师生员工趋于共同的方向开展各自的工作,注重相互之间的协调与配合,从而能够灵活且科学地遵循规章条例,以形成充满活力、人性化的管理机制。如此一来,既不会导致物资资源的浪费和人才创造力的消磨,又能够提高学校运行的效率与质量。

(2)政府需要重新定位其自身与高等职业学校之间的关系,强化国家政府的间接规范角色与地方政府的直接统筹角色。国家政府应从高等职业教育事业的"控制者",转变为"引导者",逐步

第六章　美国社区学院内部治理体系历史变迁的结论与启示

下放绝对领导权,并且将其交由学校与市场进行相互交涉。两者应享有充分的自由与权限,以达成关于培养目标、课程内容、教学方法、专业设置等学校具体事务的安排,避免出现片面追求遵从政府规定而违背企业实际需求的悖论。与此同时,政府应更多地承担起高等职业教育的宣传、政策法规的制定以及重大发展项目的经费支持工作,从宏观上引导高职教育事业的发展方向与保障社会经济的稳定。在此之中,政策制定尤其重要。介于政策具有引领实践的功效,高等职业教育事业的发展应基于顶层设计完备与优化的背景,突显其促进当地经济建设与社会发展的重要作用。除了国家政府的角色转变,地方政府应从高等职业教育事业的"举办者",转变为"协调者",主要负责所管辖范围内高等职业院校与当地企业之间合作平台的搭建,协调政府、市场与民众等各方的利益,从而全力支持当地高职教育事业的发展,同时结合地区的经济结构、已有资源与行业特色以开发优势办学。在美国社区学院发展历程中,地方政府发挥了重要作用。这是由于美国地方政府具有"服务性"特征,能够及时了解当地需求与基本条件,有针对性地促进社区学院与当地企业的对接,并且利用上级政府赋予的"自主权",借助行政手段帮助社区学院破除实际发展瓶颈。此外,社区学院董事会作为连接政府、社会、学校的桥梁,应将政府的发展规划与经费要求传递给学校,反馈企业的人才需求、达成一致的行业标准,还应促进同一地区不同学校之间的交流与合作。

（3）在市场方面,高等职业院校的内部治理需要引入市场力量与第三方组织的监管作用。这类教育所输出的人才直接面向的便是就业市场的筛选机制,故在培养的过程中应鼓励社会力量的介入,运用市场机制来参与到学校人才培养方向、专业学科结构、教育教学内容等决策方面,从而对学校资源进行优化整合和高效利用。与此同时,要注重发挥社会第三方组织对高等职业教育的监管与评估作用,将其作为政府管理的有力补充。

（三）构建高等职业教育的多元主体共治，实现行政职能部门的权责义务对等与相互之间的协调合作

"管理"与"治理"虽一字之差，却代表着两种不同教育管理的理念与模式，后者作为前者的高级形态，最突出的特点便是强调多元主体共治。从外部治理而言即学校、政府、行业、社会、民众等多方治理主体，从内部治理而言即行政人员、教师、教职员工与学生的共同参与治理。从"内部管理"走向"内部治理"，一方面，要求学校提供有效的渠道保证行政人员之外的治理主体能够参与到学校的决策活动之中；另一方面，要求决策运行摆脱自上而下的单向度命令模式，形成相互之间民主协商的状态。在这些方面，美国社区学院虽然并没有做到像四年制大学那样完善，形成行政力量与学术力量相互制衡的局面，但是从各州的法律政策与学校的职能规划中可以发现，其在不断地向多元主体共治的方向发展。

在此过程中，这一制度安排的初衷有两点，其一是着重保障原本处于非核心地位的其他利益主体的合法权利，如投入了劳动力与时间的教职工、消费了资金以换取教育服务的学生等；其二是强调多元主体之间的相互协调管理，以形成治理合力，从而实现利益最大化、决策科学化，避免利益纷争与管理分散。由此可见，多元主体共治并不是指无限度的"谁都可以参与""谁都能参与任何方面""所有人都有同等的参与程度"。政治权力具有与国家政治管理体制相联系的天然属性，行政权力则具有与职能部门相联系的制度化属性，学术权力指向于"学术事务，主要指高职院校的学科安排、师资培养、教学活动、课程设计、教材建设、学位授予以及招生就业等方面的管理"[1]，民主权力体现出"以人为本"的治理理念，学生权力则体现出教育的市场化服务原则。上述这些权力基于不同的逻辑准则，故不能相互等同、替代、忽略或混用，而应该

---

[1] 钟秉林：《现代大学学术权力与行政权力的关系及其协调》，载《中国高等教育》2005年第19期，第3～5页。

第六章　美国社区学院内部治理体系历史变迁的结论与启示

建立科学规范的内部治理机制，按照权利、责任与义务对等的原则平衡各方利益主体之间的关系。如建立分工明确的岗位职责与权限；在学校规划建设的宏观决策方面，遵循以校长为中心、其他主体为建议者的一般行政管理体系；在涉及学术事务方面，遵循以学术委员会为中心，其他主体为辅助者的教师管理体系；等等。

落实到具体的职能部门之中，它们作为组成内部治理机制的重要组成元素，不能延续传统的管理方式所呈现的封闭式、规章式、机械式的工作模式。这种模式将学校的管理工作相互割裂，按照各自的职责与标准进行输入和输出，不利于多元主体的参与及多方利益的考量。对于学校而言，各个职能部门是相互紧密联系的统一体，会产生"整体大于部分之和"的效果，故每个部门的工作都应被置于学校整体运行之中来看待，将学校的目标使命渗透至各项管理事务之中，将自身的工作建立于不同部门之间的相互协调之中。如商业财务部门通过与学生服务部门的交流获取学生对学杂费收取与使用的意见，通过与教学管理部门的交流获取教师对校企合作项目的规划；人事部门依据教学管理部门所建设的专业学科、商业财务部门所预留的人事经费制定人才招聘计划；教学管理部门根据转学衔接部门所签订的转学协议学分要求而开设课程；等等。因此，各个职能部门组成元素在明确自身权利、责任与义务的基础上，还要能够实现相互之间的协调合作，将学校整体发展目标渗透于每项微小的工作之中。

（四）推动高等职业教育内部治理结构扁平化发展，促成决策的规划者、制定者与实施者之间交流与共享

学校内部治理结构指向于决策运行过程中不同管理单元之间的权责安排，即管理者在特定条件下，运用科学的方法对解决问题的方案进行规划、制定与实施的全过程。纵观美国社区学院内部治理结构的演进历程，经历了"简单型"组织的创造模式、"机械型"组织的指导模式、"分部型"组织的委托模式、"灵活型"组织的协调模式以及"使命型"组织的合作模式。在此过程中，社区学

院管理组织之中的主导地位日渐式微，管理的主体既不是校长，也不是教师，而是逐渐趋于相互制衡与合作的扁平组织。社区学院内部决策机制要么还停留在"灵活型"组织之中，决策制定者承担领导权力、实施者分散为多个部门、规划者专事接受外部影响与内部反馈，三者形成循环闭合圈；要么已经初步迈入"使命型"组织，不仅将规划者从制定者的角色中分离出来，而且交由多个职能部门构成的实施者群体共同承担，以"共享与民主"的理念减轻科层管理中的官僚主义色彩。两种模式都体现出如下特征：①管理垄断的状况不复存在，多方主体的协同治理方式较为普遍；②"决策的制定者即规划者"，这一权力边界不清晰使权力失衡的现象逐步消失；③决策的实施者渐渐地从"被动"走向"能动"，从"台前"来到"幕后"，将其在实践中体悟到的认知反馈至决策规划之中；④决策的规划者、制定者与实施者三者之间，交流趋于频繁并着力实现民主协商。

（五）促进高等职业教育内部治理的有效运行，保障信息传递准确与人员交流畅通

社区学院内部治理在运行中呈现出决策的计划、制定、实施、回应以及交流过程。这一过程能够实现不同治理主体之间的相互联系与相互制约，从而形成循环发展的系统。与美国著名的"戴明环"管理论较为相似。该理论所提出的"计划、执行、检查与修正"四个环节是首尾相连、不断向前的系统。有所不同的是，"回应"与"交流"过程促使这一系统不再是封闭的、单向度的性质，而是能够接受外界信息的输入与内部不同主体之间的交流。高等职业教育内部治理的运行过程，一方面，应当形成各个层次的部门及个人围绕学校发展总体规划而分层次地制定各自的决策系统，从而形成"大环套小环"的管理过程，保证管理过程统一且有序；另一方面，应注重引导不同层次部门及个人之间的交流与合作，以提高整体的工作效率，营造良好的管理环境。

参考文献

一、中文文献

1. 译著

[1] 丹尼尔·布尔斯廷. 美国人：开拓历程［M］. 中国对外翻译出版公司，译. 北京：生活·读书·新知三联书店，1993.

[2] 丹尼尔·布尔斯廷. 美国人：民主历程［M］. 中国对外翻译出版公司，译. 北京：生活·读书·新知三联书店，1993.

[3] 丹皮尔·布尔斯廷. 美国人：建国历程［M］. 中国对外翻译出版公司，译. 北京：生活·读书·新知三联书店，1993.

[4] 菲利普·G. 阿特巴赫. 比较高等教育：知识、大学与发展［M］. 人民教育出版社教育室，译. 北京：人民教育出版社，2001.

[5] 河本英夫. 第三代系统论：自生系统论［M］. 郭连友，译. 北京：中央编译出版社，2016.

[6] 亨利·罗索夫斯基. 美国校园文化：学生·教授·管理［M］. 谢宗仙，周灵芝，马宝兰，译. 济南：山东人民出版社，1996.

[7] 克拉克·克尔. 大学的功用［M］. 陈学飞，陈恢钦，周京，等译. 南昌：江西教育出版社，1993.

[8] 林哈尔特. 美国实用主义［M］. 郑启温，苗力田，汤侠声，等译. 北京：人民出版社，1956.

[9] 路德维希·冯·贝塔兰菲. 一般系统论：基础·发展·应用［M］. 秋同，袁嘉新，译. 北京：社会科学文献出版社，1987.

[10] 罗伯特·达尔. 论民主［M］. 李柏光，林猛，译. 北京：商务印书馆，1999

[11] 沃尔夫冈·布列钦卡. 教育科学的基本概念：分析、批判和建

议［M］．胡劲松，译．上海：华东师范大学出版社，2001．

［12］伊安·奥斯丁，格伦·琼斯．高等教育治理：全球视野、理论与实践［M］．孟彦，刘益东，译．北京：学苑出版社，2020．

［13］詹姆斯·N.罗西瑙．没有政府的治理［M］．张胜军，刘小林，等译．南昌：江西人民出版社，2001．

2．专著

［1］霍绍周．系统论［M］．北京：科学技术文献出版社，1988．

［2］李福华．大学治理的理论基础与组织架构［M］．北京：教育科学出版社，2008．

［3］李其荣．美国文化解读：美国文化的多样性［M］．济南：济南出版社，2005．

［4］马骥雄．战后美国教育研究［M］．南昌：江西教育出版社，1991．

［5］毛澹然．美国社区学院［M］．北京：高等教育出版社，1989．

［6］乔明顺．世界近现代史教学参考手册［M］．北京：北京大学出版社，1990．

［7］万秀兰．美国社区学院的改革与发展［M］．北京：人民教育出版社，2003．

［8］王建成．美国高等教育认证制度研究［M］．北京：教育科学出版社，2007．

［9］王建艳．教育民主参与［M］．沈阳：辽宁人民出版社，2012．

［10］王廷芳．美国高等教育史［M］．福州：福建教育出版社，1995．

［11］王英杰．美国高等教育的发展与改革［M］．北京：人民教育出版社，2002．

［12］魏宏森．系统论［M］．郑州：河南美术出版社，1991．

［13］吴岩．领导心理学［M］．北京：中央编译出版社，1996．

［14］续润华．美国社区学院发展研究［M］．北京：中国档案出版社，2000．

[15] 杨洪兰,张晓蓉. 现代组织学 [M]. 上海：复旦大学出版社,1997.

[16] 杨孔炽,徐宜安. 美国公立中学发展研究 [M]. 武汉：湖北人民出版社,1996.

[17] 俞可平. 治理与善治 [M]. 北京：社会科学文献出版社,2000.

[18] 周志群. 美国社区学院课程变革与发展研究 [M]. 福州：福建教育出版社,2012.

3. 期刊论文

[1] 陈庆云,鄞益奋. 论公共管理研究中的利益分析 [J]. 中国行政管理,2005 (5)：38.

[2] 陈向明. "专家"与教师关系定位思考 [J]. 教育发展研究,2007 (12B)：36-39.

[3] 陈学飞. 美国高等教育管理思想探究（上）[J]. 高等教育研究,1995 (6)：76-102.

[4] 范国睿,孙翠香. 绩效与问责：美国职业教育治理的发展趋向 [J]. 全球教育展望,2015 (3)：57-67.

[5] 甘永涛. 美国大学教授协会：推动大学共同治理制度的重要力量 [J]. 大学教育科学,2008 (5)：92-96.

[6] 甘永涛. 美国加州社区学院治理结构的模式转换：从"政府时代"走向"平民时代" [J]. 职业技术教育,2008 (19)：86-89.

[7] 甘永涛. 权威-目的两分法：大学治理模式解析 [J]. 教育发展研究,2006 (11A)：51-53.

[8] 刚如. 美国莱恩社区学院办学特色 [J]. 外国教育动态,1983 (5)：29-34.

[9] 胡赤弟. 高等教育中的利益相关者分析 [J]. 教育研究,2005 (3)：38-46.

[10] 黄欣荣. 贝塔朗菲与复杂性范式的兴起 [J]. 科学技术与辩证法,2004 (4)：11-14.

[11] 拉里·范·戴因. 美国的社区学院 [J]. 孙益, 译. 世界之窗, 1979 (3): 8-12.

[12] 拉里·范·戴因. 社区学院: 美国高等教育的新浪潮 [J]. 张祥麟, 译. 外国教育动态, 1980 (1): 18-21.

[13] 李巧针. 探析美国大学校长的权力制衡制度 [J]. 高教探索, 2008 (1): 79-82.

[14] 李韬. 慈善基金会缘何兴盛于美国 [J]. 美国研究, 2005 (3): 132-146.

[15] 理查德·斯·迈耶斯. 社区大学: 平民教育理想的实现 [J]. 李子江, 译. 科技导报, 1981 (3): 68-69.

[16] 刘宝存. 美国公立高等学校董事会制度评析 [J]. 高教探索, 2002 (1): 67-69.

[17] 卢洁莹, 马庆发. 美国公立社区学院治理的基本特征: 基于社区学院与政府和社会关系的视角 [J]. 职教论坛, 2012 (16): 83-86.

[18] 卢洁莹. 美国社区学院的治理模式初探 [J]. 职教论坛, 2011 (15): 89-93.

[19] 路·冯·贝塔朗菲. 普通系统论的历史和现状 [J]. 王兴成, 译. 国外社会科学, 1978 (2): 66-74.

[20] 马文·彼得森. 大学和学院组织模型: 历史演化的视角 [J]. 北京大学教育评论, 2007 (1): 109-137.

[21] 买琳燕. 美国社区学院治理结构的演变与启示 [J]. 职教论坛, 2017 (25): 79-84.

[22] 毛澹然. 美国社区学院的特点 [J]. 全球教育展望, 1984 (2): 53-59.

[23] 蒙有华. 民间慈善基金会组织对美国高等教育的影响 [J]. 教育学报, 2007 (6): 85-94.

[24] 欧阳光华. 美国大学治理结构中的校长角色分析 [J]. 教育研究与实验, 2011 (3): 68-71.

[25] 平卡斯·约翰. 社区学院中教育机会是不平等的 [J]. 朱

协，译. 外国教育动态，1974（5）：16-19.

[26] 全守杰，王运来. 美国大学校长角色的嬗变及其动力：兼论中国大学校长领导制度建设［J］. 现代教育管理，2011（8）：116-120.

[27] 邵宁. 社会参与美国社区学院治理及对中国应用型本科高校治理的启示［J］. 职教论坛，2016（24）：92-96.

[28] 宋明钧. 教师参与：学校成功发展的关键［J］. 中国高教研究，2006（4）：53-55.

[29] 泰莱·奥·巴奈. "人人能入学，为人人服务"：谈美国公立社区学院［J］. 唐其慈，译. 外国教育动态，1983（1）：52-54.

[30] 唐其慈. 美国社区学院见闻［J］. 外国教育动态，1982（6）：1-7.

[31] 王英杰. 论美国高等教育发展的机制：市场竞争与国家干预［J］. 高等师范教育研究，1989（1）：58-67.

[32] 王英杰. 美国发展社区学院的历史经验及发展中国专科教育之我见［J］. 外国教育研究，1992（1）：18-24.

[33] 王英杰. 美国高等教育发展与改革百年回眸［J］. 高等教育研究，2000（1）：31-38.

[34] 魏进平，刘志强，何小丰. 教师参与大学决策的积极意义和激励措施［J］. 国家教育行政学院学报，2008（5）：46-50.

[35] 夏伟. 美国社区学院的"共同治理"模式及其启示［J］. 职业技术教育，2015（24）：57-60.

[36] 肖应红. 关于我国高校内部治理结构重建问题的思考［J］. 黑龙江高教研究，2007（9）：10-11.

[37] 谢秋葵. 基金会：美国高等教育发展的重要推动力［J］. 高等教育研究，2005（3）：92-97.

[38] 邢广陆. 美国社区学院的治理结构及启示："高职院校领导海外培训项目"赴美研修报告［J］. 青岛职业技术学院学报，2012（2）：71-75.

[39] 杨克瑞. 美国《高等教育法》的历史演变分析 [J]. 比较教育研究, 2005 (4): 21-25.

[40] 姚计海. "文献法"是研究方法吗: 兼谈研究整合法 [J]. 国家教育行政学院学报. 2017 (7): 89-94.

[41] 尹晓敏. 教师参与高校决策: 合理性及其限度性 [J]. 教育科学, 2006 (5): 68-70.

[42] 游玉佩, 李桂平. 利益、精英和信任: 大学学术系统运行的框架分析 [J]. 大学教育科学, 2015 (5): 34-39.

[43] 张斌贤, 张弛. 美国大学与学院董事会成员的职业构成: 10所著名大学的"案例" [J]. 比较教育研究, 2002 (12): 23-27.

[44] 张正锋. 中国近代大学教授治校制度的特点分析 [J]. 清华大学教育研究, 2008 (6): 74-78.

[45] 钟秉林. 现代大学学术权力与行政权力的关系及其协调 [J]. 中国高等教育, 2005 (19): 3-5.

[46] 周延军. 美国社区学院见闻及随想 [J]. 中国电大教育, 1989 (1): 42-46.

[47] 资中筠. 一种值得推崇的散财之道 [J]. 博览群书, 2003 (4): 30-34.

4. 学位论文

[1] 艾琳. 集体谈判权研究 [D]. 吉林: 吉林大学, 2014.

[2] 冯增永. 我国大学内部治理中学生参与研究 [D]. 北京: 中国矿业大学, 2019.

[3] 霍琳. 教育变革的视角下美国社区学院的治理 [D]. 北京: 北京师范大学, 2011.

[4] 李宏伟. 国外大学治理模式研究 [D]. 沈阳: 东北大学, 2010.

[5] 卢山冰. 21世纪西方利益相关者理论研究 [D]. 厦门: 厦门大学. 2007.

[6] 任钢建. 美国社区学院升学与就业双重功能研究 [D]. 重

庆：西南大学，2008.

[7] 荣艳红. 美国联邦职业技术教育立法研究（1917—2007）[D]. 保定：河北大学，2008.

[8] 杨九斌. 二战后美国联邦政府对研究型大学科研资助政策研究［D］. 上海：华东师范大学，2014.

[9] 杨旭辉. 美国公立社区学院治理主体研究［D］. 上海：上海师范大学，2019.

[10] 尹小宇. 美国社区学院经费来源研究［D］. 重庆：西南师范大学，2002.

[11] 张鸿宇. 美国早期教育质量认证发展研究（1982—2010）[D]. 长春：东北师范大学，2017.

[12] 赵艳艳. 美国大学校长成功因素探析［D］. 郑州：河南大学，2012.

[13] 朱子君. 美国社区学院治理结构研究：以加州圣莫尼卡社区学院为例［D］. 石河子：石河子大学，2015.

二、外文文献

1. 专著

[1] Accountability Task Force. California Community College accountability model [M]. Sacramento：Office of the Chancellor, California Community Colleges, 1990.

[2] ASTIN A W. Achieving educational excellence：a critical assessment, of priorities and practices in higher education [M]. San Francisco：Jossey-Bass, 1985.

[3] BALDRIDGE J V, DEAL T E. Managing change in educational organizations by objects [M]. New York：McGraw hill, 1997.

[4] BALDRIGE J V, TIERNEY M L. New approaches to management：creating practical system of management information and manaagement by objectives [M]. San Francisco：Jossey-

Bass, 1999.

[5] BARBARA K, TOWNSEND S B. Community colleges policy in the future context [M]. New Jersey: A blex publishing, 2001.

[6] BARBARA K, TOWNSEND S B. State funding for community colleges a 50-state survey by Community College Policy Center [M]. London: Ablex Publishing, 2001.

[7] BARR M J, ALBRIGHT R L. Rethinking the organizational role of student affairs [M] //Updraft and associates, new futures for student affairs: building vision for professional leadership and practice. San Francisco: Jossey-Bass, 1990.

[8] BENDER L W. Spot lot on the transfer function: national study of state policies and practices [M]. Washington, D. C.: American Association of Community and Junior Colleges, 1990.

[9] BERG E H. Accrediting commission for community and junior colleges [M]. Pasadena: Western Association of Schools and Colleges, 1990.

[10] BILES G E, TUCKMAN H P. Part-time faculty personnel management policies [M]. New York: American Council on Education/Macmillan, 1986.

[11] BIRNBAUM R. How colleges work: the cybernetics of academic organization and leadership [M]. San Francisco: Jossey-Bass Publishers, 1988.

[12] BOGGS G R. Presidents academy: an evolution of leadership development [M]. Philadelphia: Community College Press, 2002.

[13] BRIGHTMAN R W. Entrepreneurship in the community college: revenue diversification [M] //Alternative Funding Sources. New Directions for Community Colleges. San Francisco: Jossey Bass, 1989.

[14] BRINT S, KARABEL J. The diverted dream: community colleges and the promise of educational opportunity in America, 1900 –

1985 [M]. New York: Oxford University Press, 1989.

[15] BROBST D, KANTER M J. Change to the instructional policies [M]. San Jose, Calif.: Office of Instruction, San Jose City College, 1992.

[16] BRUCE A J. Educational leadership: policy dimensions in the 21st century [M]. London: Ablex Publishing. 2001.

[17] BURGESS J W. The American university [M]. Boston: Health & Co., 1884.

[18] BURNS J M. Leadership [M]. New York: McGraw-Hill Publishers. 1974.

[19] CAMPBELL D F. Strengthening financial management. new directions for community colleges [M]. San Francisco: Jossey-Bass, 1985.

[20] Carnegie Foundation for the Advancement of Teaching. Government of higher education: six priority problem [M]. New York: McGraw-Hill, 1973.

[21] CHAFFE E E. Organization/administration [M]. Washington, D.C.: Association for the Study of Higher Education, 1986.

[22] CHUBB J, MOE T. Politics, markets, and America's schools [M]. Washington, D.C.: Brookings Institute, 1990.

[23] COHEN A B. College and university business administration [M]. Chicago: National Association of College and University Business Officers, 1982.

[24] COHEN A B. Managing community colleges [M]. San Francisco: Jossey-Bass, 1994.

[25] COHEN A M, BRAWER F B, KISKER C B. The American Community College [M]. San Francisco: Jossey-Bass, 2008.

[26] College Board. Trends in student aid [M]. Washington, D.C.: Science & Technology Policy Institute, 1999.

[27] CORNESKY R A. Using deming: improving quality in colleges and

universities [M]. Madison, Wis.: Magna Publications, 1990.

[28] CREAMER D G. Changing internal conditions: impact on student development [M] //Perspectives on student development. New directions for community colleges. San Francisco: Jossey-Bass, 1989.

[29] DANIEL A V. System theory, the Schur algorithm and multidimensional analysis [M]. Boston: Birkhäuser Verlag, 2007.

[30] DEAS G E. The relationship between the board and administration in selected activities contributing to the overall climate of a community college [M]. San Diego: Office for Research and Service in Postsecondary Education, San Diego State University, 1992.

[31] DEEGAN W L. The management of student affairs programs in community colleges: revamping process and structure [M]. Washington, D. C.: American Association of Community and Junior Colleges, 1982.

[32] DRAKE S. A study of community and junior college boards of trustees [M]. Washington, D. C.: American Association of Community and Junior Colleges, 1977.

[33] DRESSEL P L. Institutional research in the university: a handbook [M]. San Francisco: Jossey-Bass, 1971.

[34] EDMMUND J G. American junior college [M]. Wisconsta: George Banta Company, 1967.

[35] ERNEST L B. College: the undergraduate experience in America [M]. New York: New York University Press, 1987.

[36] FREEMAN R E. Strategic management: a stakeholder approach [M]. Boston: Pitman Publishing, Inc., 1984.

[37] FROST S E. Historical and philosophical foundations of western education [M]. Atlanta: Charles E Merrill Publishing Company, 1996.

[38] FRYER T W, LOVAS J C. Leadership in governance: creating conditions for successful decision making in the community college

[M]. San Francisco: Jossey-Bass, 1991.

[39] GEORGE A B. A handbook of the community college [M]. Westport: Greenwood Press, 1994: 19.

[40] GLADIEUX L, KING J. The federal government and higher education [M]. Boston: Boston College Center for International Higher Education, 1998.

[41] GLADIEUX L, SWAIL W. The virtual university and educational opportunity: issues of equity and access for the next generation, policy perspectives [M]. Washington, D. C.: The College Board, 1999.

[42] GLUECK W. Personnel: a diagnostic approach [M]. Plano, Tex: Business Publishers, 1982.

[43] GOLDSTEIN M. Financial aid and the developmental student: new directions for community colleges [M]. San Francisco: Jossey-Bass. 1997.

[44] GORDON D. An act of trust or a great big old amoebae: shared governance at two community colleges [M]. Westport, CT: Greenwood Press, 2008.

[45] GRAND H. Governance, administration and finance [M]. Oxford: Pergamon, 1992.

[46] HARDY C. Power and politics in organizations [M]. Brookfield: Dartmouth, 1995.

[47] HARNISCH T L. Performance-based funding: a re-emerging strategy in public higher education financing [M]. Washington, D. C.: American Association of State College and Universities, 2011.

[48] HELSABECK R E. The compound system: a conceptual framework for effective decision making in colleges [M]. Berkeley: University of California, Berkeley, 1979.

[49] HENRY P T. University education [M]. New York: Routledge/Thoemmes Press, 1851.

[50] HEYDINGER R G, NORRIS D M. Cooperative computing: a process perspective on planning and implementation [M]. Princeton, N. J.: Educom, 1994.

[51] HODGKINSON H L. Institutions in transition: a profile of change in higher education [M]. New York: McGraw-Hill, 1981.

[52] HYATT J A, SANTIAGO A A. Reallocation: strategies for effective resource management [M]. Washington, D. C.: National Association of Colleges and University Business Officers, 1984.

[53] IAN A, GLEN A J. Governance of higher education: global perspectives, theories, and practices [M]. New York: Routledge, 2020.

[54] IAN M. Changing cultures in UK higher education [M]. London: Jessica Kingsley Publishers Ltd. , 1999.

[55] JASIEK C R, WISGOSKI A, ANDREWS H A. The trustee role in college personnel management. New directions for community colleges [M]. San Francisco: Jossey-Bass, 1985.

[56] JOHN B, WILLIS R. Higher education in transition: an American history (1636 – 1976) [M]. New York: Harper & Publishers, 1958.

[57] JOHN D S. Democracy and governance in higher education [M]. Boston: Kluwer Law International, 1998.

[58] KAISER M G, GREER D. Legal aspects of personnel management in higher education. New directions for community colleges [M]. San Francisco: Jossey-Bass, 1988.

[59] KANGAS J. The academic performance of adelante students at san jose city college [M]. San Jose, Calif. : San Jose/Evergreen Community College District, 1992.

[60] KANTER R M. The change masters [M]. New York: Simon & Schuster, 1983.

[61] KAPLIN W A. The law of higher education: a comprehensive

guide to legal implications of administrative decision making [M]. 2nd ed. San Francisco: Jossey-Bass, 1985.

[62] KARL M, JOSH C. Governance of colleges and universities [M]. New York: McGraw Hill, 1960.

[63] KAUFMAN H. The natural history of human organizations in administration and society [M]. New York: McGraw-Hill, 1991.

[64] KOOIMAN J. Governance and governability: using complexity, dynamics and diversity [M]. London: Sage, 1993.

[65] KOOS L. Local versus Regional Junior College [M]. New York: Boson Publisher, 1944.

[66] KOTLER P, FOX K. Strategic marketing for educational institutions [M]. Englewood Cliffs, N J: Prentice Hall, 1985.

[67] KREIDER P E. Institutional learning and effectiveness [M]. Los Angeles: Leadership Book, 1988.

[68] LEE B A. Grievance systems: boon or bane for shared governance? governing tomorrow's campus: perspectives and agendas [M]. New York: American Council on Education/Macmillan, 1989.

[69] LEE J. How do students and families pay for college [M]. Cambridge: ACE/Oryx Press, 1999: 31.

[70] LESLIE L. Financial management and resource allocation in higher education [M]. San Francisco: Jossey-Bass, 1985.

[71] LESLIE L. Key resources on higher education governance, management, and leadership: a guide to the literature [M]. San Francisco: Jossey-Bass, 1987.

[72] LEVIN J S, KATER S T. Understanding community colleges [M]. Oxfordshire: Taylor & Francis, 2013.

[73] LEVIN J S. New challenge for community colleges [M]. New York: Kensington Publishing Corp., 2014.

[74] LORENZO A L. Strategic elements of financial management [M] //Strategic management in the community college. New direc-

tions for community colleges. San Francisco: Jossey-Bass, 1983.

[75] MANZ C C, SIMS H P. Super leadership [M]. New York: Berkeley Books, 1898.

[76] MIDDAUGH M F. The nature and scope of institutional research [M] //Organizing effective institutional research offices. New directions for institutional research. San Francisco: Jossey-Bass, 1990.

[77] MIDKIFF S J, COME B. Organization and staffing [M] //Issues in personnel management. New directions for community colleges. San Francisco: Jossey-Bass, 1988.

[78] MINTZBERG H. Power and organization life cycles [M]. Paris: Hachette Livre, 1984.

[79] MINTZBERG H. Structure in fives: designing effective organizations [M]. New Jersey: Prentice-Hall, Inc., 1983.

[80] MORRELL L R. How should a university mind its business? Management issues [M]. New York: Peat Marwick Publisher, 1988.

[81] National Center for Academic Achievement and Transfer. An academic model of transfer education [M]. Washington, D. C.: American Council on Education, 1990.

[82] PATTON J. The cultural pluralism program at mission college [M]. New York: Santa Clara Book, 1990.

[83] PAUL W. A history of American higher education [M]. Illinois: Springfield, 1951.

[84] PETER D. What kind of business and financial administration should community colleges establish [M]. New York: Berkeley Books, 1980.

[85] PETERSON M. Institutional research: an evolutionary perspective [M] //Institutional research in transition. New directions for institutional research. San Francisco: Jossey-Bass, 1985.

[86] PETTY G, PILAND W. The illinois public community college

board members [M] //Active trusteeship for a changing era. New directions for community colleges. San Francisco: Josscy-Bass, 1985.

[87] PHIPPS S M. The revolution of the community college [M]. Los Angeles: The Scarecrow Press, 2011.

[88] RICHARDSON R C, LESLIE L L. The impossible dream? Financing the community college's evolving mission [M]. The Netherlands: Sense Publishers, 1980.

[89] RICHARDSON R C. Reforming college governance: new directions for community colleges, No. 10 [M]. San Francisco: Jossey-Bass, 1975.

[90] ROBERT B. Universities and governments in 21st century: the US experience [M]. London: Jessica Kingsley Publishers Ltd., 1999.

[91] ROSENMAN M. Colleges and social change: partnerships with community-based organizations [M] //New partnerships higher education and the nonprofit sector. New directions for experiential learning. San Francisco: Jossey-Bass, 1982.

[92] RUDOLF R, PLUMMER C, RICHARDSON B. Management of human resources in the community college, in a handbook on the community college in American [M]. Connecticut: Greenwood Press, 1994.

[93] SADDLEMIRE G L, RENTZ A L. The student personnel point of view [M]. Alexandria, Va.: American College Personnel Association, 1986.

[94] SELZNICK P. Leadership in administration [M]. Berkeley: University of California Press, 1957.

[95] SENGE P. The fifth discipline: the art and practice of the learning organization [M]. New York: Double Doyenne, 2006.

[96] SHULTS D. The school-to-work opportunity act and community college preparedness [M]. New York: Harper & Row, 1997.

[97] ST. JOHN E. P. Public policy and college management [M]. New York: Praeger Publishers, 1981.

[98] TATUM J. Active Trusteeship for a Changing Era [M] //Active trusteeship for a changing era. New directions for community colleges. San Francisco: Jossey-Bass, 1985.

[99] TERRENCE A T, GARRETT R L, WILLIAM G. Fifty state systems of community colleges: mission, governance, funding and accountability [M]. Johnson City: Overmountain Press, 1999.

[100] TERRY O B. Innovation in the community college [M]. New York: Greenwood Publisher, 1989.

[101] THOMAS D. A documentary history of the junior college and community movement [M]. New York: Greenwood Press, 1986.

[102] THOMAS D. Growth of American invention [M]. New York: Greenwood Press, 1986.

[103] THOMAS W, FRYER J, LOVAS C. Creating conditions for successful decision making in the community college [M]. San Francisco: Jossey-Bass Publishers, 1991.

[104] TILLERY D, DEEGAN W L. The evolution of two-year colleges through four generations [M] //Renewing the American community college: priorities and strategies for effective leadership. San Francisco: Jossey-Bass, 1985.

[105] TOFFLER J, JOHAN V. Power in organizations [M]. Marshfield, Mass: Pitman Publishing, 1992.

[106] U. S. Department of Education. Investing in qualia unfordable education for all Americans: a new look at community colleges [M]. Washington, D. C.: Office of Vocational and Adult Education, 1998.

[107] U. S. National Commission for Employment Policy. The Job training partnership act: a report to the U. S. president and the congress of the Unite States [M]. San Francisco: Jossey-

Bass, 1987: 33.

[108] VALEAU E J, RABY R L. Building the pipeline for community college international education leadership [M]. New York: Praeger Publishers, 2016.

[109] VAUGHAN G B. The community college presidency [M]. New York: American Council on Education/Macmillan, 1986.

[110] WATTENBARGER J L, STARNES P M. Financial support patterns for community colleges [M]. Gainesville: University of Florida, 1976.

[111] WILBUR L, SHELDON M. What price local control: california community college trustees [M]. Los Angeles: School of Education, University of Southern California, 1988.

[112] ZOGLIN M L. Power and politics in the community college [M]. California: ETC Publications, 1957.

2. 期刊论文

[1] AATILIFF R C. Perspectives on California community college governance [J]. Journal insight into student services, 2003 (5): 1-6.

[2] ADERSON J E. The process of California's community colleges towards shared governance [J]. The journal of higher education, 2001 (2): 48-50.

[3] AKIN S R. Institutional advancement and community colleges: a review of the literature [J]. International journal of educational advancement, 2005 (6): 65-75.

[4] AMEY M, JENKINS J E. Community college governance: what matters and why [J]. New directions for community colleges, 2008 (141): 5-14.

[5] ANDREWS H, LICATA C. Administrative perceptions of existing evaluation systems [J]. Journal of personnel evaluation in the United States, 1991 (5): 69-76.

[6] BALDRIDGE J V, CURITIS D V, ECKER G P. Alternative models of governance [J]. Higher education research and development memorandum, 1974: 18-37.

[7] BERGMAN T. New resource for training: the national workforce assistance collaborative [J]. Community college journal, 1994 (2): 21.

[8] BRINT P J. Sources and information: community college governance [J]. New directions for community colleges, 1985 (4): 97-108.

[9] CHARLES F J. The knowledge net: connecting communities, learners, and colleges [J]. Junior college journal. 1992: 26-27.

[10] CHILDERS T, WALTER H C. Community college governance: what matters and why [J]. New directions for community colleges, 2008 (1): 5-14.

[11] FRIEDEL J N. Typology of state-level community college governance structures [J]. Community college journal of research & practice, 2017 (5): 311-322.

[12] GEORGE V. The meaning of good presidential leadership: a frame analysis [J]. Review of higher education, 1989 (12): 32-35.

[13] GLEAZER E J. AAJC approach: project focus report [J]. Junior college journal, 1971 (7): 8-14.

[14] GRAY T. New regulatory opportunities in telecommunications technology [J]. AACC journal, 1993 (10): 33.

[15] HOMER P R. The Beacon College project in community colleges oriented to industry chain [J]. Junior college journal, 1983: 5-6.

[16] KATAEV D V. Max Weber and system-theoretical approach in sociology [J]. Alma mater, 2016 (7): 83-86.

[17] KOBESKY E L, MARTORANA S V. Implications for preventative law in development of policies for managing part-time faculty

in community colleges [J]. Community/junior college quarterly of research and practice, 1987 (4): 303.

[18] KOTLER P. Transfer to universities: 2+2+2 Articulation Program in Illinois [J]. College higher education, 1993 (3): 14.

[19] LOVELL C D, PANKOWSKI M. Living with the unrelated business income tax: a new challenge for continuing higher education [J]. Lifelong learning, 1989 (5): 20-22.

[20] MILLER M T, MILES J M. Internal governance in the community college: models and quilts [J]. New directions for community colleges, 2008 (11): 35-44.

[21] NEAVE G. Foundation or roof? The quantitative, structural, and institutional dimensions in the study of higher education [J]. European journal of education, 1989 (3): 211-222.

[22] PHILLIPPE S. Key Resources on community college governance [J]. New directions for community colleges, 2008 (141): 91-98.

[23] PILAND W, BUTTE H. Trustee views on finance, governance., and educational issues [J]. Community college review, 1991 (4): 6-12.

[24] RAGAR G. Governance and leadership expectations of trustees and CEOs [J]. Trustee quarterly, 1991 (2).

[25] REGINA S F. Adjunct faculty in the community college [J]. American Association of Community College, AACC 96 the annual conference reflecting, 2019 (3): 31-35.

[26] REINHARD B. The federal challenge to our community colleges [J]. Journal of career, 1994 (4): 26.

[27] ROWH M C. Job duties of institutional researchers in southern two-year colleges [J]. Community/junior college quarterly of research and practice, 1990 (14): 35-44.

[28] STEVENS L, PILAND W. Reform in community college govern-

ance: the California story [J]. Community/junior college quarterly of research and practice, 1988 (3): 251 – 261.

[29] THEOBALD R. Community colleges as catalysts [J]. Trustee quarterly, 1992 (6): 5 – 8.

[30] VALERIA I. Autopsy confirmed multiple system atrophy cases: Mayo experience and role of autonomic function tests [J]. Journal of neurology, neurosurgery and psychiatry, 2012 (4): 453 – 459.

[31] WATSON E, WINNER L. Participation and content in community and technical college board meetings [J]. Community/junior college quarterly of research and practice, 1987 (4): 275 – 282.

[32] WHITMORE L. Results of a national survey of local community college trustees: trustee characteristics [J]. Trustee quarterly, 1987 (4): 14 – 23.

[33] WILLIAM H C. Leading forward: the movement of 21st century [J]. Junior college journal, 2001 (1): 10 – 12.

[34] ZARKESH M, BEAS A M. UCLA community college review: performance indicators and performance-based funding in community colleges [J]. Community college review, 2004 (4): 62 – 76.

3. 学位论文

[1] DAVID E. The relationship between the board and administration in selected activities contributing to the overall climate of a community college [D]. San Diego: San Diego State University, 1992.

[2] DERMOTT L A. Shared governance in the community college: an analysis of formal authority in collective bargaining agreements [D]. California: University of Southern California, 2012.

[3] DEWEY M. Local adaptation and institutionalization of an accreditation standard: a community college's development and use of student learning outcomes through shared governance [D]. Mor-

gantown: West Virginia University, 2013.

[4] DOROTHY J D. Philanthropy and public policy: the W K Kellogg foundation's influence on community colleges from 1960 to 1980 [D]. Austin: University of Texas, 1998.

[5] EDWARDS N J. The public community college in America: its history, present condition, and future outlook with special reference to finance [D]. Claremont: Claremont Graduate School, 1982.

[6] Florida Community College at Jacksonville. Department of student affairs annual plan: 1989 - 90 [D]. Jacksonville: Department of Student Affairs, Florida Community College, 1989.

[7] HUYCK K J. Incentives for part-time faculty to participate in the shared governance process within the institution of California community colleges (ccc) [D]. Eugene: University of Oregon, 2012.

[8] KINTZER F C. Organization and leadership of two-year colleges: preparing for the eighties [D]. Gainesville: Florida State University, Institute of Higher Education, 2008.

[9] PEEBLES R W. Interpretive analysis of California community college system finance and funding 1975 - 76 to 1992 - 93 [D]. Malibu: Pepperdine University, 1995.

[10] RAUH M. College and University Trusteeship [M]. New York: McGraw-Hill, 1969.

[11] THOMAS L J. The Community College Foundation Forest: Turning Real Property into Real Revenue [D]. Lee Boulevard: Mississippi State University, 2017.

[12] VITTCTOC S O. The outstanding community college president: a case study of four presidents [D]. Ames: Iowa State University, 2001.

[13] WATTENBARGER J L, MERCER S L. Financing Community Colleges [D]. Gainesville: Institute for Higher Education, University of Florida, 1985.

4. 报告

[1] AILSON W J. Staff perceptions of community college governance [R]. Portland: Community Colleges, Oregon Administration, 2003.

[2] BERDAHL R O. Statewide coordination of higher education [R]. Washington, D. C.: American Council on Education, 1971.

[3] BERNSTEIN S. Community college governance [R]. Rock Springs: Wyoming Community College Commission, 1999.

[4] California Postsecondary Education Commission. Assessing campus climate: feasibility of developing an educational equity assessment system [R]. Sacramento: California Postsecondary Education Commission, 1992.

[5] California Postsecondary Education Commission. Toward an understanding of campus climate: a report to the legislature in response to assembly bill 4071 [R]. Sacramento: California Postsecondary Education Commission, 1990.

[6] DOESCHER W F. Runninga college like a business. D&B reports [R]. New York: Dunn & Bradstreet, 1986.

[7] EISENBERG J. A report of the campus compact: the project for public and community service [R]. Denver, Colo.: Education Commission of the States, 1990.

[8] KATER S, LEVIN J S. Shared governance in community colleges in the global economy [R]. New York: The Annual Meeting of the American Educational Research Association, 2002.

[9] KATSINAS S G. Issues in U. S. community college: findings from a 2007 survey of the national state directiors of community colleges funding [R]. Washington, D. C.: State Department Publication, 2008.

[10] OUTCALT C. Community college faculty: characteristics, practices, and challenges [R]. Los Angeles: ERIC Learing House for Community Colleges, 2002.

[11] STANTON T K. Integrating public service with academic study: the faculty role [R]. Denver, Colo.: Education Commission of the States, 1989.

[12] TWIGG H P. Uses and abuses of adjunct faculty in higher education [R]. Washington, D.C.: Center for Academic Research and Impact, 1989.

5. 网络资源

[1] AACC. About the Hope Scholarship and other tax benefits [EB/OL]. (1998-08-03) [2020-12-21]. http://www.aacc.nche.edu/leg/HOPE/hopenews.htm.

[2] AACC. Building a nation of learners by advancing America's community colleges [EB/OL]. (2001-03-02) [2021-03-01]. https://www.aacc.nche.edu/about-us/mission-statement/.

[3] AACC. Community colleges contributions [EB/OL]. (2011-01-10) [2020-12-01]. http://www.aacc.nche.edu.

[4] AACC. Fast facts of college in 2020 [EB/OL]. (2020-03-01) [2020-10-05]. https://www.aacc.nche.edu/AboutCC/Documents/AACCFactsSheetsR2.pdf.

[5] AACC. Fiscal year (FY) 2000 funding [EB/OL]. (2001-04-15) [2020-12-21]. http://www.aacc.nche.edu/leg/legisu/apps/apps.htm.

[6] AACC. Foundation sponsorship to reclaiming the American dream [EB/OL]. (2017-11-20) [2021-02-22]. http://aacc.nche.edu/foundation sponsorship/Initiative.

[7] AACC. Membership in AACC [EB/OL]. (2020-07-16) [2021-03-01]. https://www.aacc.nche.edu/about-us/membership/.

[8] AACC. National community college president data, 2006 [EB/OL]. (2006-12-01) [2021-01-05]. https://www.aacc.nche.edu/2006/12/01/recent-national-community-college-president-

award-completion-data/.

[9] AACC. National Science Foundation. Authorization appropriations issues [EB/OL]. (1995-06-24) [2020-12-21]. http://www.aacc.nche.edu/leg/legisu/NSF/nsf.

[10] AACC. The college advantage: weathering the economic storm [EB/OL]. (2013-01-08) [2020-12-01]. http://ccrc.tc.columbia.edu/our-research.html.

[11] American Association of Community Colleges. College fast facts [EB/OL]. (2016-06-21) [2020-12-05]. http://www.aacc.nche.edu/pages/default asp.

[12] American Association of Community Colleges. Plus 50 programs in practice [EB/OL]. (2018-03-01) [2020-12-10]. http://plus50.aacc.nche.edu/Pages/Default.aspx.

[13] ARTHUR M. Cohen Performance accountability systems for community [EB/OL]. (2009-01-01) [2020-09-17]. http://ccrc.tc.columbia.edu/media/k2/attachments/performance-accountability-systems.pdf.

[14] Barclays official California code of regulations correctness, community college standards [EB/OL]. (2002-04-01) [2020-11-27]. https://govt.westlaw.com/Document/D48411DEB REGULATION_PUBLICVIEW.

[15] California community college council. AB1725 [EB/OL]. (1988-11-17) [2020-11-07]. http://www.asccc.org/LocalSenates/AB1725.htm.

[16] California community college chancellor office [EB/OL]. (2013-09-01) [2020-12-14]. http://www.ccco.edu/.

[17] College of Southern Nevada. Finance and administration division [EB/OL]. (2002-04-20) [2021-01-11]. https://www.csn.edu/finance/7893221/html/user.

[18] College of Southern Nevada. Institutional equity & title Ⅸ [EB/

OL]. (2005 – 10 – 13) [2021 – 01 – 11]. https://www.csn. edu/institutional-equity/7892133/html/.

[19] College of Southern Nevada. Our administration organizations [EB/OL]. (2003 – 03 – 01) [2021 – 01 – 11]. https:// www.csn.edu/administration/html/1/337/.

[20] College of Southern Nevada. Our history of administration development [EB/OL]. (2003 – 03 – 01) [2020 – 12 – 15]. https://www.csn.edu/administration/html/1/his-/55409100772/.

[21] De Anza College. Transfer opportunities [EB/OL]. (2019 – 02 – 15) [2021 – 01 – 03]. http://www.deanza.edu/transfer-center/.

[22] DOWD A C, SHIEH L T. Community college financing: equity, efficiency, and accountability [EB/OL]. (2013 – 09 – 01) [2020 – 11 – 25]. https://cue.usc.edu/files/2016/01/Dowd_CC-Financing_EquEffandAccount_NEA-Almanac_2013.pdf.

[23] Gavilan College. The development of administration [EB/OL]. (2005 – 08 – 26) [2020 – 12 – 11]. http://www.gavilan. edu/admit/index/administration/33097776347.php.

[24] Gavilan College. The total number in history [EB/OL]. (2005 – 08 – 26) [2020 – 12 – 11] http://www.gavilan.edu/ number/history/33096340321.php.

[25] HLC About the higher learning commission [EB/OL] (2016 – 05 – 07) [2020 – 11 – 23]. https://www.hlcommission.org/ About-HLC/about-hlc.html.

[26] JAMES L, WATTENBARGER M S. State level boards for community junior colleges: patterns of control and coordination [R/ OL]. (1971 – 08 – 01) [2020 – 10 – 26]. http://files.eric. ed.gov/fulltext/ED054770.pdf.

[27] JOHN W. How I-BEST works: finding from a field study of Washington state's intergranted basic education and skills training

program [EB/OL]. (2011 – 12 – 07) [2020 – 12 – 10]. http://ccrc.tc.columbia.edu/our research.html.

[28] Joliet Junior College. History of Joliet Junior College [EB/OL]. (2007 – 03 – 15) [2020 – 08 – 05]. https://www.jjc.edu/about-jjc/history.

[29] MARTINEZ M. Community college governance in Nevada: an evidence-based approach for discussion [R/OL]. (2013 – 01 – 01) [2020 – 09 – 17]. https://www.unlv.edu/sites/default/files/24/Lincy/CollegeGovernance-MartinezReport-CCGovernance.pdf.

[30] Monroe Community College. Inspiring since 1961 [EB/OL]. (2002 – 04 – 17) [2020 – 12 – 09]. https://www.monroecc.edu/about-mcc/history-mission/.

[31] Monroe Community College. MCC college directory of office [EB/OL]. (2002 – 04 – 17) [2020 – 12 – 10]. https://www.monroecc.edu/about-mcc/offices-departments/.

[32] Monroe Community College. The function of council in MCC [EB/OL]. (2002 – 04 – 17) [2020 – 12 – 11]. https://www.monroecc.edu/about-mcc/mcc-council/117292/2002.html.

[33] Monroe Community College. The MCC foundation [EB/OL]. (2002 – 04 – 17) [2020 – 12 – 09]. https://www.monroecc.edu/about-mcc/mcc-foundation/.

[34] National Science Foundation. Authorization appropriations issues [EB/OL]. (1999 – 06 – 24) [2020 – 12 – 21]. http://www.aacc.nche.edu/leg/legisu/NSF/nsf.

[35] NCES. Degree-granting postsecondary institutions, by control and level of institution: selected years, 1949 – 50 through 2017 – 18 [EB/OL]. (2019 – 08 – 30) [2020 – 10 – 02]. https://nces.ed.gov/programs/digest/d18/tables/dt18_317.10.asp.

[36] St. Mary's Junior College. Deans [EB/OL]. (2003 – 10 – 25) [2020 – 12 – 09]. https://www.stmaryak.school.nz/

student-services/smc-deans.

[37] St. Mary's Junior College. Department [EB/OL]. (2002 - 04 - 17) [2020 - 12 - 09] https://www. stmaryak. school. nz/welcome-to-st-mary-s/slt/department/html.

[38] St. Mary's Junior College. History [EB/OL]. (2005 - 09 - 17) [2020 - 12 - 10]. https://www. stmaryak. school. nz/welcome-to-st-mary-s/smc-history.

[39] The board of California community college district [EB/OL]. (2013 - 09 - 01) [2020 - 12 - 14]. http://www. bcccd. edu/2013/stml/htm.

[40] USCOURTS. Rosales v. Iowa Department of Education et al. [DB/OL]. (2014 - 02 - 03) [2020 - 12 - 19]. https://www. uscourts. gov/cameras-courts/rosales-v-iowa-department-education-et-al.

[41] USCOURTS. Westchester Community College v. Bell-Glossary [DB/OL]. (1982 - 07 - 13) [2020 - 12 - 18]. https://www. uscourts. gov/educational-resources/educational-activities/Westchester-community-college-v-bell-glossary.

[42] Valencia Community College East Campus. The profile of college [EB/OL]. (2002 - 03 - 01) [2020 - 11 - 29]. https://www. uv. es/uvweb/universitat/ca/universitat/missio-visio-valors/missio-1285924490521. html.

[43] Valencia Community College Open Campus. The brief history of college development [EB/OL]. (1994 - 07 - 20) [2020 - 12 - 09]. https://www. VCCOC. es/uvweb/universitat/ca/universitat/missio-visio-valors/missio-1285924490521. html.

[44] Valencia Community College Open Campus. The cooperation of instruction [EB/OL]. (2000 - 05 - 10) [2020 - 12 - 09]. https://www. VCCOC. es/uvweb/universitat/ca/universitat/cooperative/missio-1243378703. html.

[45] Valencia Community College West Campus. The administration de-

partments [EB/OL]. (2002 – 03 – 01) [2020 – 12 – 13]. https://www.uv.es/college/admins-/1503398077/orgain/37.html.

[46] Valencia Community College West Campus. The brief understanding of college [EB/OL]. (2002 – 03 – 01) [2020 – 12 – 13]. https://www.uv.es/college/missio-visio-valors/history/15336578077.html.

[47] Valencia Community College. The administration organization of VCC. [EB/OL]. (2006 – 03 – 07) [2021 – 01 – 12]. http://valenciacollege.edu/2123539/htmladministration/vice-president/1/3.

[48] Valencia Community College. The brief history of VCC. [EB/OL]. (2006 – 03 – 07) [2021 – 01 – 12]. http://valenciacollege.edu/2123507/html/administration.

[49] Valencia Community College. Various department of administration. (2002 – 08 – 12) [2020 – 01 – 12]. http://valenciacollege.edu/2123556/html/administration/vice-president/1/department/effective/7.

6. 其他

[1] AOVELL C D, TROUTH C. Statewide community college governance structures: factors that influence and issues that test effectiveness [C]. Rotterdam: Kluwer Academic Publishers, 2004.

[2] COHEN A M, BRAWER F B. Managing community colleges [C]. San Francisco: Jossey-Bass Publishers, 1994.

[3] CORTADA R L. Change without growth: the access dilemma of the community college in the 1980's. Proceedings of the 1984 educational testing service invitational conference: educational standards, testing, and access [C]. Princeton, NJ: Educational Testing Service, 1985.

[4] Joint Committee for Review of the Master Plan for Higher Education. California faces California's Future [C]. Sacramento: Cali-

fornia State Legislature, 1989.

[5] WIRTH P. Shared governance: promises and perils [C]. Marysville: Yuba Community College District, 1991.